新 合格できる韓国語能力試験 TOPIKⅡ

補訂版

著／新大久保語学院
全ウン
監修／李志暎

ask

別冊

重要表現・重要語彙集
聞き取り問題対策・語彙と文型の確認　問題文訳

中 級 重 要 文 型

■接続表現

文 型	意 味	頁
-거든	～たら	16
-고자	～しようと	16
-기가 무섭게	～するや否や	150
-기만 하면	～しさえすれば、～すると必ず	72
-길래	～ので、～ものだから	16
-(ㄴ/는)다(고) 치고	～だと（仮定）して	166
-(ㄴ/는)다더니	① ～するそうだが ② （ことわざの後に）～だというがその通りである	175
-ㄴ/는다고 -았/었는데	（一生懸命に）～したつもりだが	174
-(ㄴ/는)다고 해서	～だからといって（必ず～するわけではない）	48
-(ㄴ/는)다는	～だという～	56
-ㄴ/는다는 것이 (그만)	～するつもりだったが（つい）	174
-느라(고)	（夢中になって）～していたため	24
-는 길에	～する途中で	111
-는 대로	～し次第に	150
-는 둥 마는 둥	そこそこに、～するようなしないような	80
-는 바람에	～するため、～したせいで	72
-다 보니(까)	～していたら	40
-다 보면	～していると、～していたら	40
-다가	～する途中で	32
-다가는	（ずっと）～していては、～したら	134

文 型	意 味	頁
–다시피	～の通り	48
–더니	～と思ったら、～していたが	110
–더라니	～していると思ったら（やっぱり）	175
–더라도	～しても	111
–더러/보고	（人＋）～に	142
–던	～していた～	64
–도록	① ～するように ② ～するまで	24
–든지 말든지	～しようがしまいが	80
–만한	～と同じくらいの	142
–아/어서인지	～だからか	48
–았/었기에 망정이지	～したからよかったものの	134
–았/었다가	～したが	32
–았/었더니	～したところ	110
–았/었더라면	（仮に）～したとしたら、～だったとしたら	118
–았/었던	～していた～	64
어찌나 –(으)ㄴ지	どんなに～のか	174
–에다가	（場所＋）～に	142
–은/는커녕	～はおろか、～どころか	159
–(으)ㄴ 채로	～したまま	158
–(으)ㄴ/는 김에	～したついでに、～するついでに	64
–(으)ㄴ/는 대로	～した通りに、～する通りに	150
–(으)ㄴ/는 반면에	～する反面	126
–(으)ㄴ/는 양	（まるで）～したかのように／～するかのように	118

文型	意味	頁
−(으)ㄴ/는 이상	〜したからには、〜の以上	159
−(으)ㄴ들	〜したとしても、〜するとしても	134
−(으)나 마나	〜してもしなくても	56
−(으)ㄹ 겸	〜することを兼ねて	158
−(으)ㄹ 테니까	① 〜するだろうから ② 〜するから	56
−(으)ㄹ까 말까	〜しようかやめようか	80
−(으)ㄹ까 봐	〜するのではないかと思って	158
−(으)ㄹ수록	〜するほど	126
−(으)ㄹ지	〜か	110
−(으)려거든	〜しようとするなら	175
−(으)려다가	〜しようとしたが、〜する予定だったが	32
−(으)로 인해	〜によって	126
−(으)ㅁ에 따라	〜するにつれ	72
−(으)ㅁ으로써	〜をもって、〜することによって	166
−(으)며	〜し	111
−(이)나마	〜ながら、〜だが	142
−(이)ㄹ수록	〜するほど	126
−(이)라고 해서	〜だからといって（必ず〜するわけではない）	48
−(이)라는	〜だという〜	56
−(이)지	〜であって（前件を肯定、後件は否定）	142
−인 양	（まるで）〜かのように	118
−치고	〜で、〜ならば（例外なく）	142
−치고(는)	〜の割には（例外的に）	142

■文末表現

文　型	意　味	頁
–게 되다	～することになる	127
–고 말겠다	（必ず）～してみせるぞ	73
–고 말고요	もちろん～します	17
–곤 하다	（よく）～していた、～したりする	73
–기 그지없다	とても～である、この上ない	25
–기 마련이다	～するものだ、そうなるに決まっている	119
–기는요	～だなんて（とんでもない）	17
–기로 하다	～することにする	127
–기만 하다	～してばかりいる	73
–기만 하면 되다	（あとは）～するだけだ、～しさえすればいい	41
–(ㄴ/는)다면서요?	～なんですって？	41
–(ㄴ/는)다고요	～ですってば	25
–(ㄴ/는)다고요?	～ですって？	25
–나 보다	（動詞＋）～みたいだ	17
–는/(으)ㄹ 수 밖에 없다	～するしかない	25
–다(가) 말다	～しかけてやめる	17
–다시피 하다	ほとんど～している	49
–더라고요	～だったんですよ	33
–듯이 하다	～と同じように～する	135
–아/어 대다	（動作動詞＋）～し続ける	41
–아/어 봐야 알다	～してみないと分からない	135
–아/어다 주다	～して来てくれる	167
–아/어서는 안 되다	～してはいけない	167

文 型	意 味	頁
–아/어야겠다	～すべきだと思う、～しなければならない	25
–아/어지다	① 動詞＋～られる ② 形容詞＋～くなる、になる	81
–았/었으면 싶다/하다	～したらいい、～したい	65
–았/었으면 좋겠다	～して欲しい、～したらいい	41
얼마나 –(으)ㄴ/았는/었는지 모르다	とても～である	49
–(으)ㄴ/는 편이다	～するほうだ	167
–(으)ㄴ 셈 치다	～したことにする	151
–(으)ㄴ/는 셈이다	～だと言える、～したのとほぼ同じだ	151
–(으)ㄴ/는 체하다/척하다	～する（した）ふりをする	41
–(으)ㄴ/는/(으)ㄹ 듯이 (하다)	～ように、～そうに	135
–(으)ㄴ/는/(으)ㄹ 모양이다	～した／している／するようだ	73
–(으)ㄴ가 보다	（形容詞＋）～みたいだ	17
–(으)ㄹ 거라고 보다	～だと信じる	57
–(으)ㄹ 게 뻔하다	～するに違いない	57
–(으)ㄹ 리가 없다	～するはずがない	17
–(으)ㄹ 만하다	① ～する価値がある、お勧めできる ② ～するのも当然だ ③（なんとか）～することができる	49
–(으)ㄹ 뻔했다	（あやうく）～するところだった	57
–(으)ㄹ 셈이다	～するつもり（考え、下心）である	151
–(으)ㄹ 줄 알았다 ⇔몰랐다	～すると思った（予想と違った場合、予想通りの場合、両方に使える） ⇔思っていなかった	65

文　型	意　味	頁
–(으)ㄹ걸 그랬다	～したらよかった	17
–(으)ㄹ까 하다	～しようと思う	33
–(으)ㄹ대로 –았/었다	～しきっている	135
–(으)ㄹ래야 –(으)ㄹ 수가 없다	(頑張って～しようとしたが) できない、無理だ	119
–(으)ㄹ 줄 알다⇔모르다	～することができる⇔できない（方法を知っている⇔方法が分からない）	65
–(으)ㄹ지도 모르다	～するかもしれない	33
–(으)려(고) 들다	～しかかろうとする、～しようとする (勢いよく)	167
–(으)려면 (아직) 멀었다	～するまではまだまだ時間がかかる	167
–이/가 아닐 수 없다	～である、～だと言える	81
–(이)ㄴ가 보다	～みたいだ	17
–지 싶다	たぶん～だと思う	49
–지 않을 수 없다	～せざるを得ない	81

■間接話法

文　型	意　味	頁
–(ㄴ/는)다고 하다	～だそうだ（平叙文）	143
–느냐고/냐고 하다/묻다	～かと聞く（疑問文）	143
–아/어 달라고 하다	～してくださいと頼む（依頼文）	143
–(으)라고 하다	～しなさいと言う（命令文）	143
–자고 하다	～しようと言う（勧誘文）	143

中級重要語彙

■動詞

가리다	隠す、偏食する
가하다	加える
갈등하다	葛藤する
감다	（目を）閉じる
강요하다	強要する
강조하다	強調する
개발하다	開発する
개방하다	開放する
거주하다	居住する
걸다	かける
걸리다	かかる
검토하다	検討する
겪다	経験する
결심하다	決心する
≒마음먹다	
결정하다	決定する
결제하다	決済する
고민하다	悩む
고장나다	故障する、
≒망가지다	壊れる
고장내다	壊す
≒망가뜨리다	
고치다	直す、修理する
≒수리하다	
곱하다	掛ける
공존하다	共存する
괴롭히다	苦しめる
구입하다	購入する
구하다	求める、探す
권하다	勧める
그만두다	辞める
급증하다	急増する
⇔급감하다	急減する
긋다	（線を）引く
기대하다	期待する
깎다	削る、値切る
깎이다	削られる
깨닫다	悟る
꾸미다	飾る
끓다	沸く
끓이다	沸かす、煮る
나누다	割る、分ける
나다	出る
날다	飛ぶ
날리다	飛ばす
남기다	残す
남다	残る、余る
⇔모자라다	足りない
낫다	治る、勝る
내다	出す
넘다	超える
넘어서다	超す
넘어지다	転ぶ
넣다	入れる
노력하다	努力する
≒애쓰다	
높이다	高める
⇔낮추다	低くする
놓다	置く
≒두다	
누르다	押す
느끼다	感じる
늘다	増える
⇔줄다	減る
다치다	けがする
닦다	拭く、磨く
단장하다	化粧する
달성하다	達成する
담그다	漬ける
담기다	盛られる、 込められる
담다	盛る、込める
더하다	足す
던지다	投げる
돌다	回る
돌리다	回す
동의하다	同意する
들다	入る
따라 하다	まねる
따르다	従う、懐く
떠나다	発つ、去る
떠들다	騒ぐ
떨어지다	落ちる
뜨다	（目を）開ける
마감하다	締め切る
마르다	乾く
맛보다	味わう
망설이다	迷う

맞다	合う
맞이하다	迎え入れる
맡기다	預ける、任せる
맡다	預かる、引き受ける
매달다	ぶら下げる
매달리다	ぶら下がる
모색하다	模索する
모으다	集める、ためる
모이다	集まる
모험하다	冒険する
묻다	埋める、付く
미루다	後回しにする
바라다	願う
바르다	塗る
반기다	うれしがる
반대하다	反対する
⇔찬성하다	賛成する
발견하다	発見する
발휘하다	発揮する
밝히다	明らかにする
방해하다	邪魔する
배려하다	配慮する
배웅하다	見送る
⇔마중하다	迎える
벌다	稼ぐ
변하다	変わる
≒바뀌다	
보증하다	保証する
보호하다	保護する
부치다	（物を）送る
분실하다	紛失する
붐비다	混む
붙다	付く、受かる
붙이다	貼る
비교하다	比較する
비다	空く
비우다	空ける
비판하다	批判する
빌다	祈る
빠지다	陥る、抜ける
빼다	除く
사과하다	謝る
살리다	生かす
살을 빼다	痩せる
⇔살이 찌다	太る
삶다	ゆでる
삼가다	控える
상의하다	相談する
상하다	腐る、傷む
생각나다	思い出す
생기다	できる、生じる
생략하다	省略する
서두르다	急ぐ
선발하다	選抜する
설정하다	設定する
설치하다	設置する
세우다	立てる、停める
수다 떨다	おしゃべりする
수정하다	修正する
숨기다	隠す
숨다	隠れる
시키다	注文する、させる（使役）
신경 쓰다	気を遣う
실감 나다	実感が湧く
실시하다	実施する
실천하다	実践する
쌓다	積む、ためる
쌓이다	積まれる、たまる
썩다	腐る
쏟다	こぼす
쏟아지다	こぼれる、降り注ぐ
아끼다	大切にする、節約する
안다	抱く、抱える
안심하다	安心する
안정되다	安定する
알려지다	知られている
알리다	知らせる
앓다	患う
얼다	凍る
얼리다	凍らせる
연장하다	延長する
염려하다	心配する
예측하다	予測する
올라가다	上がる
⇔내려가다	下がる
올리다	上げる
옮기다	移す
옮다	移る
요구하다	要求する
요청하다	要請する
용서하다	許す
울리다	泣かす
움직이다	動く

원하다 望む
유지하다 維持する
의지하다 たよる、
≒의존하다 依存する
이루어지다 かなう
잃다 なくす
입력하다 入力する
입원하다 入院する
⇔퇴원하다 退院する
작성하다 作成する
잡다 つかむ、握る
적응하다 適応する
전달하다 伝達する
절약하다 節約する
접다 折る、折り畳む
접하다 接する
제공하다 提供する
제외하다 除外する
제한되다 制限される
조사하다 調査する、
≒알아보다 調べる
조작하다 操作する
조절하다 調節する
졸다 居眠りする
좌우되다 左右される
줄이다 減らす
⇔늘리다 増やす
중시하다 重視する
중얼거리다 つぶやく
증가하다 増加する
⇔감소하다 減少する
지나다 過ぎる、経つ
지내다 過ごす

지다 （日が）沈む
지우다 消す
지워지다 消える
지참하다 持参する
지치다 疲れる
지키다 守る
⇔어기다
（約束を）破る
진행되다 進行される
질리다 飽きる
짐작하다 予想する、
≒추측하다 推測する
집다 取る
짓다 建てる、作る
짜증 나다 いらいらする
찌다 蒸す
차다 満ちる
참다 我慢する、耐える
≒견디다
찾다 探す、見つける
채용하다 採用する
챙기다 取りそろえる
초대하다 招待する
초조하다 焦る
출몰하다 出没する
출제되다 出題される
출현하다 出現する
취소하다 取り消す
치다 打つ
치우다 片付ける
칭찬하다 ほめる
키우다 育てる
타다 （給料を）もらう

태어나다 産まれる
통하다 通じる
투표하다 投票する
튀기다 （料理を）揚げる
틀다 （電源を）入れる、
≒켜다 つける
⇔끄다 消す
틀리다 間違える、
駄目だ
편식하다 偏食する
포기하다 あきらめる
포장하다 包装する、
≒싸다 包む
포함하다 含む
풀다 解く
풀리다 解ける
피하다 避ける
해석하다 解釈する
향하다 向う
헤엄치다 泳ぐ
혼나다 しかられる
혼내다 しかる
흐르다 流れる
흔들다 揺らす
흔들리다 揺れる
흘리다 流す
희생하다 犠牲にする
힘쓰다 努力する

■形容詞

가늘다 細い
간절하다 切実だ
갑작스럽다 急である

中級重要語彙

강하다	強い
≒세다	
⇔약하다	弱い
고통스럽다	苦痛だ
곱다	きれいだ
공정하다	公正だ
괴롭다	辛い
깊다	深い
⇔얕다	浅い
난처하다	困る
난폭하다	乱暴だ
네모나다	四角い
다양하다	さまざまだ
다정하다	やさしい
답답하다	息苦しい、もどかしい
당당하다	堂々としている
더럽다	汚い
⇔깨끗하다	きれいだ
독특하다	独特だ
두껍다	厚い
⇔얇다	薄い
둥글다	丸い
드물다	稀だ
⇔흔하다	ありふれる
든든하다	心強い
딱딱하다	固い
뛰어나다	優れている
맑다	晴れる、澄んでいる
무뚝뚝하다	無愛想だ
무사하다	無事だ
민감하다	敏感だ
바르다	正しい
복잡하다	複雑だ、混む
부족하다	不足している
⇔충분하다	十分だ
분명하다	明らかだ、間違いない
≒틀림없다	
≒확실하다	
불리하다	不利だ
불쾌하다	不快だ
⇔유쾌하다	愉快だ
사소하다	ささいだ
상관없다	関係ない
상쾌하다	爽快だ
서운하다	残念だ、寂しい
소중하다	大事だ
순진하다	素直だ
신중하다	慎重だ
심각하다	深刻だ
심하다	ひどい
≒너무하다	
안타깝다	残念だ
알맞다	ふさわしい
애매하다	あいまいだ
어수선하다	慌ただしい
엄격하다	厳しい
연하다	（色が）薄い、（肉が）やわらかい
영리하다	賢い、利口だ
우울하다	憂鬱だ
유창하다	流暢だ
익숙하다	慣れている
⇔낯설다	不慣れだ
자세하다	詳しい
자유롭다	自由だ
적당하다	適当だ、程よい
적절하다	適切だ
정확하다	正確だ
조급하다	気早い
지저분하다	汚らしい、散らかっている
진정한 ～	真の～
창피하다	恥ずかしい
커다랗다	大きい
튼튼하다	丈夫だ
편찮다	具合が悪い
평범하다	平凡だ
평안하다	平安だ
화려하다	派手だ
⇔소박하다	素朴だ
환하다	明るい

■名詞

가뭄	日照り
가습기	加湿器
가짜	偽物
간식	間食
감격	感激
감정	感情
강연	講演
개선	改善
개성	個性

객관적	客観的
⇔주관적	主観的
거래처	取引先
거부감	拒否感
거액	巨額
건의 사항	建議事項
건조기	乾燥機
검색	検索
경비	経費
경우	場合
경쟁	競争
계산서	伝票
계약	契約
계열	系列
고객	顧客
고궁	故宮
고용	雇用
공기	空気
과거	過去
과정	過程
관리	管理
광장	広場
교양	教養
구석	隅
구체적	具体的
국력	国力
국번	局番
국회 의원	国会議員
궁궐	宮殿
권리	権利
근육	筋肉
금액	金額
기권	棄権
기능	機能
기술	技術
기업	企業
기준	基準
긴급	緊急
꿀	はちみつ
낙천적	楽観的
⇔비관적	悲観的
네티즌	ネットユーザー
노출	露出
논리	論理
농업	農業
단결	団結
단련	鍛錬
단백질	タンパク質
단체	団体
단축	短縮
담당자	担当者
당분간	当分の間
당시	当時
대담	対談
대작	大作
대책	対策
도둑	泥棒
도우미	ヘルパー
동기	動機、同期
동전	コイン
동창회	同窓会
두통	頭痛
등록	登録
땀	汗
로봇	ロボット
마라톤	マラソン
마무리	仕上げ
마비	麻痺
만점	満点
맞벌이	共働き
매출	売り上げ
먼지	ほこり
면허증	免許証
모기	蚊
모양	模様
무제한	無制限
미각	味覚
미래	未来
민간	民間
밀가루	小麦粉
밑줄	下線
바닥	床
바퀴	輪、回り
박사	博士
반면	反面
반응	反応
반찬	おかず
밥솥	炊飯器
방송	放送
방안	方案
버릇	癖
버튼	ボタン
벌	罰
벌레	虫
보고	報告
보상	補償
복	福
복도	廊下、通路
복사	コピー

부서	部署
부위	部位
부작용	副作用
부정	不正
북	太鼓
분야	分野
불만	不満
⇔만족	満足
빚	借金
빛	光
사건	事件
사고	事故
사교성	社交性
사자성어	四字熟語
삭제	削除
상당수	相当な数
상대	相手
상반기	上半期
⇔하반기	下半期
상식	常識
상처	傷
상태	状態
상품	商品
상황	状況
생명	生命
생사	生死
생산량	生産量
생필품	生活必需品
서술형	記述式
선거	選挙
선풍기	扇風機
성과	成果
소비자	消費者
소식	便り
소원	願い
소재	素材
손해	損、損害
솜씨	腕前
수단	手段
수수료	手数料
숨	息、呼吸
스트레칭	ストレッチ
습관	習慣、癖
승진	昇進
승차	乗車
⇔하차	下車
시대	時代
식욕	食欲
≒입맛	
식중독	食中毒
신규	新規
신분증	身分証
신용 카드	クレジットカード
신체	身体
실력	実力
실수	失敗
실적	実績
심신	心身
안주	つまみ
압력	圧力
야식	夜食
양	量
양치(질)	歯磨き
언어	言語
업무	業務
업적	業績
역할	役割
연관	関連
연기	演技、延期
연휴	連休
영수증	領収書
영양분	栄養分
예방	予防
예보	予報
예산	予算
예절	礼節、礼儀
오염	汚染
온실	温室
완성	完成
완승	完勝
⇔완패	完敗
외출	外出
우비	雨合羽
우정	友情
운명	運命
월급	給料
위기	危機
육아	育児
은혜	恵み、恩恵
응모	応募
의견	意見
의무	義務
의식	意識
의지	意志
이동	移動
이득	得
이상 기후	異常気象
이웃	隣人

인건비	人件費
인내심	忍耐力
일시적	一時的
일품	逸品
일회용	使い捨て
임금	賃金
입장	入場、立場
자외선	紫外線
잔치	宴、お祝い
잡화	雑貨
장래	将来
장마	梅雨
장식	装飾、飾り
장애	障害
장점	長所
⇔단점	短所
재래시장	在来の市場
재료	材料
재산	財産
재채기	くしゃみ
재회	再会
잼	ジャム
적극적	積極的
⇔소극적	消極的
전국	全国
전력	電力
전문가	専門家
전쟁	戦争
절반	折半
접수	受付
정가	定価
정보	情報
정부	政府

정신적	精神的
⇔육체적	肉体的
제도	制度
제목	題目
제물	供え物
제사	祭祀、祭事
제습기	除湿器
제출	提出
제품	製品
조언	助言
조직	組織
존재	存在
종목	種目
종업원	従業員
주름	しわ
주민	住民
주변	周辺
주인공	主人公
주장	主将、主張
주제	テーマ
줄다리기	綱引き
증권	証券
지면	地面
지역	地域
지인	知人
진공	真空
진전	進展
질	質
질병	疾病
집단	集団
집중 호우	集中豪雨
차별	差別
차이	差

착용	着用
참가	参加
≒참여	
창가	窓際
채점	採点
책임감	責任感
철도	鉄道
청소년	青少年
체온	体温
초행길	初めての道
촛불	ロウソクの火
추가	追加
추측	推測
출산	出産
출시	発売
치료	治療
칼로리	カロリー
키워드	キーワード
탈퇴	脱退
태도	態度
태풍	台風
택배	宅配
판단	判断
팔찌	ブレスレット
평가	評価
평소	普段
폭설	大雪
폭염	猛暑
폭우	暴雨、大雨
품질	品質
피서	避暑
피해	被害
하품	あくび

한파 寒波
할인 割引
해지 解約
행동 行動
헛소문 デマ
헬스장 ジム
현관 玄関
현금 現金
현상 現象
현실 現実
협동 協同
홍수 洪水
화제 話題
확률 確率
확장 拡張
환경 環境
환승 乗換
회복 回復
회원 会員
효과 効果
휴강 休講
휴직 休職
흡연율 喫煙率
희망 希望

■副詞

가급적 可及的、できるだけ
가득 いっぱい
간신히 やっと、辛うじて
≒겨우
≒가까스로
거꾸로 逆に
게다가 さらに
≒더구나
결코 決して
골고루 まんべんなく
과도하게 過度に
과연 さすが、果たして
그다지 あまり
금세 すぐ
꽤 かなり
단 たった
대체로 大体、概ね
따라서 従って
또한 また
똑바로 まっすぐ（行く）
≒죽
≒곧장
마음껏 思い切り、思う存分
≒실컷
마음대로 気ままに
마치 まるで
마침 ちょうど
마침내 いよいよ
막 たった今、まさに
모처럼 せっかく
무려 なんと
무지하게 ものすごく
무척 非常に
≒몹시
미리 前もって
및 及び
반드시 必ず
불과 わずか
비교적 比較的
비로소 はじめて、やっと
상당히 相当
설마 まさか
실제로 実際に
아무래도 どうやら
어느새 いつの間に
어쨌든 とにかく
≒하여튼
어차피 どうせ
억지로 無理やり
여전히 相変わらず
오히려 むしろ
온통 全部
요컨대 要するに
원래 元々
유난히 とりわけ
일단 一応
일부러 わざと
일생에 一生に
≒평생에
자유자재로 自由自在に
전혀 全く
제발 どうか
제법 なかなか
차라리 いっそ
차츰 だんだん、次第に
≒점점
≒점차
충분히 十分に
통째로 丸ごと
특히 特に
푹 ゆっくり（休む）

하긴　確かに
하마터면　あやうく
한결　いっそう
한편　一方
함부로　むやみに
훨씬　ずっと（比較）
흔히　よく

■擬声語・擬態語

꼬르륵　ぐうぐう
꼬박꼬박　几帳面に
꽉　ぎゅっと
꾸벅꾸벅　こっくりこっくり
나풀나풀　ひらひら
두근두근　どきどき
똑똑　とんとん
무럭무럭　すくすく
반짝반짝　きらきら
벌떡　ぱっと
빈둥빈둥　ごろごろ
살금살금　こそこそ、そろりそろり
살랑살랑　そよそよ
새근새근　すやすや
술술　すらすら
슬슬　そろそろ
싱글벙글　にこにこ
아슬아슬　はらはら、ぎりぎり
아장아장　よちよち
졸졸　ぞろぞろ、ちょろちょろ
주렁주렁　ふさふさと
주룩주룩　ざあざあ
중얼중얼　ぶつぶつ
짝짝　ぱちぱち
째깍째깍　ちくたく
텅　がらんと

■四字熟語

갑론을박[甲論乙駁]　互いに自分の意見の主張や相手への反駁をしてまとまらない様子
구사일생　九死に一生
동문서답[東問西答]　的外れな答え
동상이몽　同床異夢
반신반의　半信半疑
심사숙고　深思熟考
이심전심　以心伝心
일장일단　一長一短
일편단심[一片丹心]　一途
일희일비[一喜一悲]　一喜一憂
천차만별　千差万別

高級重要文型

■接続表現

文型	意味	頁
‒거늘	〜のに	16
‒거니와	〜だが（そのうえ）	16
‒거들랑	〜ならば、〜たら	110
‒건 간에	〜しようが、〜であれ	182
‒건대	〜すれば、〜すると、〜するに	174
‒건만	〜だけれども、〜するのに	174
‒게끔	〜するように	110
‒고서야	〜してからやっと	183
‒기로서니	〜とはいえ、〜だからといって	110
‒기에 앞서	〜に先立って、〜する前に	16
‒(ㄴ/는)다기보다	〜というよりは	24
‒(ㄴ/는)다(손) 치더라도	〜するにしても、〜するといっても	48
‒(ㄴ/는)다느니	〜だとか（意見が多いことを表す）	40
‒(ㄴ/는)다든가	〜だとか（たくさんある中から列挙）	118
‒(ㄴ/는)다마는	〜だけれども、〜であるが	118
‒(ㄴ/는)다면 모를까/몰라도	〜ならともかくとして、〜というのならまだしも	64
‒(ㄴ/는)다면야	〜したら、〜するなら	64
‒(ㄴ/는)답시고	〜するとか言って	56
‒(ㄴ/는)대서야	〜とは、〜なんて、〜しては	166
‒(ㄴ/는)댔자	〜したところで、〜しても	166
‒노라고	〜しようと、〜すると、〜であると	24

文型	意味	頁
–노라면	～していたら	24
– (느/으/이)니만큼/니만치	～だから	118
–는 한	～する限り	126
–는 한이 있어도	～いかなることがあっても	72
–는바	～するところ、～するので（+それに関連する話）	40
–다 못해	（もうそれ以上）～することができなくて	183
–던 차에	～していたところにちょうど	111
–되	～してもいいが（+条件）	32
–아/어서야	～して（やっと）	80
–(았/었)으면 –았/었지	～することはあっても（～は絶対にしない）	182
–은/는 차치하고/차치하더라도	～はさておいて	183
–(으)ㄴ 나머지	～したあげく	111
–(으)ㄴ/는 까닭에	～するわけで、～なので	72
–(으)ㄴ/는 마당에	～の時に（事が起こる場合に）	159
–(으)ㄴ/는 바와 같이	～の通り	40
–(으)ㄴ/는지라	～なので	126
–(으)ㄴ/는가 하면	① ～かと思えば ② ～かというと	159
–(으)ㄴ바	～したところ（+新しく分かったこと）	40
–(으)ㄴ즉	～ので、～したら、～した結果	182
–(으)ㄹ 바에야	～するくらいなら	32
–(으)ㄹ 뿐더러	～するだけでなく、～する上に	126
–(으)ㄹ까마는	（まさか）～することはないだろうが	111

文 型	意 味	頁
−(으)ㄹ라치면	〜しようとすると	64
−(으)ㄹ망정	① たとえ〜であるとも ② 〜とはいえ	150
−(으)ㄹ세라	① 〜するのではないかと思って ② なんと〜だろう（感嘆の意を表す）	158
−(으)ㄹ지니	（当然）〜するべき（はず）だから	182
−(으)ㄹ지라도	（たとえ）〜だとしても	80
−(으)ㄹ지언정	① 〜することはあっても（絶対に〜） ② 〜するとしても（しかし〜）	150
−(으)ㄹ진대	① （一旦）〜するならば、〜するからには ② 〜するはずなのに、〜するのだが	175
−(으)랴 −(으)랴	〜するやら〜するやら	56
−(으)랴마는	① 〜することはできないが ② 〜するはずがないだろうが	183
−(으)려니(까)	〜しようとすると	159
−(으)련마는	〜であろうに、〜するはずなのに、〜するのだが	166
−(으)로 말미암아	〜が原因で、〜によって	72
−(으)로 미루어 (보아)	〜から推し量ると	183
−(으)로 하여금	〜をして、〜に（使役の意）	134
−(으)리라(고)	① 〜だろうと ② 〜すると	158
−(으)리만큼/리만치	〜するほど	166
−(으)ㅁ에도 불구하고	〜にもかかわらず	134
−(으)면 모를까/몰라도	〜ならともかくとして、〜というのならまだしも	64

文型	意味	頁
–(으)므로	～するため	134
–을/를 마다하고	～を断って	80
–을/를 막론하고	～を問わず、～にかかわらず	183
–을/를 무릅쓰고	～を冒して、～をものともせず	48
–을/를 비롯하여	～をはじめ	48
–(이)건 간에	～であれ、～でも	182
–(이)기로서니	～とはいえ、～だからといって	110
–(이)라기보다	～というよりは	24
–(이)라느니	～だとか（意見が多いことを表す）	40
–(이)라든가	～だとか（たくさんある中から列挙）	118
–(이)라면 모를까/몰라도	～ならともかくとして、～というのならまだしも	64
–자니	～しようと思うと	182

■文末表現

文型	意味	頁
–겠거니 하다	～であろうと思う	119
–고도 남다	（～するのに）十分だ、余裕がある、～して当然だ	65
–고야 말다	～してしまう	25
–기 나름이다	～次第だ	127
–기 십상이다	～しがちだ、～しやすい	119
–기 일쑤이다	よく～する	119
–느니만 못하다	～するほうがましだ	73
–(으)ㄴ/는/(으)ㄹ 듯하다	～したようだ／～しているようだ／～しそうだ	135

文　型	意　味	頁
-(으)ㄴ/는/(으)ㄹ 판이다	～するところ、～する状況（場面）である	57
-(으)ㄴ/는/(으)ㄹ 성싶다	～したようだ／～しているようだ／～しそうだ	151
-(으)ㄹ 겨를이 없다	～する暇もない	33
-(으)ㄹ 나위도/가 없다	～（なすべき）必要も／がない	57
-(으)ㄹ 따름이다	～する限りだ、～するだけだ	81
-(으)ㄹ 리(가) 만무하다	～するはずがない	81
-(으)ㄹ 여지가 있다⇔없다	～する可能性がある⇔ない	73
-(으)ㄹ 참이다	～しようとするところだ	41
-(으)ㄹ 법하다	～しそうだ、ありうる	127
-(으)ㄹ까 싶다	～しようかと思う	151
-(으)ㄹ락 말락 하다	今にも～しそうだ、～するばかりだ	33
-(으)ㄹ란다	(友達や年下の人に）～するね	167
-(으)ㅁ직하다	～するに価する、～しそうだ（主に「먹음직하다（おいしそう）」に関して）	127
-(으)면 그만이다	～するまでだ、それだけだ	127

高級重要語彙

■動詞

가꾸다	手入れする、培う
간과하다	看過する
갈다	研ぐ、替える
감당하다	耐える
강화시키다	強化させる
개척하다	開拓する
개편하다	改編する
거두다	取り立てる
거스르다	逆らう、さかのぼる
거치다	経る
게재하다	掲載する
결집시키다	結集させる
겹치다	重ねる、重なる
경고하다	警告する
경직되다	硬直する
곁들이다	添える
고려하다	考慮する
고발하다	告発する
고취시키다	鼓吹させる
공헌하다	貢献する
과시하다	誇示する
구겨지다	もみくちゃになる
구르다	転がる、踏みならす
구부리다	曲げる、かがめる
구사하다	駆使する、操る
굳다	固まる
굳히다	固める
굴리다	転がす
굶다	（食事を）抜く ≒거르다
권장하다	勧める、推奨する
규제하다	規制する
긁다	（かゆい所を）かく
기여하다	寄与する
기울다	傾く
기울이다	傾ける
기인하다	起因する
기피하다	忌避する
깜박이다	まばたく
깨우치다	悟らせる
꺼리다	はばかる
꾸리다	（荷を）くくる
끄덕이다	うなずく
끊이다	絶える
끌다	引く、引きずる
끌려가다	引っ張られる
끌리다	引かれる
끼어들다	割り込む
끼치다	及ぼす
나무라다	しかる
나열하다	羅列する
남발하다	乱発する
넘기다	越す
넘치다	あふれる
노리다	狙う
노출되다	さらされる
녹슬다	錆びる
눈치 보다	顔色をうかがう
뉘우치다	悔いる
다루다	扱う
다짐하다	念を押す
달다	つける、吊るす
달리다	ぶら下がる
닳다	擦れる、すり減る
당기다	引く、引っ張る
당면하다	当面する
당부하다	頼む
닿다	触れる、届く
대꾸하다	返事する
대비하다	備える
대처하다	対処する
대체하다	取り替える
더듬다	どもる
덥히다	暖める
데우다	温める
도달하다	到達する
돌이켜 보다	顧みる
동원하다	動員する
되돌리다	戻す
되찾다	取り戻す
되풀이하다	繰り返す

두드리다　たたく
두르다　巻く、掛ける
둘러보다　見回す
뒤덮이다　覆われる
뒤처지다　取り残される
들이다　入れる
들통나다　ばれる
디디다　踏む
따지다　問い詰める
때우다　（時間を）潰す、済ます
떠오르다　浮かぶ、昇る
떠올리다　浮かべる
떼다　離す、（書類を）発行する
뚫다　（穴を）開ける
띄다　（目に）つく
마주보다　向かい合う
말리다　乾かす
맞추다　合わせる
맹신하다　盲信する
메우다　ふさぐ、埋める
≒메꾸다
모면하다　免れる
몰다　追う、運転する
몰두하다　没頭する
몰락하다　没落する
몰리다　追い込まれる
무너뜨리다　崩す
무너지다　崩れる
묶다　縛る
물리다　かまれる
뭉치다　固まる、団結する
미달되다　達しない
미적거리다　ぐずぐずとのばす
미치다　及ぶ、狂う
박다　打つ、ぶつける
반납하다　返却する
반론하다　反論する
반박하다　反駁する
반영하다　反映する
발급하다　発給する
배다　（匂いが）染みる
배출하다　排出する
뱉다　吐き出す
버티다　耐える
번복하다　翻す
벌어지다　隙間ができる
범람하다　氾濫する
범하다　犯す
벗어나다　脱する
베풀다　施す
변색되다　変色する
보완하다　補う
보태다　付け加える
복귀하다　復帰する
복용하다　服用する
본뜨다　型を取る、まねる
부리다　働かせる
부서지다　砕ける、壊れる
부착되다　付着する
부채질하다　あおる
분담하다　分担する
빗발치다　殺到する
빨다　吸う、なめる
빨아들이다　吸い込む
빼앗다　奪う
뻗다　伸ばす
뽑다　抜く
살림하다　家事をする
삼다　（～に）する
삼키다　飲み込む
상승하다　上昇する
상환하다　返済する
새다　漏れる
섭취하다　摂取する
소모하다　消耗する
소집하다　召集する
소통하다　疎通する
속하다　属する
수긍하다　うなずく
수락하다　受諾する
수습하다　収める
숙지하다　熟知する
순종하다　従う、従順だ
시달리다　苦しめられる
쏠리다　傾く
쓰다듬다　なでる
쓸다　掃く
씹다　かむ
아물다　（傷が）いえる
악용하다　悪用する
앞두다　（目前に）控える
앞서다　先行する

앞장서다	先頭に立つ
앞지르다	追い越す
어긋나다	反する
억압하다	抑圧する
억제하다	抑制する
언급하다	言及する
얻다	得る、もらう
여과하다	濾過する
역설하다	力説する
우려하다	懸念する
유발하다	誘発する
유출되다	流出する
유치하다	誘致する
육박하다	迫る
육성하다	育成する
융합하다	融合する
이르다	到る
잇다	繋ぐ、次ぐ
잇따르다	相次ぐ
자리 잡다	居着く、定着する
자제하다	自制する
잠그다	（鍵を）かける
잠기다	浸る、ふける、（鍵が）かかっている
잡히다	捕まる
장만하다 ≒마련하다	準備する、用意する
장악하다	握る、掌握する
재배하다	栽培する
저장하다 ≒보존하다	保存する

저하되다	低下する
저항하다	抵抗する
전염되다	伝染する
전환되다	転換される
절감하다	節減する
정비하다	整備する
제거하다	除去する
제기하다	提起する
종사하다	従事する
주목받다	注目される
중독되다	中毒になる
증발하다	蒸発する
증정하다	贈呈する
지급하다	支給する
지나치다	通り過ぎる
지니다	身につける
지배하다	支配する
지속되다	持続する
직결되다	直結する
진척되다	はかどる
집결하다	集結する
짚다	（杖を）つく、（脈を）とる
찌들다	（垢が）染みる
찡그리다	しかめる
차단하다	遮断する
차리다	整える
차지하다	占める
착안하다	着眼する、着目する
착취하다	搾取する
채우다	（鍵を）かける、詰める、埋める

책정하다	策定する
처하다	処する
처형되다	処刑される
철거하다	撤去する
청하다	請う、頼む
초래하다	招く
촉구하다	促す
최소화하다	最小にする
추구하다	追求する
축적되다	蓄積される
치유하다	治癒する
털어놓다	打ち明ける
통치하다	統治する
투숙하다	泊まる
트이다	（視野が）開ける
파괴하다	破壊する
파기하다	破棄する
파악하다	把握する
파헤치다	掘り出す、暴く
팽개치다	放り投げる
폐하다	廃する
표명하다	表明する
피다	咲く
피우다	咲かす
하락하다	下落する
한정하다	限定する
핥다	なめる
함유하다	含む
해당하다	該当する
해방되다	解放される
해산하다	解散する
해치다	害する

허물다 崩す
헤아리다 察する
호소하다 訴える
홍보하다 広報する
환전하다 両替する
후원하다 後援する
훑어보다 目を通す
흩어지다 散る

■形容詞

거세다 荒い
겸연쩍다 照れくさい
≒쑥스럽다
경이롭다 驚異的だ
과감하다 果敢だ
과하다 度が過ぎる
≒지나치다
괘씸하다 無礼だ、ふらちだ
굳건하다 堅い、強い
그럴듯하다 もっともらしい
급급하다 汲々としている
기발하다 奇抜だ
끔찍하다 ひどい、むごい
나약하다 惰弱だ
노련하다 老練だ
눈치 없다 気が利かない
대담하다 大胆だ
두서없다 筋が通っていない
딱하다 気の毒だ、かわいそうだ
≒안쓰럽다
떳떳하다 堂々としている
뚜렷하다 はっきりしている
막대하다 莫大だ
메스껍다 むかむかする
모호하다 あいまいだ
못마땅하다 気に食わない
무시무시하다 すさまじい
무심하다 無頓着だ
무안하다 きまり悪い
무자비하다 無慈悲だ
묽다 (濃度) 薄い
미흡하다 不十分だ
밀접하다 密接している
바람직하다 望ましい
번거롭다 煩わしい
번듯하다 きちんとしている
변덕스럽다 気まぐれだ
부조리하다 不条理だ
불가피하다 避けられない
불우하다 恵まれない
비굴하다 卑屈だ
빈번하다 頻繁だ
빠듯하다 ぎりぎりだ
빽빽하다 ぎっしりだ
뻣뻣하다 強い、ごわつく
뾰족하다 とがっている
뿌듯하다 (胸が) いっぱいだ
사납다 険しい、悪い
속상하다 悔しい、心が痛む
순하다 まろやかだ
싱싱하다 新鮮だ
양호하다 良好だ
어렴풋하다 おぼろげだ
억울하다 悔しい
엄숙하다 厳粛だ
엄청나다 おびただしい
유치하다 幼稚だ
원망스럽다 恨めしい
원활하다 円滑だ
위독하다 危篤だ
이롭다 良い、ためになる
⇔해롭다 害がある
이르다 早い
잦다 (回数が) 多い
진하다 (濃度、色) 濃い
짤막하다 やや短い
철저하다 徹底している
촉박하다 差し迫っている
촘촘하다 細かい
취약하다 脆弱だ
풍부하다 豊富だ
허무하다 むなしい

허탈하다	気抜けする
형편없다	(結果が) ひどい
흐뭇하다	ほほえましい

■名詞

가속화	加速化
가옥	家屋
가치관	価値観
간소화	簡素化
강도	強度
강화	強化
갖가지	もろもろ
개관	開館
개최	開催
걸림돌	障害物
격파	撃破
견해	見解
결속력	結束力
결핍	欠乏
경기	景気
고령화	高齢化
고정 관념	固定観念
공약	公約
관상	観相
관찰	観察
광경	光景
광택	光沢
교감	交感
교역	交易
교정	矯正
교체	交替
구절	句と節、文節
구청	区役所
국회	国会
굴뚝	煙突
귓불	耳たぶ
규모	規模
균형	均衡
그물	網
금융	金融
기관	機関
기적	奇跡
기존	既存
기형아	奇形児
까닭	訳、原因
껍질째	皮ごと
끼니	食事
내조	内助
냉각	冷却
노동자	労働者
노릇	役割、困った事情
노예	奴隷
녹지대	グリーンベルト
논의	論議
농도	濃度
농작물	農作物
농장	農場
뇌	脳
눈썰미	見まね
단서	手掛かり
단열	断熱
담보	担保
담장	塀
답사	踏査、下見
대안	対案
대출금	貸出金
대폭	大幅
도래지	渡来地
도입	導入
독거노인	一人暮らしの老人
독과점	独寡占
독립	独立
독점	独占
독창성	独創性
돌고래	イルカ
동상	銅像
동영상	動画
두드러기	じんましん
뒷받침	裏付け
뒷전	後回し
등급	等級
망원경	望遠鏡
매개체	媒体
매듭	結び目
맹목적	盲目的
면역	免疫
멸시	蔑視
멸종	絶滅
명칭	名称
모금	募金
모방	模倣
모순	矛盾
무용	舞踊
무작위	無作為
문명	文明
문헌	文献
물살	水勢

미세　微細
미식가　美食家
민주주의　民主主義
밀도　密度
밀물　上げ潮
바탕　土台、基礎
반발　反発
반사　反射
발굴　発掘
발등　足の甲
발바닥　足裏
발효　発酵
방앗간　精米所
배　倍
배급　配給
배치　配置
백성　百姓
번성　繁盛
번식　繁殖
벌목　伐木
법안　法案
벽돌　煉瓦
변수　ある状況の変化要因
변조　変調
병충해　病虫害
보금자리　巣
보습　保湿、補習
보정　補正
보편적　普遍的
보험　保険
복구　復旧
복원　復元
부족민　部族民
분석　分析
불면증　不眠症
불황　不況
비율　比率
비중　比重
사정　事情
사주팔자　(持って生まれた) 運命
사치품　贅沢品
사행심　射幸心
삭감　削減
산란　散乱
산물　産物
산사태　土砂崩れ
삽입　挿入
상권　商圏
상설　常設
상실　喪失
새끼　子
색소　色素
생태계　生態系
생활용수　生活用水
서식처　生息地
석유　石油
석탄　石炭
선율　メロディー
선정　選定
설문 조사　アンケート
섬유　繊維
성분　成分
성향　性向
세균　細菌
세입자　間借り人
소각　焼却
소질　素質、才能
속살　(実などの) 中身
손상　損傷
손실　損失
수요　需要
수용소　収容所
수익　収益
수치　数値
수표　小切手
숲　森
시행착오　試行錯誤
신간　新刊
신진대사　新陳代謝
실마리　手掛かり
실습　実習
실시간　リアルタイム
실태　実態
심심풀이　暇つぶし
심정　胸中
심폐 기능　心肺機能
심해　深海
싹쓸이　独り占め、全部なくすこと
썰물　引き潮
악보　楽譜
악취　悪臭
안성맞춤　うってつけ
안팎　内外、前後
암　がん
양식　様式、養殖
어항　金魚鉢

얼룩	染み
여건	状況
여운	余韻
연계	連携
연령	年齢
연민	憐憫
연합	連合
연회장	宴会場
열대 우림	熱帯雨林
염증	炎症
영구적	永久的
영리	営利
영토	領土
영혼	魂
예년	例年
예물/예단	結納
오류	誤り
오르막길	上り道
⇔내리막길	下り道
오자	誤字
온난화	温暖化
왕년	往年
왜곡	歪曲
외교	外交
외환	外国為替
욕구	欲求
용어	用語
우대	優待
운수 대통	運勢大吉
울타리	垣根
원산지	原産地
원유	原油
위상	位相、地位
위조	偽造
위탁	委託
유독성	有害性、有毒性
유모차	ベビーカー
유목민	遊牧民
유물	形見、遺物
유산소	有酸素
유해 물질	有害物質
윤곽	輪郭
융자	融資
의향	意向
이기심	身勝手さ
이타적	利他的
인상	引き上げ
인원	人員、人数
인파	人出
임대	賃貸
자긍심	自負心、自尊心
자기장	磁場
자본주의	資本主義
자취	跡形、形跡
장님	視覚障害者
장신구	装身具
재난	災難
재생	再生
재앙	災い
재정	財政
재테크	財テク
재활용	リサイクル
적외선	赤外線
적자	赤字
적량	適量
전봇대	電信柱
절차	手続き
점	占い
점쟁이	占い師
정규직	正規雇用
⇔비정규직	
정책	政策
제자리걸음	足踏み
조각	彫刻、切れ
조형물	造形物
중산층	中間層
즙	汁
증대	増大
지구촌	地球村、世界
지느러미	ヒレ
지름	直径
지문	指紋
지반	地盤
지붕	屋根
지침서	手引き
지폐	紙幣
지푸라기	わら
지혜	知恵
집들이	引っ越し祝い
징역	懲役
찌꺼기	かす
차질	支障
착오	誤り
참사	惨事
척추	脊髄
천편일률적	一本調子
철새	渡り鳥
청정기	清浄機
초상화	肖像画

초점　焦点
최적　最適
최초　最初の、初の
추세　趨勢、傾向
취지　趣旨
치매　痴呆
친환경　環境に優しい
침전물　沈殿物
타임 슬립　タイムスリップ
탄력　弾力
탐험　探検
통계　統計
통과　通過
통증　痛み
투자　投資
틀　枠
틈　暇、隙間
편집　編集
평균　平均
평론　評論
폐수　排水
폐활량　肺活量
포유류　哺乳類
포획　捕獲
풍년　豊年
피부 질환　皮膚疾患
하객　招待客
학창 시절　学生時代
합의　合意
항목　項目
항생제　抗生剤
항의　抗議
해류　海流
향후　今後
허위 광고　虚偽広告
허파　肺
헐값　安値
혁명　革命
현수막　垂れ幕
혈액　血液
혜택　恩恵、優遇
호흡기　呼吸器
화재　火災
환율　為替レート
황사　黄砂
훈련　訓練
흥행　興行

■副詞

가령　仮に、たとえ
가히　十分に
각별히　格別に
간혹　時たま
감쪽같이　まんまと
감히　身の程知らずに
거침없이　はばかることなく
결국　結局
고스란히　そっくりそのまま
고작　せいぜい、たかが
괜히　無性に、やたらに、
≒공연히　無駄に
굳이　あえて
그나저나　いずれにしても
꼼짝없이　なすすべもなく
꾸준히　地道に
끊임없이　絶えずに
끝내　遂に
나란히　並んで
널리　広く
더불어　共に
덩달아　つられて
도무지　まったく
≒도통
≒도저히
막상　いざ
머지않아　もうすぐ
면밀히　綿密に
묵묵히　黙々と
미처　未だ、まだ
번번이　毎度、そのたび
부쩍　めっきり
생생히　ありありと
서서히　徐々に
선뜻　快く
섣불리　うっかり、下手に
설령　仮に
소홀히　おろそかに
순전히　あくまで、まったく
심지어　さらに
아예　最初から
애써　努めて

얼핏　ちらりと
여간（＋否定文）　よほど（〜である）
오로지　ひたすら
워낙　あまりにも
의외로　意外と
≒뜻밖에
이로써　これをもって
이른바　いわゆる
일절　一切
일찌감치　早めに
저절로　自ら
정작　いざ
정처 없이　ぶらぶらと
조만간　近いうちに、遅かれ早かれ
좀처럼（＋否定文）　なかなか（〜しない）
줄지어　立て続けに、
≒잇따라　相次いで
≒연이어
차마 (못〜)　どうしても（〜できない）
참으로　実に
하도　あまりにも
하루아침에　一朝にして、一晩で
한창　まっさかり
헛되이　無駄に
현저히　顕著に
힘껏　力いっぱい

■擬声語・擬態語

갈팡질팡　戸惑う様子
껑충　ぴょんと
다닥다닥　鈴なりに
듬성듬성　ちらほら
뚜벅뚜벅　（足音）こつこつと
뚝　ぽつり
머뭇머뭇　もじもじ
모락모락　ゆらゆらと
벌컥벌컥　ごくごく
불쑥불쑥　ぴょこぴょこ
사뿐사뿐　軽やかに
살짝살짝　そそと
성큼성큼　つかつかと
오락가락　はっきりしないさま
오순도순　仲良く
오톨도톨　でこぼこ
움푹　ぽこんと
으슬으슬　ぞくぞくと
쩍　ぽかんと
쭈글쭈글　しわくちゃ
텅텅　がらがらと
톡톡　ぱちぱち（はぜる）

■四字熟語

각양각색　多種多様
간담상조[肝膽相照]　肝胆相照らす
감언이설[甘言利說]　口車
과유불급[過猶不及]　過ぎたるは尚及ばざるがごとし
금시초문[今時初聞]　初耳
동분서주　東奔西走
비일비재[非一非再]　日常茶飯事
설상가상[雪上加霜]　弱り目にたたり目
십시일반[十匙一飯]　多勢が力を合わせれば一人を助けるのはたやすいということ
역지사지[易地思之]　立場を変えて考えること
유유상종[類類相從]　類は友を呼ぶ
전전긍긍[戰戰兢兢]　戦々恐々
좌지우지[左之右之]　牛耳る
중언부언[重言復言]　同じことを繰り返して言うこと
타산지석[他山之石]　他山の石

第1部聞き取り問題対策 練習問題 問題文全訳

類型Ⅰ　内容と合う絵

(p.18 ～ 21)

1．男性：食事まだだろう。さっき食堂で食べておいしかったから持って帰ったよ。
　　女性：そう？ ちょうどお腹が空いていたのでよかった。ところで保冷剤は入れて包んだの？ 最近のように暑い日は食べ物がすぐだめになるのに。
　　男性：真空パックしたから大丈夫だろう。

2．女性：今日の授業はなんで急に休講になったの？
　　男性：教授が具合が悪いんだって。病院に行ったみたい。
　　女性：そうなんだ。こうなるなら寝坊して来ればよかったね。
　　男性：ご飯まだでしょう。食事でもしに行こう。

3．男性：転職の経験がある会社員を対象に転職を決心した理由について調べた結果、「低い年俸」という答えが一番多く、「同僚、上司との不和」と「過度な業務」がその後に続きました。これはストレスのない勤務環境を重要視する若い世代の価値観の変化を反映しているものと見られます。

4．女性：スポーツジムの会員数に関する面白いデータがありますが、1年の中で会員数がもっとも多い月は1月だそうです。これは新年の目標をダイエットや運動と決めた人が目標達成のために入会すると思われます。反面2月も継続して通う人は半分に過ぎないそうです。また夏になる前にも会員数が急増しますが、これは露出が多くなる夏に備えて体を美しく作ろうという人が増えるからだそうです。

類型Ⅱ　対話の完成

(p.26 ～ 29)

1．男性：今日は本当に暑いね。エアコンつける？
　　女性：私もそうしたいんだけれども今エアコンが壊れているの。さっきサービスセンターに電話したけれど、明日来て直してくれるって。

男性：＿＿＿＿＿＿＿＿＿＿＿＿＿＿＿

2．男性：どうやら今日中に終わらせるのは難しそうです。続きは明日来てやるのはどうですか。
女性：だめです。今日までに終わらせて渡すと取引先に約束しているんですよ。もう少し頑張りましょう。
男性：＿＿＿＿＿＿＿＿＿＿＿＿＿＿＿

3．男性：昨日はなぜ集まりに来なかったの？ 久々に同期がみんな集まってとても楽しかったのに…。
女性：私もぜひ参加したかったけれど、急に病院に行くことになって。うちの子が階段で転んで足に大けがしたのよ。
男性：＿＿＿＿＿＿＿＿＿＿＿＿＿＿＿

4．男性：今週の土曜日窓側の席で３名予約したいんですが。
女性：申し訳ありませんが、窓側の席は全部埋まっていまして。窓側でなくてもよろしければ、まだ予約可能な席はありますが、どうなさいますか。
男性：＿＿＿＿＿＿＿＿＿＿＿＿＿＿＿

5．女性：最近のドラマを見るとタイムスリップをテーマにした話が多いみたい。主人公が時間をさかのぼって過去に行ったり過去から現代に来たり。実際にそういうことが可能ならどれだけいいかしら。
男性：そうだよね。僕もそういうドラマを見ていると朝鮮時代に行ってみたくなったりするよ。朝鮮時代の王様になって、きれいな女性を100人くらい奥さんに迎えたいんだ。
女性：＿＿＿＿＿＿＿＿＿＿＿＿＿＿＿

6．男性：今度の年末のボーナスが50％削られるといううわさ聞きましたか。今年うちの部署の実績がひどい上に景気もよくないせいで削減は避けられないそうです。
女性：本当ですか。初耳ですが。いずれにしても景気の回復は一朝にしてなる訳でもないし、しばらくは大変でしょうね。
男性：＿＿＿＿＿＿＿＿＿＿＿＿＿＿＿

類型Ⅲ　後に続く行動

(p.34 ～ 37)

1．男性：帽子と日焼け止めと虫さされ薬は入れたし、また他に何かいるかな？
女性：折り畳み傘も一つ入れて行きましょう。最近天気があまりにも気まぐれだから、急に雨が降り出すかもしれないじゃない。
男性：そうしよう。ところで荷物がこんなに多いのに傘が持てるかな？ 雨合羽のほうがよくない？
女性：雨合羽は用意してあるのがないんだけれど…。それじゃ途中で一つ買わなくちゃ。

2．男性：姉さん、シャツに染みができたんだけれど洗っても消えないんだ。クリーニング屋に預けたほうがいいかな？
女性：何の染みなの？
男性：昨日料理している時にキムチの汁をこぼしたんだ。その時付いたみたい。これ、好きなシャツだから残念で仕方ない。
女性：元々キムチの汁は洗っても消えないって。そうだ、玉ネギをすり下ろして、その汁で洗うと消えると聞いたんだけど。玉ネギを買ってきてやってみようよ。私が行ってくるから、あなたはシャツを水に漬けておいて。

3．女性：インターネットで物を売ってみようと思いますが、やったことありますか。子供たちが大きくなって昔使っていたベビーカーが場所ばかり取っていて。
男性：私もやったことはないんですが、かなり売れるみたいです。捨てるくらいなら、一度やってみるのもいいでしょう。購入場所と使用した期間など説明を詳しく書いて、何より写真をきれいに撮ってアップするのが重要です。
女性：値段はどのくらいにすればいいでしょうか。
男性：定価の半分以下の価格が適切だと思います。
女性：そうなんだ。じゃあ、まず写真をきれいに撮る練習から始めるべきですね。

4．女性：部長、うちの部署の上半期の実績報告書の作成を金代理に任せてみるのはどうでしょうか。
男性：金代理は他の業務も多いと思うが、書く暇があるかな？

女性：しかし実績報告書は今、金代理が担当している業務とも関連があるので、業務の把握にも役に立つと思いますが。
男性：では金代理にまず昨年度下半期の報告書を見せて作成方法を説明してあげてください。
女性：はい、そうします。

類型Ⅳ　内容との一致 (p.42 ～ 45)

1．男性：全世界で600万部以上販売されたベストセラーを原作とした映画、「人生は冒険だ」の封切りを控えて、特別試写会が開かれます。応募期間は6月17日から1週間で、映画公式ホームページやモバイルサイトを利用して応募していただければ結構です。また、特典として試写会に当選されたすべての方に原作の書籍を贈呈いたします！ スリル満点のアドベンチャー映画「人生は冒険だ」、皆様のたくさんの関心と応募をお待ちしております。

2．男性：来年から大学入試の内容が変わるんだって？
女性：ええ、今までは選択式問題だけだったのが、来年からは記述式問題も追加されるって。
男性：確かに、選択式問題だけよりは、記述式も追加されるのが実力評価にもっと適切だと思う。
女性：ところで、採点基準について懸念の声が多いみたい。どうしても選択式問題と違って客観的な評価が難しいだろうからね。

3．女性：子供に歯磨きさせるため、苦労しているお母さんがたくさんいますが、博士、今日はそんなお母さんたちのためにいい方法があれば紹介してください。
男性：はい、幼い時から歯を磨く習慣をつけるのはものすごく大事なんです。普段子供に歯磨きさせると歯磨き粉だけなめたり、歯ブラシの毛をかんで全部壊してしまうことが頻繁に起きます。このような時、子供を一人にしておくよりは、親が向かい合って一緒に歯を磨く姿を見せてあげるのが大事で、また子供がまねして歌いやすい、歯磨きに関する歌を一緒に歌いながらやれば、子供が簡単に歯磨きをまねることができます。

4．女性：会社で上司がいつもタバコを吸い続けて死にそう。退社するころには私の体中にもタバコの匂いが染みているけれど、本当に不快よ。何かいい方法はない？
男性：それじゃ机の上にリンゴを切って置いてみて。リンゴが染み付いた悪臭を吸い込んで匂いを除去するって。あるいはロウソクをつけておくのも一つの方法だよ。タバコの煙の中の有害物質をロウソクが吸い込むから。

類型Ⅴ　中心となる考え

(p.50 ～ 53)

1．女性：駅前に新しくできたお店に行ってみた？ 週末は1時間以上待たなくちゃならないみたい。いつか一緒に行ってみない？
男性：あ、あそこ？ 僕もうわさを聞いて、先週末に行ってきたけれど、1時間も待って入るような店じゃないと思う。しかも人が多いからか、従業員も不親切で、食べ物が出てくるのに時間もかかって僕はいまいちだったけど。名物にうまいものなしと、むしろ知られていない店の中においしい店がたくさんあると思う。

2．男性：もう選挙までいくらも残ってないよね。来週投票しに行くよね？
女性：あ、それが…。私は行けなさそう。今回、投票日を含めて4日くらい休暇が取れそうだから旅行に行こうかと。
男性：そう？ じゃあ、事前投票制度を利用したらどう？ 今住んでいる住所と関係なく、身分証だけあれば全国どこでも投票ができるって。事前登録も必要ないから、きみも会社の近くにある事前投票所に寄ってみて。自分の1票くらいは…、とすぐあきらめやすいけど、自分の1票の重要性を知って、参加意識を高めなくちゃ。

3．女性：最近、ネットショッピングにはまっていて、生活必需品はもちろん、服や靴、家具まで全部ネットで買っていますが、とても楽です。
男性：もちろん楽でしょうが、でももう1回考えてみてください。知っているようにこの前、有名なサイトから個人情報が流出する事故があったじゃないですか。まさか自分の情報は流出しないと思うけど、でも無性に心配になって、私はネットに自分の情報を入力するのはためらいます。

4．女性：最近、結婚を準備しているカップルの間でエコウエディングが人気を呼んでいるって。一生にたった一度だけの結婚式なんで、お金がたくさんかかるとしても、私は派手な方がいいと思うんだけど。

男性：一生に一度だけだけれど、その一度のために貯めたお金を全部使うわけにはいかないじゃない。結婚式以外にも結納をはじめ、家の準備までかかるお金がものすごく多いので、結婚式は素朴にしてもいいと思う。派手な花飾りを省くとか、招待する人数を限定して食事の予算を減らすとか…。どんなに派手なのかよりは、どれくらい素敵な思い出になるかがもっと大事だと思うよ。

類型Ⅵ　2問に答える① (p.58 ～ 61)

1．女性：顧客に実施したアンケートの結果は、どのように出ましたか。

男性：まず、食材の原産地がメニューに表記されていて、安心して食べられるという意見が一番多かったですし、その次には、食後に出されるお茶に満足しているという意見が多かったです。しかし、おかずの量が少なすぎるという意見と、割り箸使用について不満を表す意見も多数ありました。

女性：新しく始めた会員カード割引制度の反応はどうですか。

男性：まだ知らない方が多くて、持参して来なかったり、カードを紛失して作り直したりする場合が多かったんですが、次第に落ち着くといい反応が得られるだろうと思います。

2．男性：ミンソン、久し振りだね。最近どう？

女性：会社で働くやら、家で家事をするやら、猫の手も借りたいくらいよ。それに、もうすぐお腹の赤ちゃんも産まれるのに、夫は忙しいとか言って毎日帰りが遅いし、どうすればいいの。

男性：共働きの夫婦の場合、家事や育児を妻一人で背負うにはとても無理があると思う。最近はそれで男性にも育児休暇があるそうじゃない。あまり無理しないで、ご主人と相談して仕事と育児をうまく分担してみて。

女性：私もそう思って、自分の出産休暇が終わったら夫に育児休職をするように頼んでいるけれど、会社に話をするのに周りの目が気になるみたい。育児休職制度というのは実際は名ばかりで使う人は何人いるかしら。

類型Ⅶ　２問に答える②

(p.66 ~ 69)

１．女性：うちのバレーボール部コーチとして去年卒業したスヒョン先輩が来るそうです。

男性：スヒョン先輩がですか。私はその先輩、普段無口で自己主張も強いからちょっと怖いけど…。

女性：でも私は、スヒョン先輩は責任感が強いのでよかったと思いました。うちのチームにいま一番必要なのはリーダーシップのあるキャプテンじゃないですか。

男性：それはそうだけど、私は自分の悩みも打ち明けて、チームの問題点についてもお互い気楽に話せる人が来て欲しかったのに…。

女性：まあ、実力があって責任感が強ければいいでしょう。あまり多くを望まないで、ひとまず信じてついていきましょう。

２．男性：このように今年は豊作になって、玉ネギとニンニクの値段も例年より下がって、お客様もたくさんいらっしゃるでしょう。

女性：はい、うちの農場で直接栽培した安くて新鮮な玉ネギとニンニクを購入しにソウルからもたくさん来られます。そこで今日は、いらしたついでに玉ネギとニンニクをたくさん購入してお帰りくださいという意味で、私が長持ちする食べ方を紹介しようと思います。玉ネギにはご存じの通り、辛い味の成分が入っています。この成分は熱を加えると甘味に代わって、砂糖のなんと50倍の甘さになります。これを利用すれば、玉ネギでジャムが作れますが、玉ネギと砂糖を２：１の比率で入れて40分くらい煮るだけで完成します。またニンニクに砂糖と生クリーム、バター、レモン汁を加えて作るニンニククリームジャムもとても逸品です。

類型Ⅷ　２問に答える③

(p.74 ~ 77)

１．女性：今年の秋夕連休が最大５日まで休めるようになり、多くの勤め人が海外旅行を計画しているそうです。今日はそういう人のために両替の秘訣を紹介してくれるんですって？

男性：はい、そうです。両替をどこでするかによって旅行経費が結構違ってきます。両替するのに一番よくない場所は、手数料が一番高い空港が挙げられます。ですから旅行計画を立ててから時間を取ってメーンバンクに行って両替をするのがお得です。また両替する金額が大きい場合は、トラベラーズチェックに替える方がお得です。最後に、海外でクレジットカードを使う方が結構いらっしゃいますが、クレジットカードを使う場合には、必ず手数料がつくので、両替して行くよりもっと損することになります。

2．女性：今、後ろに見えるあそこがアマゾン熱帯雨林の西側であるオリエンテ地域です。アマゾンは澄んできれいな生態系が保存されていた所で、地球の「肺」と呼ばれましたが、今はご覧のように石油のかすで覆われています。これは、最近ここで発見された石油の原油により、石油会社が工場を相次いで建てるようになり、その結果、有毒な排水が川にそのまま流れ込んでいったせいで、こんな形に変わったわけです。もっと心が痛むことは、この地域の住民たちは飲み水を得る場所がこの川しかなくて、今もこの川の水で料理をしたり、洗濯をしたりして生活用水として利用しているそうです。これが原因で、約１万名余りの部族民たちが皮膚疾患やがん、奇形児出産などに悩まされています。我々は彼らに元の生活を取り戻してあげるためにできることは何なのか考えてみなければなりません。

類型Ⅸ　２問に答える④ (p.82 ～ 85)

1．男性：皆さんは、もしかして利他的な幸せという言葉をご存じでしょうか。これはよく我々が考える自分だけのための幸せとは違って、他人のためによい行動をした時に得られる幸せになります。しかし、これはほとんどの人が知らないため、幸せの基準にしません。仮に知っているとしても簡単に達成できるものではありませんが。そうだとしたら果たして我々はどうすればこの利他的な幸せを味わえるでしょうか。まず、達成可能な具体的な目標を設定するのが大事です。例えば、「一日に一回、誰かのためにトイレを掃除する」というようなささいなことでも構いません。また、周りにいる恵まれない人々を助けるなど、社会に貢献するのも利他的な幸せが感じられる方法の一つです。

2．男性：政府で在来の市場や、小さな店の商圏を保護するため、大型スーパーの義務休業制を来月から実施するそうですが。これによって大型スーパーは月に隔週で２回、日曜日に必ず休業しなければならないそうです。これについてどう思われるでしょうか、博士。

女性：今まで大型スーパーの独寡占によって周辺の商圏が没落する場合がよくありましたので、在来の市場で仕事をしている方にはとてもうれしいお知らせであります。反面、消費者の立場ではどうでしょうか。消費者はもっと安くて、もっと良い物を売っているところで自由に物を買う権利があるじゃないですか。ところが政府がその権利を無視して在来の市場や小さなスーパーに行って買いなさいと強要するのは資本主義の論理に反するものだと言えます。従って、政府は在来の市場の保護のため大型スーパーを休ませて、消費者の選択を無理やり強要するのではなく、消費者が自ら在来の市場を訪れるように、他の方法を模索しなければならないと思います。

語彙・文型の確認 問題訳

第１部　聞き取り問題対策

類型Ⅰ　内容と合う絵

中級語彙 (p.14)

1 夏は（紫外線）を遮断してくれる日傘を必ず差すべきだ。
2 その人とは会ったことがありません。名前（すら）知りません。
3 店の中がお客さんでいっぱいに（なって）席がない。
4 携帯電話の契約を（解約）したいのですが、どこに問い合わせればいいでしょうか。
5 価格が安い物は（質）も良くないに決まっている。

高級語彙 (p.15)

1 海外に移民することになって 10 年間乗っていた車を（安値）で売った。
2 間違いなくここにいたのに、まんまと（形跡）を消すなんて、不思議でしょうがない。　＊「귀신이 곡할 노릇이다」は「世にも不思議な出来事である」という意味のことわざです。
3 詳しく読んでみる必要はないので、ただ１回（目を通して）ください。
4 その男性は性格が気難しい上に（きちんとした）職にも就いてなくて、もてない。

文型－接続表現 (p.16)

(　　) に入る最も適切なものを選びなさい。

1 眠れな（かったら）温かい水でシャワーをしてみてください。
2（暑かったので）エアコンをつけた。

文型－文末表現 (p.17)

次の下線を引いた部分と意味が似ているものを選びなさい。

カ：音楽会によく行かれるのをみると、音楽が好きみたいですね。
ナ：好きだなんて。会社の仕事で仕方なく行くのです。

類型Ⅱ　対話の完成

中級語彙 (p.22)

1 ずっと連絡がないのをみると（どうやら）何かあったようです。

語彙・文型　問題訳

2 会議が長引くため、友達との約束を（取り消し）た。
3 携帯電話を見ながら道を歩く人々を最近（よく）見かける。
4 今月部長に（昇進）したので、今日は私がおごります。

高級語彙 (p.23)

1 生まれてから1回も両親の言葉に（逆らった）ことはない。
2 この家は二人が住むには狭いが、一人で住むには（うってつけ）である。
3 子供たちの学費を払うため、銀行で（融資）を申請した。
4 その政治家はいつも自分が言った言葉を（翻す）から信頼できない。

文型ー接続表現 (p.24)

（　　）に入る最も適切なものを選びなさい。

1 今は大変だろうが、頑張って（生きていれば）いつかいい日も来る。
2 たまった夏休みの宿題を（していたため）1時間しか寝られなかった。

文型ー文末表現 (p.25)

（　　）に入る最も適切なものを選びなさい。

残っている食べ物を全部捨てるのは（とてももったいない）。

類型Ⅲ　後に続く行動

中級語彙 (p.30)

1 雨が降るかもしれないので（折り畳みの）傘を持って行ってください。
2 偏食しないで（まんべんなく）食べてください。
3 夏場は窓を開けておくと蚊などの（虫）が入りやすい。
4 今回面接を受けた人の中で、誰が一番（勝る）と思いますか。

高級語彙 (p.31)

1 あまりにも（痛み）がひどくて、薬局に行って薬を買ってきた。
2 これは危ないから子供たちの手に（届か）ない場所に置いておいてください。
3 その人に申し訳なくて（どうしても）断れなかった。
4 昨日、運転中に車を電信柱に（ぶつけたので）、修理センターに預けてくるところです。

文型－接続表現 (p.32)

(　　) に入る最も適切なものを選びなさい。

1 買い物をしようと (行ったが) 気に入ったものがなくて、そのまま帰ってきました。

2 安いからと言って必要のないものを (買うよりは) 買わない方がいいでしょう。

文型－文末表現 (p.33)

次の下線を引いた部分と意味が似ているものを選びなさい。

1 背が高くて頭が天井に<u>当たりそうだ</u>。

2 初めて韓国に行ったが、人々が<u>親切でした</u>。

類型Ⅳ　内容との一致

中級語彙 (p.38)

1 飲食物を持って来られるのは、できるだけ (控えて) ください。

2 彼はすべての (財産) を恵まれない人のために寄付した。

3 夕べ降った雪で世の中が (全部) 白く変わった。

4 これはあまり見られない (稀な) モデルだから高く売れるでしょう。

高級語彙 (p.39)

1 慶州には韓国の昔の首都である新羅の姿が (そっくりそのまま) 残っている。

2 株価が最近2か月間、なんの変動もなく (足踏み) をしている。

3 この歌の (メロディー) がいいですね。誰の歌ですか。

4 これはかんで服用する薬ではありません。水と一緒に (飲み込んで) ください。

文型－接続表現 (p.40)

(　　) に入る最も適切なものを選びなさい。

1 キムチを (食べていたら) 辛い味に慣れるでしょう。

2 私が今朝、一人で (尋ねて行ってみたところ) 初めてだったのにもかかわらず簡単に見つけることができました。

文型－文末表現 (p.41)

次の下線を引いた部分と意味が似ているものを選びなさい。

1 子供がおもちゃを買ってくれとあまりにも<u>ねだり続けるので</u>、仕方なく買ってあげた。

2 まだ言ってないけど、明日くらいに言おうと思っている。

類型Ⅴ　中心となる考え

中級語彙 (p.46)

1 その友達とは、卒業後（たったの）1回も連絡したことがない。
2 うちの家族は私を（含めて）全部で5人だ。
3 会社の近くにクリスマスツリーの（装飾）がきれいな店がある。
4 外食費を（減らす）ために、家で弁当を作って持ってきた。

高級語彙 (p.47)

1 原産地を偽って売った業者に連日抗議の電話が（殺到）している。
2 大したことではないことで（無駄に）ご心配をおかけして、申し訳ございません。
3 楽譜もなく弾いているのをみると、ピアノに（才能）があるようだ。
4 誰でも一度くらいは間違いを犯しうるが、大事なのは同じ過ちを（繰り返さ）ないことだ。

文型－接続表現 (p.48)

（　　）に入る最も適切なものを選びなさい。

1 車に長く（乗っていたからか）気持ちが悪いです。
2 ここは（ご覧のように）周りに店がなくて、いつも静かです。

文型－文末表現 (p.49)

次の下線を引いた部分と意味が似ているものを選びなさい。

1 そんなに重い荷物を持っているから、肩が痛いのも当然です。
2 まだ連絡はないが、今頃到着したと思う。

類型Ⅵ　2問に答える①

中級語彙 (p.54)

1 今日は全国（概ね）晴れて、気温は平年より多少高いでしょう。
2 先生が（勧めて）くださった本が図書館になくて、他のものを借りてきました。
3 食事が終わったら、自転車で街を1周（回って）来ます。
4 今回のイベントは準備するものが多いため、（役割）を分担してやることにした。

高級語彙 (p.55)

1 6歳の子供が文章をこんなに書けるなんて、（なかなか）ですね。
2 何事であっても（地道に）努力すれば成功できる。
3 （網）を利用すれば、魚だけでなく、山の中の動物も捕まえることができる。
4 タバコは体に（害がある）のでやめた方がいい。

文型－接続表現 (p.56)

（　　）に入る最も適切なものを選びなさい。
1 私がお弁当を（用意するから）、あなたは飲み物だけ持ってきて。
2 後輩が事務所の片づけを（手伝うとか言って）むしろ散らかしている。

文型－文末表現 (p.57)

（　　）に入る最も適切なものを選びなさい。
1 ジスはお酒が飲めないので、聞かなくても（行かないに違いない）。
2 バスを乗り間違えて（遅刻するところだったが）、幸い間に合いました。

類型Ⅶ　2問に答える②

中級語彙 (p.62)

1 道が混んでいて（あやうく）飛行機に乗り遅れるところでした。
2 お客さんが来ていらっしゃる時は、できるだけ席を（外さ）ないでください。
3 この雑貨屋の品物の中ではこの（商品）が一番人気がある。
4 イ先生はおもしろくてやさしいから子供たちがよく（懐く）でしょう？

高級語彙 (p.63)

1 お米を（精米所）に持って行って、子供の誕生日に使う餅を注文した。
2 上の子が泣き始めると下の子も（つられて）泣いた。
3 土壇場で同点ゴールが入って、かろうじて敗北の危機を（免れ）た。
4 一つも（付け加え）ないで、ありのまま話してください。

文型－接続表現 (p.64)

（　　）に入る最も適切なものを選びなさい。
1 今度の試験で1位を（とるなら）必要な物は何でも買ってあげるよ。
2 友達と一緒に（行くならまだしも）一人では危ないからだめだ。

文型－文末表現 (p.65)

（　　）に入る最も適切なものを選びなさい。

1 私はまだ水泳が（できません）。

2 この程度なら 10 人で（食べるのに十分です）。

類型Ⅷ　２問に答える③

中級語彙 (p.70)

1 自動販売機でコーヒーを買おうと思いますが、もし（コイン）があれば貸してください。

2 空気が（澄んでいる）ところに引っ越した後に頭痛がなくなった。

3 外国人が、ハングルが書かれている紙を（逆に）持っていた。

4 何でも（ためて）おくと、もっとやりたくなくなるので、その時その時にやってください。

高級語彙 (p.71)

1 犠牲者を哀悼する意味で各地で祭りが（相次いで）キャンセルになった。

2 もう 20 年が経ったが、（おぼろげ）にだが、その時のことを覚えている。

3 60 歳から交通費の支援など、いろいろな（優遇）が受けられる。

4 最近はスマートフォンを使わないと、時代に（遅れている）と言われるに決まっている。

文型－接続表現 (p.72)

（　　）に入る最も適切なものを選びなさい。

1 時間が（経つにつれ）、ここの生活にも少しずつ慣れてきた。

2 遠足に行こうと日を（決めると必ず）いつも雨が降る。

文型－文末表現 (p.73)

（　　）に入る最も適切なものを選びなさい。

1 こんなに苦痛の中で生きるより（死んだ方がましだ）。

2 ストレスがたまると普通一人で旅行に（行ったりします）。

類型Ⅸ　２問に答える④

中級語彙 (p.78)

1 綱引きはチームの（団結）が何より重要だ。

2 優勝者は（果たして）誰になるのかに人々の耳目が集まった。

3 今度の映画では、主人公たちが宝物を探して、あちこちを（冒険する）話を描いている。
4 消費者は物を自由に選ぶ（権利）がある。

高級語彙 (p.79)

1 この催しの（趣旨）は、韓国の美を広く知らせるところにある。
2 今回のミスを例に（して）、次からはこんなことがないようにしましょう。
3 男手一つで子供を育てるのは（とても）難しいことである。
4 ビタミンDが（欠乏）すると、うつ病にかかる確率が高いそうだ。

文型－接続表現 (p.80)

（　　）に入る最も適切なものを選びなさい。
1 その人が会社を（辞めようが辞めまいが）私には関係ありません。
2 最悪の状況に置かれて（いるとしても）、夢をあきらめてはいけない。

文型－文末表現 (p.81)

（　　）に入る最も適切なものを選びなさい。
1 その人が何も言わずに、こんなに急に（発ったはずがない）。
2 この品物はみんな中国で（作られたので）値段が安い。

第３部　読解問題対策

類型Ⅰ　提示文が表すもの

中級語彙 (p.108)

1 友達の風邪が（移って）、昨日は薬を飲んでずっと寝ていました。
2 私はトイレにしょっちゅう行くので（通路）側の席をください。
3 バスが結構揺れて危ないので、手すりを（しっかり）つかんでください。
4 いくら大変でも（引き受けた）仕事は最後まで責任を持って終わらせてください。
5 その話を聞いた瞬間、涙が自然と（流れ）出た。

高級語彙 (p.109)

1 普段朝食はコーヒー１杯で（済ませる）けど、今日は早く起きてご飯を食べて来ました。
2 自分の考えが足りなくて（まだ）そこまでは考えつかなかった。

3 銀行で両替したお金が（偽造）紙幣だという事実が知られてから大きな波紋が起こっている。

4 普段はあんなに口が達者な人が、緊張するとすごく（どもる）くせがある。

文型ー接続表現 (p.110)

（　　）に入る最も適切なものを選びなさい。

1 その人に（会ったら）私の話を必ず伝えてください。

2 いやなことを（言ったとはいえ）、そんなに敏感に反応するとは思わなかった。

(p.111)

次の下線を引いた部分と意味が似ているものを選びなさい。

1 出かけようかどうしようか迷っていたところにちょうど、雨が降り出したので家にいることにした。

2 まさかこの問題は試験に出ないと思うが、万一のために暗記しておいた。

類型Ⅱ　文や図に合うもの

中級語彙 (p.116)

1 この仕事を始めてから多くの人と（接する）ようになりました。

2 長い間悩んだ末に、その会社に入ることに（決心）した。

3 彼はうそをつく時、頭を触る（癖）がある。

4 人が多すぎてずっと立っていたが、少し前に（やっと）座った。

高級語彙 (p.117)

1 今年初めに占ってもらったが、今年は（大吉）と言われて気分がよかった。

2 生活必需品の税金は低くなって、（贅沢品）の税金は高くなるそうだ。

3 世界文化遺産だからその景色は（十分に）壮観といえる。

4 今日は波が（荒い）のでサーフィンをするには危険だ。

文型ー接続表現 (p.118)

（　　）に入る最も適切なものを選びなさい。

1 明日からセールだと（分かっていたならば）今日買わなかったでしょう。

2 頑張って勉強を（しているから）いい結果が期待される。

文型ー文末表現 (p.119)

（　　）に入る最も適切なものを選びなさい。

1 電話にずっと出ないから（忙しいだろうと思った）。

2 昔から目上の人の言う通りにしないと（後悔しがちだ）。

類型Ⅲ　正しい順番に並べる

中級語彙 (p.124)

1 女性だけ割引してもらえる映画館が増えてきて、一部では男女（差別）だという意見も出ている。

2 似ているように見えるが、こちらにあるキムチが（ずっと）辛いです。

3 急ではありますが、私は今週をもちましてこの会社を辞めることになりました。前もって（お知らせ）できず申し訳ございません。

高級語彙 (p.125)

1 彼は私の頼みを躊躇なく（快く）聞いてあげると言った。

2 新入社員だからそうなのか、意欲が（あふれている）が、いざできることは少ない。

3 国民が先頭に立って国家の（地位）を高めるために力を注がなければならない。

4 夜が更けた海辺で波が（砕ける）音を聞きながら座っていた。

文型－接続表現 (p.126)

（　　）に入る最も適切なものを選びなさい。

1 この薬を（飲まない限り）治りません。

2 仕事が毎日遅く（終わる上に）週末も会社に行かなければならない。

文型－文末表現 (p.127)

次の下線を引いた部分と意味が似ているものを選びなさい。

1 この料理はとても<u>おいしそうだ</u>。

2 この案件に反対する人は<u>多そうだ</u>。

類型Ⅳ　空欄に入る内容

中級語彙 (p.132)

1 ドアに鐘を（ぶら下げて）ドアが開いたり閉じたりする時に音で分かるようにした。

2 （どうせ）遅れているから走っていく必要ないでしょう。そのままゆっくり行きましょう。

3 今年は（日照り）により、降水量が例年の半分にも及ばない。

4 そのように一人で（つぶやか）ないで大きい声で言ってみてください。

高級語彙 (p.133)

1 出勤時間で道が混むかもしれないから（早めに）出てバスに乗った。
2 その人の行動は（無礼だ）が、今回だけ我慢することにした。
3 妻の（内助）がなかったならば、ここまでくることはできなかったでしょう。
4 生放送はやはり（老練な）司会者じゃないと、見ている側も不安になるものだ。

文型－接続表現 (p.134)

（　　）に入る最も適切なものを選びなさい。

1 前もって説明を（聞いたのにもかかわらず）一つも思い出せなかった。
2 暗い所で毎日本を（読んでいると）目が悪くなるでしょう。

文型－文末表現 (p.135)

次の下線を引いた部分と意味が似ているものを選びなさい。

1 昨日のことについて言うのを<u>避けているように見えた</u>。
2 病院で治療を受けなかったせいで、彼の症状は<u>ひどく悪化した</u>。

類型Ⅴ　新聞記事の見出しの解釈

中級語彙 (p.140)

1 私は値段より真心が（込められている）プレゼントの方がもっと好きです。
2 退職金をもらった後に（やっと）自分の家を買うことができた。
3 巨額のカードの（借金）を返せなくて、自殺する人が増えている。
4 彼は１年間（稼いだ）お金をカジノですべて無くしてしまった。
5 その選手がなぜ急に（棄権）をしたのか関心が集まっている。

高級語彙 (p.141)

1 今回の事件の特徴は犯人たちが60代以上の人だけを（狙った）というところにある。
2 私も詳しく見ていなくて、通り過ぎる時に（ちらりと）見たのでよく分かりませんが。
3 この料理にはからしを（添えて）食べると本当においしいです。
4 時間が（ぎりぎり）だからタクシーに乗って行きましょう。

文型－接続表現 (p.142)

（　　）に入る最も適切なものを選びなさい。

1 小さい空間（ながら）自分の事務室ができてうれしい。
2 大きさがこのノートパソコン（くらいの）カバンを探していますが。

文型－文末表現 (p.143)

（　　）に入る最も適切なものを選びなさい。

1 部長が明日取引先に何時に（行くかと聞きました）。

2 私が見たかった映画の DVD を友達が持っているというので（貸して下さいと）言いました。

類型Ⅵ　内容との一致

中級語彙 (p.148)

1 話したいことは多いのに、言葉が通じなくて（もどかしい）でしょう？

2（ちょうど）出ようとしていた時に電話がかかってきて、出ようかどうしようか迷った。

3 この周辺はいつも道が混んでいるので道路をもっと（拡張）しなければならない。

4 晴れているからなのか、今日は（とりわけ）星が明るく見える。

高級語彙 (p.149)

1 痩せたいなら、まず体の（新陳代謝）から高めないといけない。

2 その人はよくないことでもあるのか、ずっと顔を（しかめた）まま電話で話している。

3（脊椎）を丈夫にするためにはいつも正しい姿勢で座る習慣をつけなければならない。

4 食べないつもりだったが、とてもおいしそうだったので一（切れ）だけ食べた。

文型－接続表現 (p.150)

（　　）に入る最も適切なものを選びなさい。

1 社長が（指示する通り）しさえすればいいです。

2 うそつきに（なることはあっても）友達を裏切ることはできない。

文型－文末表現 (p.151)

（　　）に入る最も適切なものを選びなさい。

1 ジムには行けなかったが、たくさん歩いたから運動を（したことにしましょう）。

2 私も一緒に（行こうかと思いますが）まだ席はありますか。

類型Ⅶ　文章の主題

中級語彙　(p.156)

1 脳を（鍛練）させ、記憶力を向上させる方法があるそうだ。
2 私が言った言葉が原因で、その人が傷ついたのではないかと思い、気に（かかる）のですが。
3 建物が倒れて火災が発生したが、未だ多くの人々の（生死）が確認されていない。
4 ここの生活はまだ慣れないけれど、時間が（経て）ば慣れるだろう。

高級語彙　(p.157)

1 彼の葬式は（厳粛な）雰囲気の中で進められた。
2 1週間（くらい）休暇が取れそうだから、海外旅行をすることにした。
3 この1年間、仕事もせず、時間を（無駄に）過ごしたのが悔やまれる。
4 その映画は韓国の映画史上、初めて1,700万人という観客を（動員して）話題になった。

文型ー接続表現　(p.158)

次の下線を引いた部分と意味が似ているものを選びなさい。

1 来年は必ず留学をしようと心に誓った。
2 会議の時間に居眠りするといけないのでコーヒーを3杯も飲んだ。

(p.159)

（　　）に入る最も適切なものを選びなさい。

1 いざお礼を（言おうとすると）照れくさい。
2 卒業（した以上）、生活費は自分で稼ぐべきだ。

類型Ⅷ　文の入る位置

中級語彙　(p.164)

1 ダイエットについて間違った（常識）を持っている人がたくさんいる。
2 うちの夫はあまり笑わないし口数も少ないです。（無愛想な）性格です。
3 今日の午後、このホテルで記者会見（及び）懇談会が開かれる予定だ。
4 部屋がものすごく（散らかっている）でしょう。掃除がずっとできなかったからです。
5 家で（育てた）野菜で料理をしたからか、さらにおいしいですね。

高級語彙 (p.165)

1 安全点検をおろそかにして事故に（直結した）場合もある。

2 毎日頑張っているのにもかかわらず（なかなか）実力が伸びない。

3 洪水によって川が（氾濫し）て、住宅が浸水している。

4 1日のうちの気温差が10度（前後）に大きくなって、風邪を引く人が目立って増えている。

文型－接続表現 (p.166)

（　　）に入る最も適切なものを選びなさい。

1 そんなことで（けんかしては）、仲が良いと言えない。

2 昨日は道が混んでいて（遅れたとして）、今日はなぜまた遅れたのですか。

文型－文末表現 (p.167)

（　　）に入る最も適切なものを選びなさい。

1 宿題を全部（終わらせるには）まだまだ時間がかかります。

2 赤ちゃんは手につかんだものを全部（食べようとする）。

類型Ⅸ　2問に答える

中級語彙 (p.172)

1 この薬は（副作用）がなく、効能が優れているのでよく売れる。

2 今回のスキャンダルをきっかけに（相当な数）のファンが脱退すると思われる。

3 自分の間違いを分かっているのに、謝るどころか（むしろ）怒っている。

4 彼女は指が（細）すぎて、合う指輪のサイズがなかった。

高級語彙 (p.173)

1 お客さんには90度に腰を（曲げて）挨拶をするように教育されている。

2 彼の話が（もっともらしかった）が、すぐに作り話だと分かった。

3 今回の選挙では在外国民の投票が重要な（要因）として作用するだろう。

4 カキやワカメなどを人工的に育てて繁殖させる（養殖）事業が大きく人気を集めている。

文型－接続表現 (p.174)

（　　）に入る最も適切なものを選びなさい。

1 （願わくは）、どうかお元気でお過ごしください。

2 どんなに（辛いのか）半分以上残した。

(p.175)

(　　)に入る最も適切なものを選びなさい。

1 急いで（食べていると思ったらやはり）お腹を壊したんだ。

2 お金を（借りるからには）必ず返さなければならない。

類型X　2問もしくは3問に答える

中級語彙 (p.180)

1 学生たちがみんな帰った後の教室は（がらんと）空いていた。

2 初めて行く道なので不安だったが、先輩が一緒に行ってくれるなんてとても（心強い）。

3 この事実を知っている人は私を含めて（わずか）3人だけだった。

4 家庭でイチゴやバナナなどを（凍らせて）作るアイスクリームの機械が発売されて話題になっている。

高級語彙 (p.181)

1 糸やひもなどを結んで作るブレスレットのことを（結び目）ブレスレットという。

2 持続的な会話を通じて親が子供の気持ちを（察する）べきだ。

3 この文章は分かち書きもしてないし、（誤字）も多くて読みづらい。

4 有害物質発生などの理由により、ごみは指定されている場所でのみ（焼却）するようになっている。

文型－接続表現 (p.182)

(　　)に入る最も適切なものを選びなさい。

1 一人で（行こうと思うと）道が分かるか心配です。

2 私が行って（みたら）本当に美しい所だった。

(p.183)

(　　)に入る最も適切なものを選びなさい。

1 この時間に家に（いるはずがないだろうが）、ひょっとすると分からないので電話してみよう。

2 彼の事情がとてもかわいそうで涙を（我慢することができなくて）、ぽろぽろと泣いた。

ask

新 合格できる韓国語能力試験 TOPIK II

補訂版

著／新大久保語学院
全ウン
監修／李志暎

ask

はじめに

本書は、韓国語能力試験 TOPIK Ⅱ（3～6級）を受験する方のための対策本です。

2014年下半期から試験の改定により、韓国語能力試験（TOPIK）はレベルがTOPIK Ⅰ（初級）と TOPIK Ⅱ（中級、高級）の2段階になりました。TOPIK Ⅱでは中級レベル（3・4級）と高級レベル（5・6級）の問題が混在するため、TOPIK Ⅱ受験者は幅広いレベルの問題に接するようになって、とりわけ中級学習者の負担は大きくなっていると思われます。

また、高級レベル向けの試験対策本は僅かしかないのが現状で、高級レベルの受験準備の際に苦労することが多かったことと思われます。

そこで本書では、以下の点に留意いたしました。

✔ 中級から高級レベルまでの学習が同時にできる
✔ 中級と高級を分けて学習できるように工夫し、中級学習者の負担を減らす
✔ 出題パターン別の問題練習を通して本試験への万全な対策を行える
✔ 一人で学習できるようにすべての問題に解答解説が付いている

さらに、中・高級レベルの1500以上の重要語彙と200以上の重要文型をまとめて載せているので、まだ受験予定がない方も、レベルアップやまとめ、復習のための学習書としても活用することができます。

高級レベルまでたどり着くのはなかなか容易なことではありませんが、地道な努力こそが試験合格や実力向上への早道だと思います。少しずつでも毎日行うのを目標にして、まずは語彙と文型をしっかり身につけ、聞く練習と読む練習を繰り返してください。

本書がその手助けになることを願っています。

全ウン

＊補訂版では、書き取り問題の出題傾向の変化に合わせて、第2部書き取り問題対策の類型Ⅱ-2番の問題を差し替えました。また類型Ⅱ-1番と類型Ⅲで問題の指示文及び解答例と解説を一部修正しました。（2023年2月）

もくじ

本書の使い方

本書は、韓国語能力試験 TOPIK Ⅱ（中級及び高級レベル）の問題類型別の攻略方法と練習問題に加えて、語彙と文型のまとめ、総合演習、別冊で構成されています。

対策

本書では3つの出題分野（聞き取り、書き取り、読解）について、出題パターン別に試験対策の学習ができるようになっています。

聞き取り分野と読解分野では、最初に「語彙と文型の確認」、その後に攻略ポイントと共に「練習問題」が提示されています。はじめに語彙や文型のページを学習しておくことで練習問題が解きやすくなるでしょう。練習問題を先に解いてから、語彙や文型を学習しても構いません。

目標とするレベルに合わせて学習できるように、語彙は中級と高級を分けて提示し、文型や練習問題では高級レベルのものに「＊」をつけました。

語彙にはチェックボックス「□」が付いているので、暗記した語彙にはチェックを入れながら進めるとより効果的でしょう。「◎」が付いている語彙は、「多意語を覚えましょう」として別に扱っているので、該当ページをご参照ください。文型の下にある実戦練習は、実際の試験の読解問題（1～4番）に対応しているので、類型ごとに練習を重ねていくことで本試験に強くなるでしょう。

注1）各類型の語彙の Check! は、複数の答えが存在することがありますが、一番適切と思われるものを正解としています。ご了承ください。

注2）各類型の語彙は中級と高級にレベルを分けて提示していますが、関連性のある語彙を効率的に一緒に覚えられるように、それぞれのレベルに相当しない語彙が入っている場合もあります。ご了承ください。

総合演習

各類型で練習してきたいろいろなパターンの問題が混ざっていて、実戦形式の練習ができるようになっています。目標解答時間内に解けるように、実際に時間を計って解いてみましょう。本試験同様に聞き取りと読解に分けて解くことができます（書き取り問題は、複数の解答が可能で自己採点ができないため、総合演習では省いています）。また、本試験と同様に「＊」を使ったレベル表示はしていません。

聞き取り問題は、音声を聞きながら問題を解いてください。

音声

第1部聞き取り問題対策と第4部総合演習聞き取り問題の音声は、弊社 Web サイトの本書の説明ページから無料でダウンロードできます。

https://www.ask-books.com/978-4-86639-592-0/

右の QR コードからもアクセスできます。

また、上記の Web ページの「音声ダウンロード」の下にある「Apple Podcast」または「Spotify」をクリック（タップ）すると再生リストが開き、聞きたい音声をクリック（タップ）すると、ストリーミング再生されます。

「Apple Podcast」または「Spotify」のアプリをご利用いただくと、オフラインで再生することもできます。

テキストの問題番号左に該当する音声の番号が表示されています。本試験では問題ごとに解答を記入するための時間が与えられますが、本書の音声では問題間のポーズは約 10 秒間と短めになっています。2 問に答える問題の場合、本試験では各問題の番号が読み上げられ、それぞれに解答を記入する時間が与えられますが、本書の音声では各問題の番号は読み上げず、全部で約 30 秒間のポーズとなっています。実際の試験よりは短めですが、早く解く練習をしておくといいでしょう。

別冊

「重要文型」には、重要な接続表現と文末表現をまとめました。例文などを確認したい場合は各文型右端の該当ページをご参照ください。

「重要語彙」は、級別に品詞ごとに分けてまとめました。擬声語や擬態語、四字熟語も入っているのでご活用ください。

「聞き取り問題対策　練習問題　問題文全訳」には、類型ⅠからⅨまでの台本の訳が掲載されています。聞き取り学習の時に参考にしてください。

「語彙・文型の確認　問題訳」には、各類型の語彙や文型の下にある問題の訳を載せています。学習の時に参考にしてください。

【本書で使用する記号】

＊：高級レベルの文型、問題　　≪　≫：音声のスクリプト

◎：多意語　　≒：類義語　　⇔：反義語

韓国語能力試験について

韓国語能力試験（TOPIK）は、韓国政府教育部が認定・実施する唯一の韓国語試験で、韓国語を母国語としない学習者を対象に行われます。日本をはじめ世界約 90 ヶ国で実施され、レベル評価や留学、就職への活用などを目的にさまざまな方が受験しています。

日本では 1997 年から実施され、公益財団法人韓国教育財団の主管により運営・実施されています。2017年から年3回（4月、7月、10月）実施になりました。

●韓国語能力試験の種類

TOPIK Ⅰ（初級）と TOPIK Ⅱ（中級・高級）の 2 つのレベルがあります。
合格すると獲得した総合点数に応じて、級が認定されます。

TOPIK Ⅰ：1 級または 2 級
TOPIK Ⅱ：3 級～ 6 級

● TOPIK Ⅱ試験の概要

（1）級の認定基準とレベル

級	合格点の目安	評価基準
3 級	120 ／ 300	日常生活を問題なく過ごせ、さまざまな公共施設の利用や社会的関係を維持するための言語が使用できる。文章語と口語の基本的特性を区分し理解、使用できる。
4 級	150 ／ 300	公共施設の利用や社会的関係の維持に必要な言語機能を遂行でき、一般的な業務に必要な機能を実行できる。ニュースや新聞をある程度理解でき、一般業務に必要な言語が使える。よく使われる慣用句や代表的な韓国文化に対する理解をもとに社会・文化的な内容の文章を理解でき、使用できる。
5 級	190 ／ 300	専門分野においての研究や業務に必要な言語をある程度理解と使用ができ、政治・経済・社会・文化などの全般にわたった身近なテーマについて理解し、使える。公式的、非公式的かつ口語、文語的な脈絡に関する言語を適切に区分し、使用できる。
6 級	230 ／ 300	専門分野における研究や業務遂行に必要な言語機能を比較的正確に、流暢に使用でき、政治・経済・社会・文化などの全般的なテーマにおいて身近でないテーマに対しても不便なく使用できる。ネイティブ程度まではないが自己表現を問題なく話すことができる。

(2) 試験方式
次のように聞き取り、書き取り、読解の3分野で出題されます。

問題の種類と配点

時限	1時限目		2時限目
試験時間	110分		70分
分野	聞き取り	書き取り(作文を含む)	読解
解答形式	4択	記述式	4択
問題数	50問	4問	50問
配点	100点	100点	100点
合計点	300点		

韓国語能力試験の詳細および最新情報は、公益財団法人韓国教育財団のホームページで確認してください。

https://www.kref.or.jp/topik/

※1 TOPIK I(初級)は、聞き取りと読解分野のみで問題数や試験時間も異なります。
※2 (1)および(2)の表は韓国教育財団のウェブページに掲載されている資料(2024年7月現在)をもとに作成しました。試験の実施方法や基準などは変更される場合がありますので、韓国教育財団のウェブページなどで最新の情報をご確認ください。

TOPIK Ⅱ攻略法

聞き取り

60分で50問出題されるので集中力が必要になります。日常会話から新聞やニュースで見かける社会的なテーマまでさまざまな話を聞いて、内容を把握する能力が求められます。テーマによっては難しい語彙も使われたりするので、全部を正確に聞こうとするよりは、問題を解くために必要な情報を選んで聞く力が必要です。従って問題の類型別にどこを集中的に聞けばいいのか、聞き分けられるように練習をするのが大切です。できれば音声が流れる前に選択肢を確認しておきましょう。

書き取り

4問のうち2問は長い文章を書かないといけないため、文章の構成力や表現力が必要とされます。50分が与えられますが、決して長い時間ではないため受験者が最も苦労する分野と思われます。長い文章を論理的に書くためには、書く前に文章の構成「導入―本文―結論」をまず考えて簡単にメモしてから書くといいでしょう。また、健康や生活情報などの身近なテーマから、環境問題や教育、社会制度などの専門的なテーマに至るまで、さまざまな文章をよく読んで、よく使われる語彙や表現を覚えるようにしてください。話し言葉と書き言葉を使い分ける必要があるので、過去問の解答例の文章を参考に書く練習をしておきましょう。普段から書く練習を重ねてするのが一番大事です。

読解

70分で50問を解かなければならないので、かなりのスピードが要求されます。最初から最後まで完全に理解して読まなくてもいい場合もあるので、問題の類型あるいは指示文によってどこを重点的に読めばいいか練習しておくと早く解けるようになるでしょう。必ずしも問題を順番に解く必要はないので、1つの問題に時間がかかるようならば、次の問題を先に解くことをお勧めします。普段から長い文章を読んで長さに慣れることと、時間を計って問題を解く練習をしておきましょう。

[参考] TOPIK Ⅱ問題の出題パターンと内容

1 時限目

	出題パターン	内容	出題数
聞き取り	内容と合う絵	音声の内容に合う絵を選ぶ	3 問
	対話の完成	会話の後に続く台詞を選ぶ	5 問
	後に続く行動	会話に続けて行われる行動を選ぶ	4 問
	内容との一致	音声の内容に合うものを選ぶ	4 問
	中心となる考え	男性の考えに合うものを選ぶ	4 問
	2 問に答える	1 つの内容に対して 2 問に答える	30 問
書き取り	短文を二つ作る	文章中の空欄に入る文言を作る	2 問
	200 ～ 300 字の文章を作る	提示されている情報を繋いで文章を作り、自分の意見を付け加えて完成させる	1 問
	600 ～ 700 字の文章を作る	テーマに沿って論理的に文章を作る	1 問

2 時限目

	出題パターン	内容	出題数
読解	接続表現	空欄に入る接続表現を選ぶ	2 問
	類義表現	意味が似た表現を選ぶ	2 問
	提示文が表すもの	短文の内容に合うものを選ぶ	4 問
	文や図に合うもの	文や図表の内容と一致するものを選ぶ	4 問
	正しい順番に並べる	4 つの文を順番に並べる	3 問
	空欄に入る内容	文章中の空欄に入るものを選ぶ	3 問
	2 問に答える	1 つの内容に対して 2 問に答える	6 問
	新聞記事の見出しの解釈	新聞記事の見出しの説明文を選ぶ	3 問
	空欄に入る内容	文章中の空欄に入るものを選ぶ	4 問
	内容との一致	文章の内容に合うものを選ぶ	3 問
	文章の主題	書き手の意図や主張に合うものを選ぶ	4 問
	文の入る位置	提示文が文章の中で入る位置を選ぶ	3 問
	2 問に答える	1 つの内容に対して 2 問に答える	6 問
	3 問に答える	1 つの内容に対して 3 問に答える	3 問

第 1 部
聞き取り問題対策

語彙・文型の確認

中級語彙

□ 계산서	伝票	□ 미루다	後回しにする
□ 영수증	領収書	□ 남다	残る、余る
□ 양	量	⇔ 모자라다	足りない
□ 질	質	□ 포장하다	包装する
□ 휴강	休講	≒ 싸다	包む
□ 검색	検索	□ 편찮다	具合が悪い
□ 헬스장	ジム	□ 연장하다	延長する
□ 회원	会員	□ 급증하다	急増する
□ 등록	登録	⇔ 급감하다	急減する
□ 신규	新規	□ 올라가다	上がる
□ 계약	契約	⇔ 내려가다	下がる
□ 해지	解約	◎ 꾸미다	飾る
□ 탈퇴	脱退	□ 단장하다	化粧する
□ 절반	折半	□ 달성하다	達成する
□ 노출	露出	□ 익숙하다	慣れている
□ 자외선	紫外線	⇔ 낯설다	不慣れだ
□ 기능	機能	□ 상하다	腐る、傷む
□ 진공	真空	□ 떠들다	騒ぐ
□ 반면	反面	◎ 차다	満ちる
□ -조차	～すら	□ 가득	いっぱい

Check! 上の単語を適当な形にして空欄に入れなさい。

1 여름에는 (　　　　)을 차단해 주는 양산을 반드시 써야 한다.
2 그 사람하고는 만난 적이 없어요. 이름(　　　　) 몰라요.
3 가게 안이 손님들로 가득 (　　　　) 자리가 없다.
4 휴대폰 계약을 (　　　　)하고 싶은데 어디에 문의하면 되죠?
5 가격이 싼 물건은 (　　　　)도 안 좋기 마련이다.

[正解] 1 자외선 2 조차 3 차서 4 해지 5 질

高級語彙

□ 동영상	動画	□ 미치다	及ぶ、狂う
□ 재생	再生	□ 도달하다	到達する
□ 비율	比率	□ 미달되다	達しない
□ 흥행	興行	□ 차지하다	占める
□ 배급	配給	◎ 버티다	耐える
□ 훈련	訓練	□ 잇다	繋ぐ、次ぐ
□ 배치	配置	□ 잇따르다	相次ぐ
□ 자취	跡形、形跡	◎ 차리다	整える
□ 적외선	赤外線	□ 되돌리다	戻す
□ 적자	赤字	□ 뚜렷하다	はっきりしている
□ 향후	今後	□ 모호하다	あいまいだ
□ 허위 광고	虚偽広告	□ 훑어보다	目を通す
□ 헐값	安値	□ 미흡하다	不十分だ
□ 혁명	革命	□ 바람직하다	望ましい
□ 끼니	食事	□ 베풀다	施す
□ 면밀히	綿密に	□ 번듯하다	きちんとしている
□ 의외로	意外と	□ 뿌듯하다	(胸が) いっぱいだ
≒ 뜻밖에		□ 대비하다	備える
□ 감쪽같이	まんまと	□ 가꾸다	手入れする、培う
□ 각별히	格別に	□ 육박하다	迫る
□ 노릇	役割、困った事情	□ 몰다	追う、運転する

Check! 上の単語を適当な形にして空欄に入れなさい。

1. 해외로 이민을 가게 돼서 10년간 몰던 차를 (　　　　)에 팔았다.
2. 분명 여기에 있었는데 감쪽같이 (　　　　)를 감추다니 귀신이 곡할 노릇이다.
3. 자세히 읽어 볼 필요는 없으니까 그냥 한 번 (　　　　)세요.
4. 그 남자는 성격이 까다로운 데다가 (　　　　) 직장도 없어서 인기가 없다.

[正解] 1 헐값 2 자취 3 훑어보 4 번듯한

文型－接続表現

－고자 ≒ (으)려고	～しようと 예) 상사에게 인정받**고자** 열심히 일하고 있다. 上司に認められようと頑張って働いている。
－거든	～たら　＊後続文は命令、勧誘、自分の意志のみ 예) 그 사람이 오**거든** 연락해 주세요. その人が来たら連絡してください。
－길래 ≒ 기에	～ので、～ものだから　＊主語は自分以外のもので、後続文には自分がとった行動が続く 예) 이 편지가 책상 위에 있**길래** 펴 봤어요. この手紙が机の上にあったので開いてみました。
* －기에 앞서	～に先立って、～する前に 예) 계약을 하**기에 앞서** 확인하고 싶은 것이 있다. 契約に先立って確認したいことがある。
* －거늘	～のに 예) 형제간에 사이 좋게 지내야 하**거늘**……. 兄弟は仲よくしないといけないのに…。
* －거니와 ≒ (으)ㄴ/는 데다가	～だが（そのうえ） 예) 얼굴도 곱**거니와** 마음씨는 더욱 곱다. 顔もきれいだが心遣いはもっときれいだ。

実◇戦◇練◇習 (　　)에 들어갈 가장 알맞은 것을 고르십시오.

1 잠이 안 (　　　) 따뜻한 물로 샤워를 해 보세요.
① 오거늘　② 오고자　③ 오거든　④ 오길래

2 날씨가 (　　　) 에어컨을 틀었다.
① 덥거든　② 덥거니와　③ 덥기에 앞서　④ 덥길래

[正解] **1** ③ **2** ④

文型－文末表現

−(으)ㄹ걸 그랬다	〜したらよかった　　＊後悔 예) 조금 더 열심히 공부**할걸 그랬다**. もう少し熱心に勉強したらよかった。
−기는요	〜だなんて（とんでもない）　＊否定や謙虚の意を表す 예) 가：요리를 참 잘하시네요. 料理が本当に上手ですね。 나：잘하**기는요**.　上手だなんて。
−고 말고요	もちろん〜します 예) 가：오늘 동창회에 가세요? 今日同窓会に行かれますか。 나：가**고 말고요**.　もちろんです。
−다(가) 말다	〜しかけてやめる 예) 갑자기 손님이 와서 밥을 먹**다(가) 말았어요**. 急にお客さんが来たのでご飯を食べかけてやめました。
−(으)ㄹ 리가 없다	〜するはずがない 예) 부장님이 회사를 그만두**실 리가 없어요**. 部長が会社を辞めるはずがないです。
(動) −나 보다 (形) −(으)ㄴ가 보다 (名) −(이)ㄴ가 보다	〜みたいだ 예) 차가 막히**나 봐요**.　車が渋滞しているみたいです。 사람이 많**은가 봐요**.　人が多いみたいです。 일본 사람**인가 봐요**.　日本人みたいです。

実戦練習 다음 밑줄 친 부분과 의미가 비슷한 것을 고르십시오.

가：음악회에 자주 가시는 걸 보니 음악을 좋아하시나 봐요.
나：좋아하기는요. 회사 일 때문에 어쩔 수 없이 가는 거예요.

① 아주 좋아해요.　　② 안 좋아해요.
③ 좋아하는 것 같아요.　　④ 좋아할 리가 없어요.

[正解] ②

練習問題

攻略ポイント！ 二人の会話、あるいは説明文を聞いて４つの絵、あるいはグラフからふさわしいものを選ぶ問題です。最初の２問は会話になっていて、会話の中に場所が特定できる単語が含まれています。なるべく音声が流れる前に４つの絵を先に見て、状況を把握しておきましょう。グラフの問題では、内容と関係ないグラフも書かれているので、何についての話なのかをよく聞く必要があります。

Ⅰ. 다음을 듣고 알맞은 그림을 고르십시오.

2 1. ①

②

③

④

3 2. ①

②

③

④

解答と解説

I．次を聞いて正しい絵を選びなさい。

1．《男性：식사 아직 안 했지? 아까 식당에 갔다가 맛있길래(おいしかったから) 좀 싸 왔어(包んできたよ). ／女性：그래 ? 마침 배고팠는데 잘됐다(よかった). 근데 아이스 팩(保冷剤) 넣어서 포장했어? 요즘같이 더운 날엔 음식이 금방 상하는데(傷むのに)……. ／男性：진공(真空) 포장 했으니까 괜찮을 거야.》男性は食堂から食べ物を持ち帰っているので正解は家の中で会話している③になります。 【正解③】

2．《女性：오늘 수업 갑자기 왜 휴강 된 거야? ／男性：교수님이 몸이 편찮으시대. 병원에 가셨나 봐. ／女性：그렇구나. 그럴 줄 알았으면 늦잠 자고 올걸 그랬다(寝坊して来ればよかった). ／男性：밥 아직 안 먹었지? 식사나 하러 가자.》「休講」という言葉から授業がないことが分かります。従って誰もいない教室で話している②が正解になります。 【正解②】

練習問題

4 *3. ①

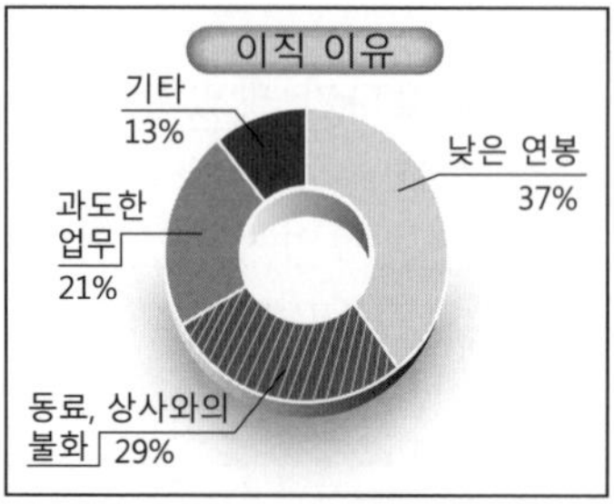

②

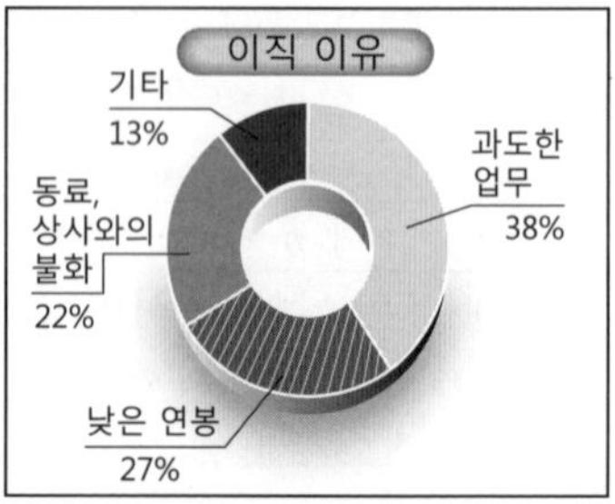

③

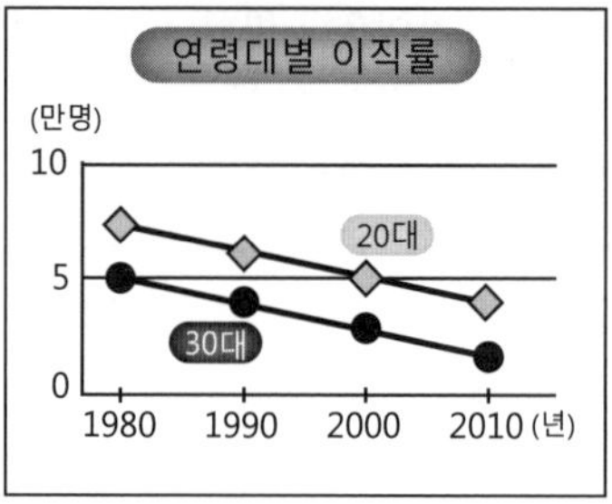

④

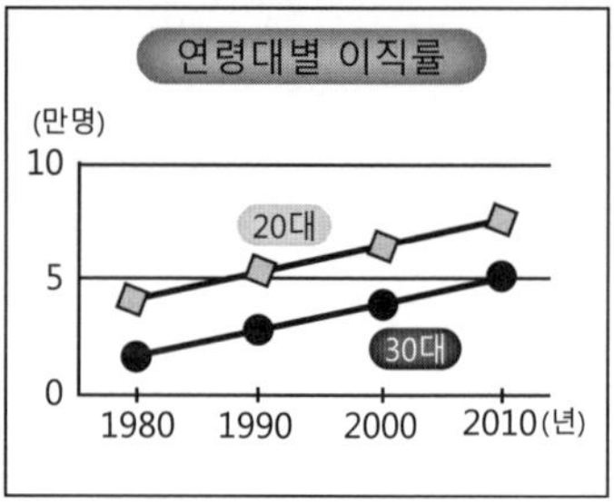

5 *4. ①

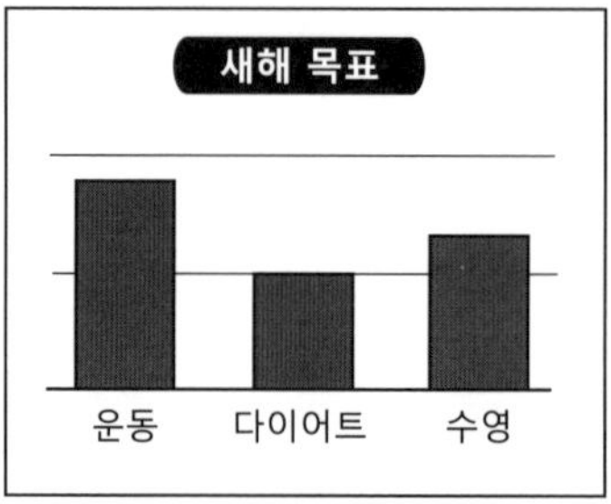

②

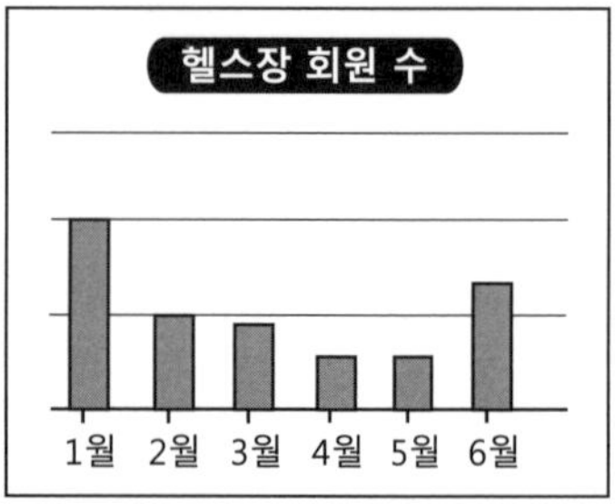

③

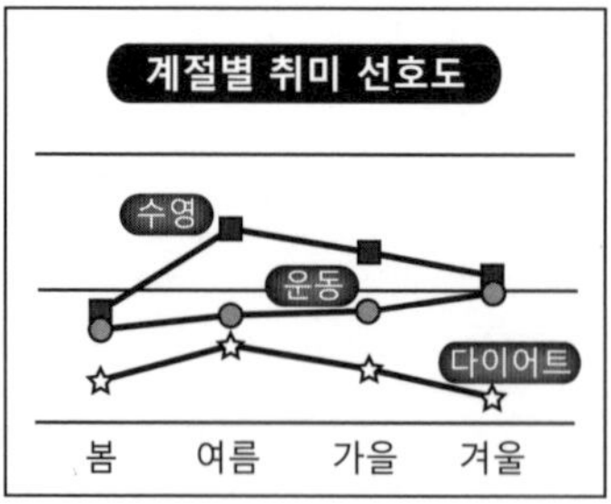

④

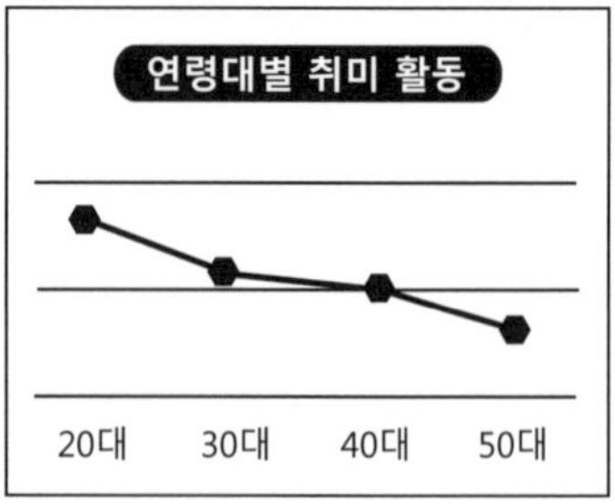

解答と解説

3. 《男性：이직(転職) 경험이 있는 직장인을 대상으로(対象に) 이직을 결심한 이유에 대해서 조사해 본 결과 '낮은 연봉(年俸)' 이라는 응답(応答) 이 가장 많았으며 '동료, 상사와의 불화(不和)' 와 '과도한(過度な) 업무' 가 그 뒤를 이었습니다(その後に続きました). 이는 스트레스가 없는 근무 환경을 중요시하는 젊은 세대의 가치관의 변화를 반영하는 것으로 보입니다(反映しているものと見られます).》転職する理由についての話です。正しく表しているグラフは①になります。

【正解①】

4. 《女性：헬스장(スポーツセンター) 회원 수에 관한 재미있는 통계(統計)가 있는데요, 1년 중 회원 수가 가장 많은 달이 1월이라고 합니다. 이는 신년의 목표를 다이어트나 운동으로 정한 사람들이 목표 달성을 위해 등록을 한다고 볼 수 있는데요. 반면 2월에도 계속 다니는 사람은 절반에 불과하다(半分に過ぎない) 고 합니다. 또한 여름이 되기 전에도 회원 수가 급증(急増) 하는데 이는 노출(露出)이 많아지는 여름을 대비해 몸을 아름답게 가꾸고자(整えようと) 하는 사람이 증가하기 때문이라고 합니다.》スポーツセンターの会員数が月によってどう違うかを説明しているので、それを表しているグラフは②になります。

【正解②】

語彙・文型の確認

中級語彙

□ 거래처	取引先	□ 맞이하다	迎え入れる
□ 동기	動機、同期	□ 배웅하다	見送る
□ 동창회	同窓会	⇔ 마중하다	迎える
□ 실적	実績	□ 고치다	直す
□ 보고	報告	≒ 수리하다	修理する
□ 승진	昇進	□ 틀다	(電源を) 入れる、
□ 현실	現実	≒ 켜다	つける
□ 과거	過去	⇔ 끄다	消す
□ 소재	素材	□ 고장나다	故障する、
□ 월급	給料	≒ 망가지다	壊れる
□ 헛소문	デマ	□ 넘어지다	転ぶ
□ 가짜	偽物	□ 다치다	けがする
□ 부서	部署	◎ 맞다	合う
□ 주인공	主人公	□ 깎이다	削られる
□ 방송	放送	□ 깎다	削る、値切る
□ 회복	回復	□ 취소하다	取り消す
□ 이동	移動	□ 틀리다	間違える、駄目だ
□ 추가	追加	◎ 생기다	できる、生じる
□ 당분간	当分の間	□ 실제로	実際に
□ 흔히	よく	□ 아무래도	どうやら

Check! 上の単語を適当な形にして空欄に入れなさい。

1 계속 연락이 없는 걸 보니 (　　　　) 무슨 일이 생긴 것 같아요.
2 회의가 길어지는 바람에 친구와의 약속을 (　　　　)했다.
3 핸드폰을 보며 길을 걷는 사람들을 요즘에는 (　　　　) 볼 수 있다.
4 이번 달에 부장으로 (　　　　)했으니까 오늘은 제가 한턱낼게요.

[正解] **1** 아무래도 **2** 취소 **3** 흔히 **4** 승진

高級語彙

□ 임대	賃貸	□ 당면하다	当面する
□ 재정	財政	□ 못마땅하다	気に食わない
□ 위탁	委託	□ 불가피하다	避けられない
□ 수치	数値	□ 거스르다	逆らう、さかのぼる
□ 수익	収益	□ 순종하다	従順だ、従う
□ 도입	導入	□ 형편없다	(結果が) ひどい
□ 천편일률적	一本調子	□ 벌어지다	隙間ができる
□ 안성맞춤	うってつけ	□ 하락하다	下落する
□ 금시초문	初耳	□ 규제하다	規制する
□ 시행착오	試行錯誤	□ 번복하다	翻す
□ 타임 슬립	タイムスリップ	□ 반론하다	反論する
□ 인상	引き上げ	□ 반박하다	反駁する
□ 삭감	削減	□ 고발하다	告発する
□ 대폭	大幅	□ 기발하다	奇抜だ
□ 경기	景気	◎ 부리다	働かせる
□ 불황	不況	□ 착취하다	搾取する
□ 대출금	貸出金	□ 허무하다	むなしい
□ 융자	融資	□ 허탈하다	気抜けする
□ 그나저나	いずれにしても	□ 상환하다	返済する
□ 하루아침에	一朝にして、一晩で	□ 간과하다	看過する

Check! 上の単語を適当な形にして空欄に入れなさい。

1 태어나서 한 번도 부모님의 말씀을 (　　　　) 적이 없다.
2 이 집은 둘이 살기에는 좁지만 혼자 살기에는 (　　　　)이다.
3 자녀들의 학비를 내기 위해 은행에서 (　　　　)를 신청했다.
4 그 정치가는 항상 자신이 했던 말을 (　　　　)기 때문에 신뢰할 수 없다.

[正解] 1 거스른 2 안성맞춤 3 융자 4 번복한

文型－接続表現

－도록	① ～するように ② ～するまで 예) ① 바쁘더라도 일기는 매일 쓰**도록** 하세요. 忙しくても日記は毎日書くようにしてください。 ② 우리들은 밤새**도록** 수다를 떨었다. 私たちは夜が明けるまでおしゃべりをした。
－느라(고)	(夢中になって) ～していたため ＊否定的な内容を伴う 예) 비디오를 보**느라고** 숙제를 못 했다. ビデオを見ていたため宿題ができなかった。
* －노라면 ≒ 다 보면	～していたら 예) 열심히 노력하**노라면** 언젠가 성공할 것이다. 一生懸命に努力していればいつか成功するだろう。
* －노라고	～しようと、～すると、～であると 예) 다시는 안 그러겠**노라고** 약속했다. 二度としないと約束した。
* －(ㄴ/는)다기보다, －(이)라기보다	～というよりは 예) 제가 잘**한다기보다** 선생님이 잘 가르쳐 주십니다. 私が上手だというよりは先生がよく教えてくださいます。

実戦練習 (　　)에 들어갈 가장 알맞은 것을 고르십시오.

1 지금은 힘들겠지만 열심히 (　　　) 언젠가 좋은 날도 온다.
① 사노라면　② 산다기보다　③ 사느라고　④ 살도록

2 밀린 여름 방학 숙제를 (　　　) 잠을 한 시간밖에 못 잤다.
① 하느라고　② 하도록　③ 한다기보다　④ 하노라고

[正解] **1** ① **2** ①

文型－文末表現

-아/어야겠다	～すべきだと思う、～しなければならない
	예) 표가 매진될지도 모르니까 미리 예매**해야겠다**. チケットが売り切れになるかもしれないので前もって前売り券を買っておかなくちゃ。
-는/(으)ㄹ 수 밖에 없다	～するしかない　＊動詞に接続
	예) 이렇게 된 이상 사실대로 말하**는 수 밖에 없다**. こうなった以上事実通り言うしかない。
-(ㄴ/는)다고요?	～ですって？
	예) 네? 오늘 출근 안 하셨**다고요**? はい？ 今日出勤してないんですって？
-(ㄴ/는)다고요	～ですってば
	예) 더 이상 말하기 싫**다고요**. これ以上言いたくないですってば。
-기 그지없다 ≒ 기 짝이 없다 ≒ 기 이를 데 없다	とても～である、この上ない
	예) 내가 바라던 회사에 취직해서 기쁘**기 그지없다**. 私が望んでいた会社に就職できてとてもうれしい。
*-고야 말다	～してしまう　＊「-고 말다」の強調形
	예) 새로 산 지 얼마 안 돼서 또 고장내**고야 말았다**. 新しく買ったばかりなのにまた壊してしまった。

実戦練習 (　　)에 들어갈 가장 알맞은 것을 고르십시오.

남은 음식을 다 버리는 것은 (　　　).

① 아까울 수 밖에 없다　　② 아깝고야 말았다
③ 아깝기 짝이 없다　　④ 아까워야겠다

③ [正解]

練習問題

攻略ポイント！ 男性と女性が１回ずつ発言をした後に続く台詞を選ぶ問題です。

最後の話の中にヒントとなる単語や内容が入っている場合が多いです。集中してよく聞いて、それを聞いた相手の反応を選びましょう。

Ⅱ. 다음 대화를 잘 듣고 이어질 수 있는 말을 고르십시오.

6
1. ① 다행이다. 날씨가 더 더워지기 전에 고쳐서.
② 그럼 오늘은 못 쓰는 거야? 이런.
③ AS센터에 왜 아직 연락 안 했어?
④ 그래, 더운데 에어컨 좀 틀자.

7
2. ① 그렇죠? 그럼 내일 일찍 와서 다시 해 봐요.
② 좋아요. 그럼 제가 거래처에 연락해 볼게요.
③ 아…….오늘도 집에 들어가기는 다 틀렸구나.
④ 덕분에 일이 쉽게 끝났네요. 고마워요.

8
3. ① 다음에는 꼭 참석해야겠다.
② 그런 일이 있었어? 깜짝 놀랐겠네.
③ 병원에 아직 안 갔다고? 빨리 가는 게 좋을 텐데.
④ 정말 십년감수했어.

解答と解説

Ⅱ. 次の会話を聞いて、それに続く言葉を選びなさい。

1. 《男性：오늘 날씨 너무 덥다. 에어컨 좀 틀까? ／女性：나도 그러고 싶은데 지금 에어컨이 고장 났어. 아까 AS센터에 전화했는데 내일 와서 고쳐 준대. ／男性：＿＿＿＿＿＿》直しに来てくれるのは明日なので正解は②「では今日は使えないの？ そんな」になります。①「良かった。もっと暑くなる前に直して」、③「サービスセンターになぜまだ連絡してないの？」、④「うん、暑いからエアコンつけよう」です。 【正解②】

2. 《男性：아무래도(どうやら) 오늘 중으로 끝내기는 힘들 것 같아요. 내일 와서 다시 하는 건 어때요? ／女性：안 돼요. 오늘까지 끝내서 주기로 거래처에 약속했단 말이에요. 조금만 더 힘내서 해 봐요. ／男性：＿＿＿＿＿＿》帰ろうとしている男性を女性が説得しているので正解は③「あ…。今日も帰るのは無理だな」になります。「틀리다」は「間違う」の他に、過去形で「駄目だ」の意味でも使われます。①「ですよね。では明日早く来てまたやってみましょう」、②「いいですよ。では私が取引先に連絡してみます」、④「おかげさまで仕事が簡単に終わりましたね。ありがとう」です。 【正解③】

3. 《男性：어제 모임에 왜 안 나왔어? 오래간만에 동기(同期)들 다 모여서 정말 재미있었는데. ／女性：나도 꼭 참석하고 싶었는데 갑자기 병원에 가느라고. 우리 아이가 계단에서 넘어져서(転んで) 다리를 크게 다쳤지 뭐니(大けがしたのよ). ／男性：＿＿＿＿＿＿》足をけがした子供の話を聞いた直後なので正解は②「そんなことがあったの？ びっくりしたでしょう」になります。①「次は必ず参加しなくちゃ」、③「病院にまだ行ってないの？ 早く行ったほうがいいのに」、④「本当に驚いたよ」です。「십년감수（十年減寿）」は寿命が10年縮んでしまうほど非常に驚いたという意味になります。 【正解②】

練習問題

4\. ① 그럼 다다음 주는 창가 쪽 자리가 있나요?
② 네, 그럼 창가 쪽으로 3명 부탁합니다.
③ 예약할 수 있는 자리가 없다구요?
④ 죄송합니다. 예약을 취소하겠습니다.

*5. ① 그런 이야기구나. 내가 생각했던 것하고는 다르네.
② 그렇지. 그런 줄거리 때문에 인기가 있는 거 아니야?
③ 말도 안 돼. 아내가 100명이나 있었다고?
④ 꿈도 크다. 왕은 아무나 하는 줄 아니?

*6. ① 조금이라도 보너스가 인상돼서 다행이에요.
② 어쨌든 알려 줘서 고마워요.
③ 그래도 그렇지, 그런 헛소문을 믿었단 말이에요?
④ 그러게요. 월급이 삭감되지 않도록 노력하는 수 밖에요.

解答と解説

4. 《男性：이번 주 토요일에 창가 쪽 자리로 3명 예약하고 싶은데요. ／女性：죄송하지만 창가 쪽 자리는 예약이 다 찼구요(埋まってまして). 창가 쪽이 아니더라도 괜찮으시면 아직 예약 가능한 자리는 있는데, 어떻게 하시겠습니까? ／男性：_____________》男性は窓側の席を希望しているので正解は①「では再来週は窓側の席は空いてますか」が適切です。 【正解①】

5. 《女性：요즘 드라마 보면 타임 슬립(タイムスリップ)을 소재(テーマ)로 하는 이야기가 많은 것 같아. 주인공들이 시간을 거슬러서(さかのぼって) 과거로 가기도 하고 과거에서 현대로 오기도 하고. 실제로 그런 일이 가능하면 얼마나 좋을까? ／男性：맞아. 나도 그런 드라마 보고 있으면 조선시대(朝鮮時代)로 가 보고 싶기도 해. 조선시대의 왕이 되어서 예쁜 여자들을 100명쯤 아내로 맞이하고 싶거든(迎えたいんだ). ／女性：_____________》自分の夢を語っている男性に対する言葉なので正解は④「夢が大きいね。王様は誰にでもできると思っているの？」になります。①「そういう話なんだ。私が思っていたのとは違うね」、②「そうだよね。そんなストーリーだから人気があるんじゃないの？」、③「あり得ない、奥さんが100人もいたと？」です。 【正解④】

6. 《男性：이번에 연말 보너스가 50% 깎인다는(削られるという) 소문 들었어요? 올해 저희 부서 실적이 형편없는 데다가(ひどい上に) 경기도 안 좋은 탓에 삭감이 불가피하대요(削減は避けられないそうです). ／女性：정말이에요? 전 금시초문(初耳) 인데요. 그나저나(いずれにしても) 경기 회복이 하루아침에(一朝にして) 되는 것도 아니고 당분간은 힘들겠네요. ／ 男性：_____________》ボーナスが削減されたのと景気が悪いのを心配しているので正解は④「ですよね。給料が減らないように頑張るしかないですね」です。「인상」は「引き上げ」、「헛소문」は「デマ」です。 【正解④】

語彙・文型の確認

中級語彙

□ 당시	当時	□ 올리다	上げる
□ 식욕	食欲	□ 구입하다	購入する
≒ 입맛		□ 놓다	置く
□ 우비	雨合羽	≒ 두다	
□ 벌레	虫	□ 긋다	（線を）引く
□ 모기	蚊	□ 자세하다	詳しい
□ 정가	定価	□ 넣다	入れる
□ 담당자	担当者	□ 쏟다	こぼす
□ 업무	業務	□ 쏟아지다	こぼれる、降り注ぐ
□ 업적	業績	□ 담그다	漬ける
□ 제품	製品	□ 묻다	埋める、付く
□ 식중독	食中毒	□ 접다	折る、折り畳む
□ 상태	状態	□ 낫다	治る、勝る
□ 상반기	上半期	□ 작성하다	作成する
⇔ 하반기	下半期	□ 지워지다	消える
□ 골고루	まんべんなく	□ 닦다	拭く、磨く
□ 꽤	かなり	□ 수정하다	修正する
□ 슬슬	そろそろ	◎ 가리다	隠す、偏食する
□ 이외의	他の	□ 편식하다	偏食する
□ 원래	元々	□ 결코	決して

Check! 上の単語を適当な形にして空欄に入れなさい。

1 비가 올지도 모르니까 (　　　　) 우산을 가지고 가세요.
2 음식을 가리지 말고 (　　　　) 드세요.
3 여름철에는 창문을 열어 놓으면 모기 등의 (　　　　)가 들어오기 쉽다.
4 이번에 면접을 본 사람 중에서 누가 가장 (　　　　) 것 같아요?

[正解] 1 접는 2 골고루 3 벌레 4 나은

高級語彙

□ 얼룩	染み	◎ 물리다	かまれる
□ 즙	汁	□ 복용하다	服用する
□ 유모차	ベビーカー	□ 반납하다	返却する
□ 동상	銅像	□ 변덕스럽다	気まぐれだ
□ 답사	踏査、下見	□ 박다	打つ、ぶつける
□ 눈썰미	見まね	□ 수습하다	収める
□ 뒷받침	裏付け	□ 쑥스럽다	照れくさい
□ 의향	意向	□ 책정하다	策定する
□ 사정	事情	□ 양호하다	良好だ
□ 유물	形見、遺物	□ 파악하다	把握する
□ 자기장	磁場	□ 차단하다	遮断する
□ 투자	投資	□ 속상하다	悔しい、心が痛む
□ 치매	痴呆	□ 갈다	研ぐ、替える
□ 통증	痛み	◎ 달다	つける、吊るす
□ 항생제	抗生剤	□ 닳다	擦れる、減る
□ 차질	支障	□ 닿다	触れる、届く
□ 기관	機関	□ 급급하다	汲々としている
□ 합의	合意	□ 번번이	毎度、そのたび
□ 전봇대	電信柱	□ 섣불리	うっかり、下手に
□ 하도	あまりにも	□ 차마 (못~)	どうしても (~できない)
□ 갖가지	もろもろ		

Check! 上の単語を適当な形にして空欄に入れなさい。

1 하도 ( )이 심해서 약국에 가서 약을 사 왔다.

2 이건 위험하니까 아이들의 손에 ( ) 않는 곳에 놓아 두세요.

3 그 사람한테 미안해서 ( ) 거절 못 했어요.

4 어제 운전하다가 차를 전봇대에 ( ) 수리센터에 맡기고 오는 길이에요.

[正解] 1 통증을 2 닿지 3 차마 4 박아서

文型－接続表現

－다가	～する途中で　　＊行動が途中で変わる 예) 숙제를 하**다가** 영화를 보러 나갔어요. 宿題をするのをやめて映画を見に出かけました。
－았/었다가	～したが　＊一旦前の動作を完了して、違う行動に移る。主に反対の意味を持つ単語が前後に用いられる 예) 추워서 에어컨을 **켰다가** 바로 껐어요. 寒くてエアコンを付けたがすぐ消しました。
－(으)려다가	～しようとしたが、～する予定だったが　＊変更や中止した場合 예) 나가**려다가** 몸이 안 좋아서 안 나갔다. 出かける予定だったが調子が悪くてやめた。
* －되	～してもいいが　　＊後続文に条件が続く 예) 술은 마시**되** 조금만 드세요. お酒は飲んでもいいが、少しだけにしてください。
* －(으)ㄹ 바에야 ≒ 느니(＋차라리/오히려)	～するくらいなら（むしろ後続文のほうを選ぶ） 예) 그 가격에 국내 여행을 **할 바에야** 차라리 해외여행을 하겠어요. その値段で国内旅行をするならいっそのこと海外旅行に行ったほうがいいです。

実◇戦◇練◇習　(　　)에 들어갈 가장 알맞은 것을 고르십시오.

1 쇼핑을 하려고 (　　　) 마음에 드는 게 없어서 그냥 왔어요.
① 가되　② 가려다가　③ 갔다가　④ 가다가

2 싸다고 필요 없는 물건을 (　　　) 안 사는 게 낫죠.
① 샀다가　② 사려다가　③ 사되　④ 살 바에야

[正解] **1** ③ **2** ④

文型－文末表現

－(으)ㄹ까 하다	～しようかと思う ＊「－(으)려고 하다」よりは計画性が低い
	예) 다음 휴가 때는 해외여행을 **갈까 해요**. 次の休暇は海外旅行をしようかと思います。
－더라고요	～だったんですよ ＊過去に経験して初めて分かったことを相手に話す時
	예) 그 식당은 디저트도 맛있**더라고요**. その食堂はデザートもおいしかったんですよ。
－(으)ㄹ지도 모르다 ≒ (으)ㄹ 수도 있다	～するかもしれない
	예) 저 다음 달에 회사를 그만**둘지도 몰라요**. 私、来月会社を辞めるかもしれません。
*－(으)ㄹ락 말락 하다	今にも～しそうだ、～するばかりだ
	예) 나뭇가지에 걸린 종이비행기가 떨어**질락 말락 한다**. 木の枝にかかった紙飛行機が今にも落ちそうだ。
*－(으)ㄹ 겨를이 없다	～する暇もない
	예) 일이 너무 바빠서 눈 붙**일 겨를이 없다**. 仕事がとても忙しくて一睡の暇もない。

実戦練習 다음 밑줄 친 부분과 의미가 비슷한 것을 고르십시오.

1 키가 커서 머리가 천장에 <u>닿을락 말락 한다</u>.

① 닿을 것 같다　　② 닿을 리가 없다
③ 닿을 수 밖에 없다　　④ 닿을 만하다

2 처음 한국에 갔는데 사람들이 <u>친절하더라고요</u>.

① 친절했어요　　② 친절할 것 같아요
③ 친절할지도 몰라요　　④ 친절하다고 들었어요

[解答] **1** ① **2** ①

練習問題

攻略ポイント！ 二人の男女の会話を聞いて、続けて行われると思われる行動を選びます。二人の会話がしばらく続きますが、女性が男性からアドバイスをもらったり提案されたりして、それを行動に移すパターンが多いです。また会話が女性で終わる場合が多く、その時は女性が自ら次の行動を示唆している場合が多いのでよく集中して聞きましょう。

Ⅲ. 다음 대화를 잘 듣고 여자가 이어서 할 행동으로 알맞은 것을 고르십시오.

12 1. ① 집에 사 놓은 우비가 없는지 찾아 본다.
② 우비를 사기 위해 가게에 들른다.
③ 우비하고 우산을 챙겨서 나간다.
④ 짐을 남자한테 부탁하고 우산을 든다.

13 2. ① 세탁소에 가서 셔츠를 맡긴다.
② 셔츠를 물에 담가 놓는다.
③ 양파 즙으로 닦아 본다.
④ 양파를 사러 간다.

解答と解説

Ⅲ. 次の会話を聞いて女性が続けてとる行動として適切なものを選びなさい。

1. 《男性：모자랑 자외선 차단제(日焼け止め) 랑 모기약(虫刺され薬)은 챙겼고, 또 다른 거 뭐 필요할까? ／女性：접는 우산(折り畳み傘) 도 하나 넣어 가자. 요즘 날씨가 하도(あまりにも) 변덕스러워서(気まぐれだから) 갑자기 비가 쏟아질지도 모르잖아(降り出すかもしれないじゃない). ／男性：그러자. 근데 짐이 이렇게 많은데 우산을 들 수 있겠어? 우비(雨合羽) 가 낫지 않을까? ／女性：우비는 준비해 둔 게 없는데……. 그럼 가다가(途中で) 하나 사야겠다(買わなくちゃ).》雨合羽がないので途中で買わないといけません。従って正解は②「雨合羽を買うために店に寄る」になります。①「家に買っておいた雨合羽がないか探してみる」、③「雨合羽と傘を入れて出かける」、④「荷物を男性に頼んで傘を持つ」です。 【正解②】

2. 《男性：누나, 셔츠에 얼룩(染み) 이 생겼는데 빨아도 안 지워지네(消えないんだ). 세탁소에 맡겨야 되나? ／女性：무슨 얼룩인데? ／男性：어제 요리하다가 김치 국물(汁)을 쏟았거든(こぼしたんだ). 그때 묻었나 봐(付いたみたい). 이거 내가 좋아하는 셔츠인데 속상해 죽겠어(残念で仕方ない). ／女性：원래(元々) 김치 국물은 빨아도 안 지워진대. 참, 양파(玉ネギ)를 갈아서(すり下ろして) 그 즙으로 닦으면(洗えば) 지워진다고 하던데. 우리 양파 사 와서 한번 해 보자. 내가 갔다 올 테니까 넌 셔츠 물에 담가 놓고 있어(漬けておいて).》自分は玉ネギを買いに行って弟にはシャツを水に漬けておくように言ったので正解は④「玉ネギを買いに行く」です。①「クリーニング屋に行ってシャツを預ける」、②「シャツを水に漬けておく」、③「玉ネギの汁で洗ってみる」です。 【正解④】

練習問題

*3. (track 14)
① 유모차의 사진을 찍는다.
② 가격을 수정해서 다시 올린다.
③ 사진을 추가해서 다시 올린다.
④ 구입한 당시의 가격을 찾아본다.

*4. (track 15)
① 작년 하반기 보고서를 가지러 간다.
② 김 대리 이외의 다른 사람에게 부탁한다.
③ 김 대리를 도와 보고서를 같이 쓴다.
④ 김 대리의 의견을 물어보고 결정한다.

解答と解説

3.《女性：인터넷으로 물건을 팔아 볼까(売ってみようと) 하는데 한 적 있으세요? 아이들이 커서 예전에 쓰던 유모차(ベビーカー)가 자리만 차지해서요(場所ばかり取ってて). ／男性：저도 해 본 적은 없는데 꽤 팔리는 것 같더라고요. 버리느니(捨てるくらいなら) 한번 해 보는 것도 좋죠. 구입 장소와 사용한 기간 등 설명을 자세하게(詳しく) 쓰고, 무엇보다 사진을 예쁘게 찍어서 올리는 게(アップするのが) 중요해요. ／女性：가격은 어느 정도로 정하면 되죠? ／男性：정가(定価)의 반 이하의 가격이 적당할 거예요. ／女性：그렇구나. 그럼 일단 사진을 예쁘게 찍는 연습부터 해야겠네요.》最後に写真を撮る練習をすると言ったので正解は①「ベビーカーの写真を撮る」になります。②「価格を修正してアップし直す」、③「写真を追加してアップし直す」、④「購入した当時の価格を調べる」です。【正解①】

4.《女性：부장님, 저희 부서 상반기 실적 보고서(上半期の実績報告書) 작성을 김 대리에게 맡겨 보는 게(任せてみるのは) 어떨까요? ／男性：김 대리는 다른 업무도 많이 맡고 있는 걸로 아는데, 쓸 겨를이 있을까?(書く暇があるかな？) ／女性：하지만 실적 보고서는 지금 김 대리가 담당하고 있는 업무와도 관련이 있어서요, 업무 파악(把握)에도 도움이 될 것 같은데요. ／男性：그럼 김 대리에게 우선 작년 하반기 보고서를 보여 주고 작성 방법을 설명해 주도록 하세요. ／女性：네, 그렇게 하겠습니다.》最後に昨年の報告書を見せるように言われたので正解は①「昨年の下半期の報告書を取りに行く」になります。②「金代理以外の人に頼む」、③「金代理を手伝って報告書を一緒に書く」、④「金代理の意見を聞いて決める」です。【正解①】

語彙・文型の確認

中級語彙

□ 인내심	忍耐力	□ 신중하다	慎重だ
□ 재산	財産	□ 드물다	稀だ
□ 우정	友情	⇔ 흔하다	ありふれる
□ 솜씨	腕前	□ 반대하다	反対する
□ 수단	手段	⇔ 찬성하다	賛成する
□ 성과	成果	□ 출제되다	出題される
□ 응모	応募	□ 피하다	避ける
□ 예절	礼節、礼儀	□ 요청하다	要請する
□ 박사	博士	◎ 챙기다	取りそろえる
□ 양치(질)	歯磨き	□ 거주하다	居住する
□ 주민	住民	□ 제한되다	制限される
□ 객관적	客観的	□ 실시하다	実施する
⇔ 주관적	主観的	□ 공정하다	公正だ
□ 채점	採点	□ 애매하다	あいまいだ
□ 촛불	ロウソクの火	□ 적절하다	適切だ
□ 서술형	記述式	□ 불쾌하다	不快だ
□ 평가	評価	⇔ 유쾌하다	愉快だ
□ 통째로	丸ごと	□ 삼가다	控える
□ 하긴	確かに	□ 모처럼	せっかく
□ 온통	全部	□ 가급적	可及的、できるだけ

Check! 上の単語を適当な形にして空欄に入れなさい。

1 음식물을 가지고 오시는 것은 가급적 (　　　　) 주시기 바랍니다.
2 그는 전 (　　　　)을 불우한 이웃을 위해 기부했다.
3 어젯밤에 내린 눈으로 인해 세상이 (　　　　) 하얗게 변했다.
4 이건 흔하게 볼 수 없는 (　　　　) 모델이라 비싸게 팔릴 거예요.

[正解] 1 삼가 2 재산 3 온통 4 드문

高級語彙

□ 여운	余韻	□ 무안하다	きまり悪い
□ 문헌	文献	□ 보완하다	補う
□ 물살	水勢	□ 미적거리다	ぐずぐずとのばす
□ 선율	メロディー	□ 진척되다	はかどる
□ 섬유	繊維	□ 핥다	なめる
□ 단열	断熱	□ 삼키다	飲み込む
□ 세입자	間借り人	□ 뱉다	吐き出す
□ 연계	連携	□ 씹다	かむ
□ 연민	憐憫	◎ 빨다	吸う、なめる
□ 독점	独占	□ 망가뜨리다	壊す
□ 착오	誤り	≒ 고장내다	
□ 벌목	伐木	□ 마주보다	向かい合う
□ 벽돌	煉瓦	□ 섭취하다	摂取する
□ 재앙	災い	□ 제거하다	除去する
□ 제자리걸음	足踏み	□ 빨아들이다	吸い込む
□ 유해 물질	有害物質	□ 찌들다	(垢が) 染みる
□ 악취	悪臭	◎ 배다	(匂いが) 染みる
□ 간혹	時たま	□ 당부하다	頼む
□ 머지않아	もうすぐ	□ 고스란히	そっくりそのまま
□ 묵묵히	黙々と	□ 고작	せいぜい、たかが

Check! 上の単語を適当な形にして空欄に入れなさい。

1 경주에는 한국의 옛 수도인 신라의 모습이 (　　　　　　) 남아 있다.
2 주가가 최근 2개월간 아무런 변동도 없이 (　　　　　　)을 하고 있다.
3 이 노래의 (　　　　　　)이 좋네요. 누구 노래예요?
4 이건 씹어서 먹는 약이 아닙니다. 물과 함께 (　　　　　　)세요.

[正解] **1** 고스란히 **2** 제자리걸음 **3** 선율 **4** 삼키

文型－接続表現

−다 보면	〜していると、〜していたら ＊主に繰り返されること＋それに対して予想される結果
	예) 보**다 보면** 재미있어질 거예요. （何回か）見ていたら面白くなるでしょう。
−다 보니(까)	〜していたら ＊主に繰り返されること＋その結果（過去形）
	예) 보**다 보니까** 재미있어졌어요. （何回か）見ていたら面白くなりました。
* −(으)ㄴ바	〜したところ（＋新しく分かったこと）
	예) 내가 해 **본바** 별로 어렵지 않았다. 私がやってみたところあまり難しくなかった。
* −는바	〜するところ、〜するので（＋それに関連する話）
	예) 곧 회의가 시작되**는바** 모두 회의실로 모이십시오. すぐ会議が始まるので皆会議室に集まってください。
* −(으)ㄴ/는 바와 같이	〜通り　≒ (으)ㄴ/는 것 같이(처럼)
	예) 보시**는 바와 같이** 여기에는 아무도 없습니다. ご覧の通り、ここには誰もいません。
* −(ㄴ/는) 다느니, −(이)라느니	〜だとか　＊二つ以上を並べてああだこうだという意見が多いことを表す
	예) 방이 작**다느니** 춥**다느니** 말이 많다. 部屋が小さいとか寒いとか文句が多い。

実戦練習 (　　)에 들어갈 가장 알맞은 것을 고르십시오.

1 김치를 (　　　) 매운 맛에 익숙해질 거예요.
① 먹어 본바　② 먹다 보니　③ 먹다 보면　④ 먹는 바와 같이

2 제가 오늘 아침에 혼자서 (　　　) 처음이었는데도 쉽게 찾을 수 있었어요.
① 찾아가 본바　② 찾아가다 보니
③ 찾아가다 보면　④ 찾아간다느니

[正解] **1** ③ **2** ①

文型－文末表現

-기만 하면 되다	(あとは) ～するだけだ、～しさえすればいい
	예) 친구한테 연락하**기만 하면 된다**. あとは友達に連絡するだけだ。
-아/어 대다	(動作動詞＋) ～し続ける ＊主に主語は3人称＋否定的な内容を伴う
	예) 아이가 울**어 대서** 한숨도 못 잤다. 子供が泣き続けたので一睡もできなかった。
-(으)ㄴ/는 체하다/척하다	～する (した) ふりをする
	예) 외국인이 하는 말을 알아듣**는 척했다**. 外国人の話が分かるふりをした。
-(ㄴ/는) 다면서요?	～なんですって？　＊聞いた話を確認する時
	예) 그 가게가 다음 주에 문을 닫**는다면서요**? そのお店、来週閉店するんですって？
-았/었으면 좋겠다	～して欲しい、～したらいい　＊願望
	예) 시험에 꼭 합격**했으면 좋겠어요**. 試験にぜひ合格するといいですね。
＊-(으)ㄹ 참이다	～しようとするところだ
	예) 저도 조만간 가 **볼 참이에요**. 私も近いうちに行ってみようと思っています。

実戦練習 다음 밑줄 친 부분과 의미가 비슷한 것을 고르십시오.

1 아이가 장난감을 사 달라고 하도 졸라 대서 어쩔 수 없이 사 줬다.
① 계속 졸라서　② 조를까 봐
③ 조를지도 몰라서　④ 조를 것 같아서

2 아직 말을 못 했지만 내일쯤 말할 참이다.
① 말할까 말까 한다　② 말할지도 모른다
③ 말하려고 한다　④ 말했으면 좋겠다

[正解] **1** ① **2** ③

練習問題

攻略ポイント！ 二人の男女の会話、あるいはアナウンスやお知らせ、インタビューなどを聞いて一致する内容を選びます。二人の考え方や具体的な内容、数字などの細かい部分も聞かれるので全体的な内容だけでなく、細かい部分まで把握する必要があります。聞きながらメモを取るようにしましょう。

Ⅳ. 다음을 듣고 내용과 일치하는 것을 고르십시오.

16 **1.** ① 베스트셀러 작가의 사인회와 영화 시사회가 동시에 열린다.
② 책을 사기만 하면 시사회에 참가할 수 있다.
③ 시사회에 당첨되면 원작 소설도 받을 수 있다.
④ 영화관에 가서 직접 응모할 수 있다.

17 **2.** ① 내년부터 대학 입학시험은 서술형 문제만 출제된다.
② 시험 내용이 바뀌는 것에 대해 대부분 찬성하는 분위기이다.
③ 서술형 문제의 채점 기준을 정하는 것은 어렵다.
④ 서술형 문제가 추가되어도 별로 달라질 것은 없다.

解答と解説

Ⅳ．次を聞いて内容に一致するものを選びなさい。

1．《男性：전 세계에서 600만 부 이상 판매된 베스트셀러를 원작으로 한 영화 "인생은 모험이다"의 개봉을 앞두고(封切りを控えて) 특별 시사회가 열립니다. 응모 기간은 6월 17일부터 일주일간이구요, 영화 공식 홈페이지나 모바일 사이트를 이용해서 응모해 주시면 됩니다. 또한 특전으로서(特典として) 시사회에 당첨되신(当選された) 모든 분들께 원작 도서를 증정(贈呈)해 드립니다! 스릴 만점 어드벤처(アドベンチャー) 영화 "인생은 모험이다", 여러분들의 많은 관심과 응모 바랍니다.》①「同時に開かれる」（×）→試写会の案内、②「本を買うと必ず試写会に参加」（×）→応募して当たれば参加できる、④「映画館で直接」（×）→ウェブサイトから応募できる、従って正解は③「試写会に当たれば原作小説ももらえる」になります。

【正解③】

2．《男性：내년부터 대학 입학(入学)시험 내용이 바뀐다면서(変わるんだって)?／女性：응, 지금까지는 선택형(選択式) 문제만 있었는데 내년부터는 서술형(記述式) 문제도 추가(追加)된대.／男性：하긴(確かに) 선택형 문제만 있는 것보다는 서술형도 추가되는 것이 실력 평가(評価)에 더 적절(適切)할 것 같아.／女性：근데 채점(採点) 기준에 대해서 말이 많은가 봐(懸念の声が多いみたい). 아무래도(どうしても) 선택형 문제와 달리 객관적인 평가가 어려울 테니까.》①「記述式問題だけ」（×）→記述式問題も追加、②「賛成する雰囲気」（×）→懸念の声が多い、④「あまり変わらない」（×）→大きく変わる、従って正解は③「記述式問題の採点基準を決めるのは難しい」になります。

【正解③】

練習問題

*3. (18) ① 아이 혼자 양치할 수 있도록 습관을 들인다.
② 부모가 같이 노래를 부르면서 양치시키는 방법도 있다.
③ 칫솔모를 망가뜨려도 혼내지 않는 것이 좋다.
④ 시간을 정해 놓고 양치를 하도록 시킨다.

*4. (19) ① 여자는 담배를 끊기 위해서 촛불을 켜 둔다.
② 사과는 자르지 말고 통째로 두어야 효과가 있다.
③ 사과가 담배 연기 내의 유해 물질을 빨아들여 냄새가 제거된다.
④ 촛불을 켜 두면 담배 냄새 없애는 데 효과적이다.

解答と解説

3.《女性：아이들 양치시키느라(歯磨きさせるため) 고생하는 엄마들이 많이 있는데요, 박사님, 오늘은 그런 엄마들을 위해서 좋은 방법이 있으면 소개해 주시지요. ／男性：네. 어릴 때부터 양치하는 습관을 들이는 것은(習慣をつけるのは) 굉장히 중요합니다. 보통 아이들이 양치하라고 하면 치약만 빨거나(歯磨き粉だけなめたり) 칫솔모를 씹어서(歯ブラシの毛をかんで) 다 망가뜨려(壊して) 놓기 일쑤지요. 이럴 때 아이 혼자 두기보다는 부모가 마주보고(向かい合って) 같이 양치하는 모습을 보여주는 것이 중요하고요, 또한 아이들이 따라 부르기 좋은(まねして歌いやすい) 양치에 관한 노래를 같이 부르면서 하면 아이들이 양치질을 쉽게 따라 할 수 있습니다.》①「一人で」(×) →親と向かい合って、③「しからないほうがいい」(×) →それに関する言及はない、④「時間を決めて」(×) →それに関する言及はない、従って一致する内容は②「親が一緒に歌いながら歯磨きさせる方法もある」になります。 【正解②】

4.《女性：회사에서 상사가 항상 담배를 피워 대서(吸い続けて) 죽겠어. 퇴근할 때쯤이면 내 몸에도 온통(体中に) 담배 냄새가 배는데(染みるけれど) 정말 불쾌해(不快よ). 무슨 좋은 방법이 없을까? ／男性：그럼 책상 위에 사과를 잘라서 둬 봐(切って置いてみて). 사과가 찌든 악취를 빨아들여(染み付いた悪臭を吸い込んで) 냄새를 제거(除去)한대. 아니면 촛불(ロウソク)을 켜 놓는 것도 하나의 방법이지. 담배 연기 내의 유해 물질(有害物質)을 촛불이 빨아들이거든.》①「タバコをやめるため」(×) →タバコの臭いを取るため、②「切らないで」(×) →切って、③「リンゴが」(×) →ロウソクが、従って正解は④「ロウソクをつけておけばタバコの臭いを消すのに効果的である」になります。 【正解④】

語彙・文型の確認

中級語彙

□ 제도	制度	□ 입력하다	入力する
□ 조직	組織	□ 생략하다	省略する
□ 사건	事件	□ 투표하다	投票する
□ 사고	事故	□ 세우다	立てる、停める
□ 선거	選挙	□ 개방하다	開放する
□ 신분증	身分証	□ 포함하다	含む
□ 면허증	免許証	□ 상관없다	関係ない
□ 전국	全国	□ 포기하다	あきらめる
□ 의식	意識	□ 화려하다	派手だ
□ 잔치	宴、お祝い	⇔ 소박하다	素朴だ
□ 종업원	従業員	□ 높이다	高める
□ 정보	情報	⇔ 낮추다	低くする
□ 장식	装飾、飾り	□ 줄이다	減らす
□ 생필품	生活必需品	⇔ 늘리다	増やす
□ 예산	予算	□ 부치다	（物を）送る
□ 일생에	一生に	◎ 붙이다	貼る
≒ 평생에		□ 모으다	集める、ためる
□ 단	たった	□ 모이다	集まる
□ 설마	まさか	□ 초대하다	招待する
□ 게다가	さらに	□ 무지하게	ものすごく
≒ 더구나			

Check! 上の単語を適当な形にして空欄に入れなさい。

1 그 친구와는 졸업 후에 (　　　　) 한 번도 연락을 한 적이 없다.
2 우리 가족은 나를 (　　　　) 모두 5명이다.
3 회사 근처에 크리스마스 트리 (　　　　)이 예쁜 가게가 있다.
4 외식비를 (　　　　)기 위해 집에서 도시락을 싸 가지고 왔다.

[正解] 1 단 2 포함해서 3 장식 4 줄이

高級語彙

□ 절차	手続き
□ 예물 /예단	結納
□ 인원	人員、人数
□ 집들이	引っ越し祝い
□ 하객	招待客
□ 항의	抗議
□ 소질	素質、才能
□ 걸림돌	障害物
□ 간소화	簡素化
□ 고정 관념	固定観念
□ 환율	為替レート
□ 밀물	上げ潮
□ 썰물	引き潮
□ 악보	楽譜
□ 미식가	美食家
□ 장신구	装身具
□ 괜히	無性に、やたらに、
≒ 공연히	無駄に
□ 널리	広く
□ 유출되다	流出する
□ 번거롭다	煩わしい
□ 꺼리다	はばかる
□ 홍보하다	広報する
□ 개편하다	改編する
□ 정비하다	整備する
□ 끌다	引く
□ 장만하다	準備する、
≒ 마련하다	用意する
□ 한정하다	限定する
□ 환전하다	両替する
□ 우려하다	懸念する
□ 빗발치다	殺到する
□ 부채질하다	あおる
□ 잦다	(回数が) 多い
□ 빈번하다	頻繁だ
□ 되풀이하다	繰り返す
◎ 들이다	入れる
□ 가령	仮に、たとえ
□ 굳이	あえて

Check! 上の単語を適当な形にして空欄に入れなさい。

1 원산지를 속여 판 업체에 연일 항의 전화가 (   )고 있다.
2 아무것도 아닌 일로 (   ) 걱정을 끼쳐 드려서 죄송합니다.
3 악보도 없이 치는 걸 보니 피아노에 (   )이 있는 듯하다.
4 누구나 한 번쯤은 잘못을 저지를 수 있지만, 중요한 것은 같은 잘못을 (   )지 않는 것이다.

[正解] 1 빗발치 2 괜히/공연히 3 소질 4 되풀이하

文型－接続表現

－(ㄴ/는)다고 해서, －(이)라고 해서	～だからといって（必ず～するわけではない）
	예) 미국에 **산다고 해서** 다 영어를 잘 하는 건 아니다. アメリカに住んでいるからといって、みんな英語ができるわけではない。
－아/어서인지	～だからか
	예) 날씨가 너무 더**워서인지** 식욕이 통 없어요. 暑いからか食欲がまったくありません。
－다시피	～通り　　＊主に「알다」、「보다」に接続
	예) 아시**다시피** 요즘 눈코 뜰 새 없이 바빠요. ご存じの通り、最近とても忙しいです。
* －을/를 무릅쓰고	～を冒して、～をものともせず
	예) 악천후**를 무릅쓰고** 만나러 갔다. 悪天候を冒して会いに行った。
* －을/를 비롯하여	～をはじめ
	예) 아버지**를 비롯하여** 가족 전원이 찬성했다. お父さんをはじめ、家族全員が賛成した。
* －(ㄴ/는)다(손) 치더라도	～するにしても、～するといっても
	예) 택시를 **탄다손 치더라도** 1시간 이상은 걸린다. タクシーに乗るにしても、1時間以上はかかる。

実戦練習　(　　)에 들어갈 가장 알맞은 것을 고르십시오.

1 차를 오래 (　　　) 속이 안 좋아요.
① 타다시피　② 탄다고 해서　③ 타서인지　④ 탄다 치더라도

2 여기는 (　　　) 주변에 가게가 없어서 항상 조용해요.
① 본다 치더라도　② 본다고 해서
③ 봐서인지　④ 보시다시피

[正解] **1** ③ **2** ④

文型－文末表現

얼마나 -(으)ㄴ/았는/었는지 모르다	とても～である ≒ 얼마나 - 다고요 ＊主に形容詞に接続して強調の意を表す 예) 준수 씨 여자 친구가 **얼마나** 예**쁘지 몰라요**. ジュンスさんの彼女はとてもかわいいです。
-지 싶다	たぶん～だと思う ＊推測 예) 이번 시합에서는 우리 팀이 이기**지 싶은데요**. 今度の試合ではうちのチームがたぶん勝つと思いますが。
-다시피 하다	ほとんど～している 예) 피곤해서 수업 중에 졸**다시피 했어요**. 疲れていたので授業中ほとんど居眠りしていました。
-(으)ㄹ 만하다	① ～する価値がある、お勧めできる ② ～するのも当然だ ③ (なんとか) ～することができる 예) ① 그 식당 음식은 먹**을 만해요**. その食堂の食べ物はおいしいです。 ② 그렇게 심한 장난을 치다니……. 유천 씨가 화 **낼 만해요**. そんなにひどいいたずらをするなんて…。ユチョンさんが怒るのも当然です。 ③ 글씨가 너무 작지만 읽**을 만해요**. 字が小さすぎるけど、なんとか読めます。

実戦練習 다음 밑줄 친 부분과 의미가 비슷한 것을 고르십시오.

1 그렇게 무거운 짐을 들고 있으니까 어깨가 <u>아플 만해요</u>.

① 아플 때도 있어요 ② 아픈 게 당연해요

③ 아플지도 몰라요 ④ 아플 거예요

2 아직 연락은 없지만 지금쯤 <u>도착했지 싶다</u>.

① 도착했을 것이다 ② 도착했다

③ 도착할까 한다 ④ 도착할 참이다

【正解】1 ② 2 ①

練習問題

攻略ポイント！ 男女の会話を聞いて男性の中心となる考えを選ぶ問題です。会話の最後に男性が自分の考えを述べる場合が多いです。聞きながら選択肢を見て、間違っているものは削除していくのも一つの方法でしょう。

Ⅴ. 다음을 듣고 남자의 중심 생각을 고르십시오.

20 **1.** ① 인기가 있는 가게는 기다려서라도 가 봐야 한다.
② 줄을 서서 들어가는 가게라고 해서 꼭 맛있다고는 할 수 없다.
③ 음식이 나오는데 걸리는 시간을 최소화해야 한다.
④ 사람들을 많이 오게 하려면 종업원들이 친절해야 한다.

21 **2.** ① 선거 때 휴가를 가는 것은 바람직하지 않다.
② 사전 투표 제도를 더 이용하기 쉽게 만들 필요가 있다.
③ 선거 날에 다른 계획이 있다면 사전 투표제를 이용하는 것이 좋다.
④ 사전 투표 제도를 더 널리 홍보해야 한다.

解答と解説

V．次を聞いて男性の中心となる考えを選びなさい。

1．《女性：역 앞에 새로 생긴 가게 가 봤어? 주말에는 한 시간 이상 기다려야 하나 봐. 언제 한번 같이 가 볼래? ／男性：아, 거기? 나도 소문 듣고 지난 주말에 갔다 왔는데 한 시간이나 기다려서 들어갈 만한 곳(入るような所)은 아닌 것 같아. 게다가 사람이 많아서인지(多いからか) 종업원(従業員)들도 불친절하고 음식이 나오는데 시간도 많이 걸려서 난 별로던데(いまいちだったけど). 소문난 잔치에 먹을 것 없다고(名物にうまいものなしと), 오히려(むしろ) 알려지지 않은(知られていない) 가게 중에 맛있는 가게가 많이 있다고 생각해.》男性は並んで入ったお店があまり気に入らなかったので正解は②「並んで入るお店だからといって必ずしもおいしいとは言えない」になります。

【正解②】

2．《男性：이제 선거도 얼마 안 남았네. 다음 주에 투표(投票)하러 갈 거지? ／女性：어 그게……. 나는 못 갈 것 같아. 이번에 투표일 포함해서(含めて) 4일 정도 휴가를 낼 수 있을 것 같아서 여행 가려고 하거든. ／男性：그래? 그럼 사전(事前) 투표 제도를 이용하는 건 어때? 지금 살고 있는 주소와 상관없이(関係なく) 신분증만 있으면 전국 어디에서나 투표가 가능하대. 사전 등록도 필요 없으니까 너도 회사 근처에 있는 사전 투표소에 들러 봐. 내 한 표쯤이야, 하고 그냥 포기하기 쉬운데 내 한 표의 중요성을 알고 참여 의식을 높여야 해.》男性は女性に投票をするべきだと言いながら事前投票は簡単だと勧めているので正解は③「選挙の日に他に予定があれば事前投票制を利用するのがいい」になります。「바람직하지 않다」は「望ましくない」、「널리 홍보해야 한다」は「広く知らせなければならない」です。

【正解③】

練習問題

*3. (22) ① 인터넷 쇼핑은 유명한 사이트에서 하는 게 좋다.
② 인터넷 쇼핑으로 뭐든지 편하게 살 수 있어서 좋다.
③ 인터넷 쇼핑으로 인해 개인 정보가 유출될 가능성이 있다.
④ 인터넷 쇼핑 시 개인 정보를 입력하는 절차가 번거롭다.

*4. (23) ① 결혼식은 한 번뿐이기 때문에 화려하게 하는 것이 좋다.
② 예물이나 예단에서 비용을 절약하는 것이 좋다.
③ 결혼식 하객은 많으면 많을수록 좋다.
④ 비싼 결혼식보다 기억에 남는 결혼식을 해야 한다.

解答と解説

3.《女性：요즘 인터넷 쇼핑에 재미를 붙여서(はまっていて) 생필품(生活必需品)은 물론이고 옷이나 신발, 가구까지 다 인터넷으로 사는데 얼마나 편한지 몰라요(とても楽です). ／男性：물론 편하기는 하겠지만 그래도 다시 한 번 생각해 보세요. 알다시피 얼마 전에 유명한 사이트에서 개인 정보가 유출되는(流出する) 사고가 있었잖아요. 설마 내 정보가 유출되겠냐마는(流出しないと思うけど) 그래도 괜히(無性に) 걱정돼서 저는 인터넷에 제 정보를 입력하는 게 꺼려지더라구요(ためらいます).》男性はネットショッピングにはまっている女性とは対照的に個人情報流出を心配しているので正解は③「ネットショッピングによって個人情報が流出する可能性がある」になります。「절차가 번거롭다」は「手続きが面倒だ」です。 【正解③】

4.《女性：최근 결혼을 준비하는 커플들 사이에서 에코(エコ)웨딩이 인기를 끌고 있대(人気を呼んでいるって). 일생에 단(一生にたった) 한 번뿐인 결혼식인데 돈이 많이 든다 치더라도 나는 화려한 게(派手な方が) 좋을 것 같은데. ／男性：일생에 한 번뿐이긴 하지만, 그 한 번을 위해 모은(貯めた) 돈을 다 써 버릴 수는 없잖아. 결혼식 이외에도 예물, 예단(結納)을 비롯해 집 장만(準備)까지 들어갈 돈이 무지하게(ものすごく) 많은데 결혼식은 소박하게(素朴に) 해도 된다고 생각해. 화려한 꽃 장식(花飾り)을 생략한다든가(省くとか) 초대 인원(人数) 을 한정(限定) 하여 식사 예산을 줄인다든가(減らすとか)……. 얼마나 화려한가보다는 얼마나 멋진 추억으로 남느냐가 더 중요하지 싶어.》男性は無駄にかかっている結婚式の費用を抑えた方がいいと思っているので正解は④「高い結婚式より記憶に残る結婚式を挙げるべきだ」になります。「하객」は「招待客」です。 【正解④】

語彙・文型の確認

中級語彙

□ 육아	育児	□ 모색하다	模索する
□ 휴직	休職	□ 태어나다	産まれる
□ 맞벌이	共働き	□ 권하다	勧める
□ 경우	場合	□ 늘다	増える
□ 출산	出産	⇔ 줄다	減る
□ 조언	助言	□ 상의하다	相談する
□ 개선	改善	□ 제공하다	提供する
□ 고객	顧客	□ 분실하다	紛失する
□ 재료	材料	□ 요구하다	要求する
□ 반찬	おかず	□ 안심하다	安心する
□ 불만	不満	□ 안정되다	安定する
⇔ 만족	満足	□ 붐비다	混む
□ 일시적	一時的	□ 지참하다	持参する
□ 역할	役割	□ 사과하다	謝る
□ 일회용	使い捨て	□ 소중하다	大事だ
□ 반응	反応	□ 아끼다	大切にする、節約する
□ 안주	つまみ		
□ 바퀴	輪、回り	◎ 돌다	回る
□ 그다지	あまり	◎ 돌리다	回す
□ 어느새	いつの間に	□ 차츰	だんだん、次第に
□ 대체로	大体、概ね	≒ 점점 ≒ 점차	

Check! 上の単語を適当な形にして空欄に入れなさい。

1 오늘은 전국이 (　　　　) 맑겠으며 기온은 평년보다 다소 높겠습니다.
2 선생님께서 (　　　　) 주신 책이 도서관에 없어서 다른 걸 빌려 왔어요.
3 식사가 끝나면 자전거로 동네를 한 바퀴 (　　　　) 올게요.
4 이번 이벤트는 준비할 게 많으니까 (　　　　)을 분담해서 하기로 했다.

[正解] **1** 대체로 **2** 권해 **3** 돌고 **4** 역할

高級語彙

□ 설문 조사	アンケート	□ 살림하다	家事をする
□ 원산지	原産地	□ 분담하다	分担する
□ 공약	公約	□ 눈치 보다	顔色をうかがう
□ 관찰	観察	□ 눈치 없다	気が利かない
□ 모금	募金	□ 감당하다	耐える、背負う
□ 문명	文明	□ 제기하다	提起する
□ 세균	細菌	◎ 얻다	得る、もらう
□ 어항	金魚鉢	□ 발급하다	発給する
□ 균형	均衡	□ 초래하다	招く
□ 그물	網	□ 짚다	(杖を) つく、(脈を) とる
□ 산사태	土砂崩れ		
□ 손상	損傷	□ 제법이다	なかなかだ
□ 지느러미	ヒレ	□ 위독하다	危篤だ
□ 냉각	冷却	□ 이롭다	良い、ためになる
□ 노예	奴隷		
□ 번성	繁盛	⇔ 해롭다	害がある
□ 해류	海流	□ 해치다	害する
□ 막상	いざ	□ 전염되다	伝染する
□ 꼼짝없이	なすすべもなく	□ 꾸준히	地道に
□ 거침없이	はばかることなく	□ 나란히	並んで

Check! 上の単語を適当な形にして空欄に入れなさい。

1 여섯 살짜리 아이가 글을 이렇게 잘 쓰다니 (　　　　)네요.

2 무슨 일이든지 (　　　　) 노력하면 성공할 수 있다.

3 (　　　　)을 이용하면 물고기뿐만 아니라 산속의 동물들도 잡을 수 있다.

4 담배는 몸에 (　　　　)니까 끊는 것이 좋다.

[正解] **1** 제법이 **2** 꾸준히 **3** 그물 **4** 해로우

文型－接続表現

−(ㄴ/는) 다는, −(이)라는	～だという～　　＊連体形、「소문、이야기、말、뉴스」などの名詞が主に用いられる
	예) 과장님이 회사를 그만**둔다는** 소문 들었어요? 課長が会社を辞めるといううわさ、聞きましたか？
−(으)나 마나	～してもしなくても
	예) 진혁 씨라면 결과는 보**나 마나** 합격일 거예요. ジンヒョクさんなら結果は見なくても合格でしょう。
−(으)ㄹ 테니까	① ～するだろうから　　＊推測 ② ～するから　　＊自分の意志
	예) ① 곧 연락이 **올 테니까** 기다려 봅시다. すぐ連絡が来るだろうから、待ってみましょう。 ② 오늘은 일찍 돌아**올 테니까** 같이 저녁 먹어요. 今日は早く帰るから一緒に夕飯を食べましょう。
* −(으)랴 −(으)랴	～するやら～するやら　＊二つ以上の動作が用いられる
	예) 주말에는 집안일 하**랴** 아이들 돌보**랴** 바쁘다. 週末は家事をするやら子供の世話をするやらで忙しい。
* −(ㄴ/는) 답시고	～するとか言って　　＊皮肉って言うニュアンス
	예) 친구는 다이어트를 **한답시고** 비싼 운동 기계를 샀다. 友達はダイエットをするとか言って高いマシンを買った。

実◇戦◇練◇習 (　　)에 들어갈 가장 알맞은 것을 고르십시오.

1 내가 도시락을 (　　　) 너는 음료수만 가지고 와.
① 준비하랴　　② 준비하나 마나
③ 준비할 테니까　　④ 준비한답시고

2 후배가 사무실 정리를 (　　　) 오히려 더 어지르고 있다.
① 도와준답시고　　② 도와주나 마나
③ 도와주랴　　④ 도와줄 테니까

[正解] **1** ③ **2** ①

文型－文末表現

-(으)ㄹ 거라고 보다	～だと信じる　＊確信 예) 이번 시합에서는 우리 팀이 꼭 이**길 거라고 봐요**. 今度の試合ではうちのチームが必ず勝つと信じます。
-(으)ㄹ 뻔했다	（あやうく）～するところだった 예) 옆 사람하고 부딪혀서 하마터면 커피를 쏟**을 뻔했어요**. 隣の人とぶつかってあやうくコーヒーをこぼすところでした。
-(으)ㄹ 게 뻔하다	～するに違いない ＊「-(으)나 마나」と一緒に使われる場合が多い 예) 그 사람은 항상 늦게 오니까 보나 마나 오늘도 지각**할 게 뻔해요**. その人はいつも遅れてくるから見るまでもなく今日も遅刻するに違いません。
* -(으)ㄴ/는/(으)ㄹ 판이다	～するところ、～する状況（場面）である 예) 이렇게 위급**한 판에** 병원에 안 가겠다고요? このような危急なときに、病院に行かないですって？ 돈이 너무 없어서 도둑질이라도 해야 **할 판이다**. お金があまりにもなくて盗みでもしなければならない状況だ。
* -(으)ㄹ 나위도/가 없다	～（なすべき）必要も／がない 예) 그 일이라면 다시 생각**할 나위도 없다**. そのことならもう一度考える必要もない。

実戦練習 (　　)에 들어갈 가장 알맞은 것을 고르십시오.

1 지수는 술을 못 마시니까 물어보나 마나 안 (　　　).
① 갈 판이에요　② 갈 뻔했어요
③ 갈 게 뻔해요　④ 갈 나위가 없어요

2 버스를 잘못 타서 (　　　) 다행히 제시간에 도착했어요.
① 지각할 게 뻔한데　② 지각할 판인데
③ 지각할 거라고 보는데　④ 지각할 뻔했는데

[正解] **1** ③ **2** ④

練習問題

攻略ポイント! 実際の試験問題の 21 番からは一つの内容に対して 2 問ずつ答える形式になっています。ここでは内容の全体的な理解力が問われます。主に問われる内容は、

①中心となる考え
②内容と一致するもの
③男性（あるいは女性）は何をしているのか
④男性（あるいは女性）は誰なのか
⑤男性（あるいは女性）の態度や意図
⑥会話の前に来る内容を選ぶ問題

などになります。

内容を聞く前に問題や選択肢を確認しておきましょう。この章では主に①中心となる考え、②内容と一致するもの、③男性（あるいは女性）は何をしているのか、を答える問題を解いてみましょう。

Ⅵ.

24
1. 다음을 듣고 물음에 답하십시오.

(1) 여자는 무엇을 하고 있는지 고르십시오.
① 남자에게 조언을 구하고 있다.
② 남자에게서 일의 결과를 보고 받고 있다.
③ 남자에게 문제를 제기하고 있다.
④ 남자에게 개선해 줄 것을 요구하고 있다.

(2) 들은 내용으로 맞는 것을 고르십시오.
① 설문 조사 결과는 대체적으로 좋은 편이다.
② 회원 카드 할인 제도는 일시적인 것이다.
③ 식후에 제공되는 차의 양이 너무 적다는 불만이 있었다.
④ 회원 카드는 분실해도 다시 만들 수 있다.

解答と解説

Ⅵ.

1．次を聞いて質問に答えなさい。

《女性：고객들에게 실시한(実施した) 설문 조사(アンケート) 결과는 어떻게 나왔나요?／男性：우선 식재료(食材料)의 원산지(原産地)가 메뉴에 표시되어 있어서 안심하고 먹을 수 있다는 의견이 가장 많았구요, 그 다음으로 식후(食後)에 제공되는 차에 만족한다는 의견이 많았습니다. 하지만 기본 반찬의 양이 너무 적다는 의견과, 일회용 젓가락(割り箸) 사용에 대해 불만을 나타내는 의견도 다수(多数) 있었습니다.／女性：새로 시작한 회원 카드 할인 제도(割引制度)는 반응(反応)이 어떤가요?／男性：아직까지는 모르는 분들이 많아서 지참(持参)하지 않고 오신다거나 카드를 분실(紛失)해서 다시 만드신다거나 하는 경우가 많았는데요, 점차(次第に) 안정되어 가면(落ち着くと) 좋은 반응을 얻을 수 있을 거라(得られるだろうと) 봅니다.》

(1) 女性は何をしているのか選びなさい。

アンケートの結果について男性から聞いているので正解は②「男性から仕事の結果報告を受けている」になります。①「男性に助言を求めている」、③「男性に問題を提起している」、④「男性に改善してくれるように要求している」です。 【正解②】

(2) 聞いた内容と一致するものを選びなさい。

①「大体いい方だ」(×) →不満もあった、②「一時的なものだ」(×) →新たに開始したもので、一時的かどうかについての言及はない、③「食後の茶の量が少ない」(×) →満足している、従って正解は④「会員カードは紛失しても作り直せる」になります。 【正解④】

練習問題

*2. 다음을 듣고 물음에 답하십시오.

25

(1) 남자의 중심 생각으로 맞는 것을 고르십시오.

① 남편도 적극적으로 육아에 참여해야 한다.
② 남자 직원들의 육아 휴직 제도를 더 쓰기 쉽게 만들어야 한다.
③ 맞벌이 부부의 경우 출산 휴가를 더 늘려야 한다.
④ 남자들도 집안일에 관심을 가져야 한다.

(2) 들은 내용으로 알맞은 것을 고르십시오.

① 여자는 아기가 태어나면서 더 힘들어졌다.
② 여자의 남편은 집안일을 도와주지 않는 편이다.
③ 남자는 여자에게 휴직할 것을 권하고 있다.
④ 여자의 남편은 육아 휴직에 관심이 없다.

解答と解説

2．次を聞いて質問に答えなさい。

《男性：민선아, 오랜만이다. 요즘 어떻게 지내? ／女性：회사에서 일하랴(働くやら), 집에서 살림하랴(家事をするやら) 아주 몸이 열 개라도 모자랄 지경이야(猫の手も借りたいくらいよ). 더구나(それに) 곧 있으면(もうすぐ) 뱃속에 아기도 태어날 텐데(産まれるのに) 남편은 바쁘답시고(忙しいとか言って) 매일 늦게 들어오니 어쩌면 좋아. ／男性：맞벌이(共働き) 부부의 경우 집안일이나 육아(育児)를 아내 혼자 감당하기에는(背負うには) 너무 무리가 있는 것 같아. 요즘에는 그래서 남자들도 육아 휴직이 있다잖아. 너무 무리하지 말고 남편하고 상의해서 일과 육아를 잘 분담(分担)해 봐. ／女性：안 그래도 내 출산 휴가가 끝나면 남편한테 육아 휴직을 하도록 부탁하고 있는데 회사에 말하기가 좀 눈치 보이나 봐(周りの目が気になるみたい). 육아 휴직 제도(制度)란 게 사실 이름뿐이지 쓰는 사람은 몇이나 되겠니?》

(1) 男性の中心となる考えとして正しいものを選びなさい。

男性は夫が休暇を取って家事や育児を分担したほうがいいと言っているので正解は①「夫も積極的に育児に参加するべきだ」になります。②「男性社員の育児休職制度をもっと使いやすくするべきだ」、③「共働き夫婦の場合、出産休暇をもっと増やすべきだ」、④「男性たちも家事に興味を持つべきだ」です。　【正解①】

(2) 聞いた内容と一致するものを選びなさい。

①「子供が産まれてから」（×）→まだ産まれていない、③「休職するのを勧めている」（×）→夫と分担するのを勧めている、④「興味がない」（×）→周りの目が気になる、従って一致する内容は②「女性の夫は家事を手伝わないほうだ」になります。　【正解②】

語彙・文型の確認

中級語彙

□ 태도	態度	□ 동의하다	同意する
□ 적극적	積極的	□ 원하다	望む
⇔ 소극적	消極的	□ 바라다	願う
□ 구체적	具体的	□ 기대하다	期待する
□ 상품	商品	□ 따르다	従う、懐く
□ 책임감	責任感	□ 보증하다	保証する
□ 평소에	普段	□ 가하다	加える
□ 주장	主将、主張	□ 심각하다	深刻だ
□ 잡화	雑貨	□ 끓이다	沸かす、煮る
□ 실력	実力	□ 끓다	沸く
□ 의견	意見	□ 증가하다	増加する
□ 질병	疾病	⇔ 감소하다	減少する
□ 예방	予防	□ 망설이다	迷う
□ 완성	完成	□ 독특하다	独特だ
□ 만점	満点	□ 매달리다	ぶら下がる
□ 일품	逸品	□ 비다	空く
□ 잼	ジャム	◎ 비우다	空ける
□ 화제	話題	□ 상당히	相当
□ 생산량	生産量	□ 무려	なんと
□ 하마터면	あやうく	□ 함부로	むやみに

Check! 上の単語を適当な形にして空欄に入れなさい。

1 길이 막혀서 (　　　　) 비행기를 놓칠 뻔했어요.
2 손님이 와 계실 때에는 가급적 자리를 (　　　　)지 마세요.
3 이 잡화점의 물건 중에서는 이 (　　　　)이 가장 인기가 있다.
4 이 선생님은 재미있고 상냥해서 아이들이 잘 (　　　　)지요?

[正解] **1** 하마터면 **2** 비우 **3** 일품 **4** 따르

高級語彙

□ 풍년　豊年
□ 예년　例年
□ 성분　成分
□ 추세　趨勢、傾向
□ 손실　損失
□ 농장　農場
□ 농작물　農作物
□ 복구　復旧
□ 복원　復元
□ 배　倍
□ 가옥　家屋
□ 강도　強度
□ 담장　塀
□ 단서　手掛かり
□ 발효　発酵
□ 방앗간　精米所
□ 두드러기　じんましん
□ 부쩍　めっきり
□ 더불어　共に
□ 덩달아　つられて
□ 털어놓다　打ち明ける
□ 재배하다　栽培する
□ 싱싱하다　新鮮だ
□ 보태다　付け加える
□ 상승하다　上昇する
□ 장악하다　握る、掌握する
□ 통치하다　統治する
□ 원망스럽다　恨めしい
□ 원활하다　円滑だ
□ 비굴하다　卑屈だ
◎ 쏠리다　傾く
□ 모면하다　免れる
□ 떼다　離す、（書類を）発行する
□ 띄다　（目に）つく
◎ 다루다　扱う
□ 무너뜨리다　崩す
□ 무너지다　崩れる
□ 도무지　まったく
≒ 도통
≒ 도저히

Check! 上の単語を適当な形にして空欄に入れなさい。

1 쌀을 (　　　　)에 가지고 가서 아이 생일 때 쓸 떡을 주문했다.
2 첫째가 울기 시작하자 둘째도 (　　　　) 울었다.
3 막판에 동점 골이 터지면서 가까스로 패배의 위기를 (　　　　)했다.
4 하나도 (　　　　)지 말고 있는 그대로 이야기해 주세요.

[正解] **1** 방앗간 **2** 덩달아 **3** 모면 **4** 보태

文型－接続表現

−(으)ㄴ/는 김에	～したついでに／～するついでに
	예) 청소하**는 김에** 쓰레기도 내놓았다. 掃除をするついでにゴミも出しておいた。
−던	～していた　＊大体過去に何回も
	예) 대학교 때 자주 듣**던** 노래예요. 大学の時しょっちゅう聞いていた歌です。
−았/었던	～していた　＊大体過去に何回か、一回のみ
	예) 지난주에 같이 들**었던** 노래 제목 아세요? 先週一緒に聞いた歌のタイトルご存じですか？
*−(으)ㄹ라치면	～しようとすると
	예) 책을 읽**을라치면** 친구가 말을 걸어 와요. 本を読もうとすると、友達が話しかけてきます。
*−(ㄴ/는)다면/(이)라면/(으)면 모를까/ 몰라도	～ならともかくとして、～というのならまだしも
	예) 내년에 **간다면 모를까/몰라도** 올해는 도저히 안 돼요. 来年行くというのならまだしも今年はとても無理です。
*−(ㄴ/는)다면야	～したら、～するなら　＊「야」は強調の意
	예) 너가 **간다면야** 나도 같이 가야지. あなたが行くなら私も一緒に行くよ。

実戦練習　(　　)에 들어갈 가장 알맞은 것을 고르십시오.

1 이번 시험에서 1등을 (　　　) 필요한 거 뭐든지 다 사 줄게.
① 할라치면　② 하던　③ 한다면야　④ 한 김에

2 친구하고 같이 (　　　) 혼자서는 위험해서 안 돼.
① 간다면야　② 간다면 모를까
③ 갈라치면　④ 갔던

[正解] **1** ③ **2** ②

文型－文末表現

－았/었으면 싶다/하다	～したらいい、～したい　＊希望 예) 일주일 정도 쉬**었으면 싶어요/해요**. 一週間くらい休みたいです。
－(으)ㄹ 줄 알다 ⇔모르다	～することができる⇔できない (方法を知っている⇔方法が分からない) 예) 공중전화에서 국제 전화를 **걸 줄 알아요**? 公衆電話で国際電話がかけられますか。 아니요, **걸 줄 몰라요**. いいえ、かけられません。
－(으)ㄹ 줄 알았다 ⇔몰랐다	～すると思った（予想と違った場合、予想通りの場合、両方に使える）⇔思っていなかった 예) 그 사람이 당선**될 줄 알았어요**. その人が当選すると思っていました。 (予想通りその人が当選した場合、あるいは予想と違って他の人が当選した場合) 오늘 비가 **올 줄 몰랐어요**. 今日雨が降るとは思わなかった。
＊－고도 남다	(～するのに）十分だ、余裕がある、～して当然だ 예) 한 시간이면 이 일을 다 끝내**고도 남아요**. 1時間あればこの仕事を終えるのには十分です。

実戦練習 (　　)에 들어갈 가장 알맞은 것을 고르십시오.

1 저는 아직 수영을 (　　　).
① 할 줄 알았어요　② 할 줄 몰랐어요
③ 할 줄 알아요　④ 할 줄 몰라요

2 이 정도면 열 명이서 (　　　).
① 먹고도 남아요　② 먹을 줄 몰랐어요
③ 먹을 줄 알아요　④ 먹었으면 싶어요

[正解] **1** ④ **2** ①

練習問題

攻略ポイント！ 前章に続いて２問に答える形式の問題を練習してみましょう。この章では前章で挙げた主に出題される問題形式の④男性（あるいは女性）は誰なのか、⑤男性（あるいは女性）の態度や意図、⑥会話の前に来る内容を選ぶ問題、を中心に解いてみましょう。

Ⅶ.

26 **1．다음을 듣고 물음에 답하십시오．**

(1) 여자의 태도로 맞는 것을 고르십시오.

① 상대방의 의견에 적극적으로 동의하고 있다.
② 조심스럽게 상대방의 동조를 구하고 있다.
③ 상대방에게 구체적인 사례를 들어 설명할 것을 요구하고 있다.
④ 논의하고자 하는 내용에 대해 문제를 제기하고 있다.

(2) 들은 내용으로 알맞은 것을 고르십시오.

① 남자는 새로 온 코치에 대한 불만을 이야기하고 있다.
② 여자와 남자가 아는 사람이 코치로 올 예정이다.
③ 남자는 책임감이 강한 코치가 오기를 기대하고 있다.
④ 여자는 팀의 문제점에 대해 이야기하기를 원한다.

解答と解説

Ⅶ.

1．次を聞いて質問に答えなさい。

《女性：우리 배구부 코치로(バレーボール部コーチとして) 작년에 졸업한 수현 선배가 온대요. ／男性：수현 선배가요? 저는 그 선배 평소에 말도 없고(無口で) 자기 주장도 강해서 좀 무섭던데……. ／女性：그래도 저는 수현 선배가 책임감이 강해서(責任感が強いので) 잘됐다고 생각했어요. 우리 팀에 지금 가장 필요한 건 리더십(リーダーシップ)이 있는 주장(キャプテン)이잖아요. ／男性：그건 그렇지만 저는 제 고민도 털어놓고(打ち明けて) 팀의 문제점에 대해서도 서로 편하게 이야기할 수 있는 사람이 왔으면 싶었는데. ／女性：에이~실력 있고 책임감 강하면 됐지요. 우리 너무 많은 걸 바라지 말고(望まないで) 일단 믿고 따라 봐요(ついていきましょう).》

(1) 女性の態度として正しいものを選びなさい。

新しく来るコーチが気に入らない様子の男性に対して女性はコーチの良いところをアピールしています。従って正解は②「遠慮がちに相手の同調を求めている」になります。①「相手の意見に積極的に同意している」、③「相手に具体的な事例を挙げて説明することを要求している」、④「論議しようとしている内容について問題を提起している」です。 【正解②】

(2) 聞いた内容と一致するものを選びなさい。

先輩と呼んでいるところと、詳しく知っているところから正解は②「二人とも知っている人がコーチとして来る予定だ」になります。①「新しく来たコーチ」(×) →来る予定、③「責任感が強いコーチ」(×) →話がしやすい人、④「チームの問題点について話がしたい」(×) →新しいコーチについて話している、です。 【正解②】

練習問題

*2. 다음을 듣고 물음에 답하십시오.

27

(1) 이 대화 앞의 내용으로 알맞은 것을 고르십시오.

① 예년에 비해 양파와 마늘의 생산량이 배로 증가했다.

② 양파와 마늘을 생산하는 농가가 감소하고 있다.

③ 모든 농작물의 생산량이 감소해 가격이 상승하는 추세이다.

④ 양파와 마늘을 이용한 기발한 요리 방법이 화제가 되고 있다.

(2) 여자는 누구인지 고르십시오.

① 요리 연구가

② 농장 직원

③ 여행 가이드

④ 아나운서

解答と解説

2．次を聞いて質問に答えなさい。

《男性：이렇게 올해는 풍년이 들어(豊作になって) 양파와 마늘의 가격도 예년보다 떨어져서 손님들도 많이 오시겠어요. ／女性：네, 저희 농장에서 직접 재배(栽培)한 싸고 싱싱한(新鮮な) 양파와 마늘을 구입하러 서울에서도 많이 오시는데요. 그래서 오늘은 오신 김에 양파와 마늘을 많이 구입해 가시라는 뜻에서(購入してお帰りくださいという意味で) 제가 오래 두고 먹을 수 있는 방법을 소개해 드릴까 합니다. 양파에는 아시다시피(ご存じの通り) 매운 맛 성분이 있지요. 이 성분은 열을 가하면(熱を加えると) 단 맛으로 바뀌어 설탕의 무려(なんと) 50배의 단 맛을 냅니다. 이걸 이용하면 양파로 잼(ジャム)을 만들 수 있는데요, 양파와 설탕을 2:1의 비율(比率)로 넣고 40분 정도 끓이기만 하면(煮るだけで) 완성됩니다. 또한 마늘에 설탕과 생크림, 버터, 레몬즙(汁)을 더해(加え) 만드는 마늘 크림 잼도 아주 일품(逸品)입니다.》

(1) この会話の前に来る内容として正しいものを選びなさい。

最初の文章がヒントになります。男性は「このように今年は豊作になって玉ネギとニンニクの値段が下がった」と言っているのでその前に来る内容としては①「例年に比べて玉ネギとニンニクの生産量が倍に増加した」が適当です。②「玉ネギとニンニクを生産する農家が減少している」、③「全ての農作物の生産量が減少し、価格が上昇する傾向だ」、④「玉ネギとニンニクを使った奇抜な料理方法が話題になっている」です。【正解①】

(2) 女性は誰なのか選びなさい。

「うちの農場で栽培した玉ネギとニンニク」というところから農場の人だと分かります。【正解②】

類型Ⅷ　2問に答える③

語彙・文型の確認

中級語彙

□ 교양	教養	□ 변하다	変わる
□ 보상	補償	≒ 바뀌다	
□ 수수료	手数料	□ 향하다	向う
□ 경비	経費	□ 썩다	腐る
□ 동전	コイン	□ 공존하다	共存する
□ 현금	現金	□ 설치하다	設置する
□ 신용 카드	クレジットカード	□ 쌓다	積む、ためる
□ 연휴	連休	□ 쌓이다	積まれる、たまる
□ 차이	差		
□ 이득	得	◎ 타다	（給料を）もらう
□ 손해	損、損害	□ 발견하다	発見する
□ 미각	味覚	□ 안타깝다	残念だ
□ 철도	鉄道	□ 맑다	晴れる、澄んでいる
□ 환승	乗換		
□ 금액	金額	□ 튀기다	（料理を）揚げる
□ 오염	汚染	◎ 붙다	付く、受かる
□ 환경	環境	□ 따라 하다	まねる
□ 구석	隅	□ 요컨대	要するに
□ 과정	過程	□ 거꾸로	逆に
□ 마음대로	気ままに	□ 여전히	相変わらず

Check! 上の単語を適当な形にして空欄に入れなさい。

1 자동판매기에서 커피를 뽑으려고 하는데 혹시 (　　　　)이 있으면 좀 빌려 주세요.

2 공기가 (　　　　) 곳으로 이사한 후로 두통이 없어졌다.

3 외국 사람이 한글이 쓰여 있는 종이를 (　　　　) 들고 있었다.

4 무엇이든지 (　　　　) 두면 더 하기 싫어지니 그때그때 하세요.

[正解] 1 동전 2 맑은 3 거꾸로 4 쌓아

高級語彙

□ 우대	優待	□ 절감하다	節減する
□ 혜택	恩恵、優遇	□ 숙지하다	熟知する
□ 찌꺼기	かす	□ 철거하다	撤去する
□ 폐수	排水	□ 뒤덮이다	覆われる
□ 석유	石油	◎ 뽑다	抜く
□ 석탄	石炭	□ 시달리다	苦しめられる
□ 녹지대	グリーンベルト	□ 호소하다	訴える
□ 생활용수	生活用水	□ 쓰다듬다	なでる
□ 생태계	生態系	□ 끼어들다	割り込む
□ 열대 우림	熱帯雨林	□ 남발하다	乱発する
□ 허파	肺	□ 끔찍하다	ひどい、むごい
□ 원유	原油	□ 어렴풋하다	おぼろげだ
□ 유독성	有害性、有毒性	□ 녹슬다	錆びる
□ 기형아	奇形児	□ 뒤처지다	取り残される
□ 피부 질환	皮膚疾患	□ 떠오르다	浮かぶ、昇る
□ 암	がん	□ 떠올리다	浮かべる
□ 이기심	身勝手さ	◎ 달리다	ぶら下がる
□ 부족민	部族民	□ 일절	一切
□ 줄지어	立て続けに、	□ 정작	いざ
≒ 잇따라	相次いで	□ 한창	まっさかり
≒ 연이어			

Check! 上の単語を適当な形にして空欄に入れなさい。

1 희생자를 애도하는 의미로 각 지역에서 축제가 (　　　　) 취소됐다.
2 벌써 20년이 지났지만 (　　　　)게나마 그때 일을 기억하고 있다.
3 60살부터 교통비 지원 등 여러 가지 (　　　　)을 받을 수 있다.
4 요즘에는 스마트폰을 쓰지 않으면 시대에 (　　　　)다는 소리를 듣게 마련이다.

[正解] **1** 줄지어/잇따라/연이어 **2** 어렴풋하 **3** 혜택 **4** 뒤처졌

文型－接続表現

−는 바람에 ≒ (으)ㄴ/는 탓에/통에	～するため、～するせいで、～したせいで 예) 아이들이 떠드**는 바람에** 집중할 수 없었어요. 子供たちが騒いだせいで集中できませんでした。
−(으)ㅁ에 따라	～するにつれ 예) 경기가 나빠**짐에 따라** 실업자가 늘고 있다. 景気が悪くなるにつれ、失業者が増えている。
−기만 하면	～しさえすれば、～すると必ず 예) 차를 타**기만 하면** 길이 막혀요. 車に乗ると必ず道が混みます。
*−(으)ㄴ/는 까닭에	～するわけで、～なので 예) 이 서류는 매우 중요**한 까닭에** 따로 복사해 두었다. この書類はとても大事だから別度コピーしておいた。
*−는 한이 있어도	～いかなることがあっても　＊動詞に接続 예) 친구를 잃**는 한이 있어도** 이 사실은 누구에게도 말할 수 없다. 友達を失うような羽目になってもこの事実は誰にも言えない。
*−(으)로 말미암아	～が原因で、～によって 예) 나의 부주의**로 말미암아** 이번 프로젝트는 실패로 끝났다. 私の不注意が原因で今回のプロジェクトは失敗に終わった。

実戦練習 (　　)에 들어갈 가장 알맞은 것을 고르십시오.

1 시간이 (　　　) 이곳 생활에도 조금씩 익숙해지고 있다.

① 지나는 한이 있어도　　② 지나는 까닭에
③ 지남에 따라　　④ 지나는 탓에

2 소풍을 가려고 날짜를 (　　　) 항상 비가 온다.

① 잡는 바람에　　② 잡은 까닭에
③ 잡음에 따라　　④ 잡기만 하면

[正解] **1** ③ **2** ④

文型－文末表現

−고 말겠다	(必ず) ～してみせるぞ 예) 이번 시합에서 꼭 이기**고 말겠어**. 今度の試合で必ず勝ってみせるぞ。
−기만 하다	～してばかりいる 예) 공부는 안 하고 매일 놀**기만 해요**. 勉強はせずに毎日遊んでばかりいます。
−곤 하다	(よく) ～していた、～したりする 예) 비가 오는 날에는 이 음악을 듣**곤 했어요**. 雨が降る日にはこの音楽を聴いたりしました。
−(으)ㄴ/는/(으)ㄹ 모양이다	～した／している／するようだ ＊推量 ≒ −(으)ㄴ/는/(으)ㄹ 것 같다 예) 불이 켜져 있는 걸 보니 아직 공부하**는 모양이다**. 電気がついているのをみると、まだ勉強しているようだ。
* −(으)ㄹ 여지가 있다 ⇔ 없다	～する可能性がある ⇔ ない 예) 그의 행동은 의심받**을 여지가 있다**. 彼の行動は疑われる可能性がある。
* −느니만 못하다	～するほうがましだ 예) 잘못된 정보는 없**느니만 못하다**. 間違った情報はないほうがましだ。

実戦練習 (　　)에 들어갈 가장 알맞은 것을 고르십시오.

1 이렇게 고통 속에서 사는 것은 (　　　).
① 죽을 여지가 있다　② 죽느니만 못하다
③ 죽고 말겠다　④ 죽기만 한다

2 스트레스가 쌓이면 보통 혼자서 여행을 (　　　).
① 가느니만 못해요　② 가기만 해요
③ 가고 말겠다　④ 가곤 해요

[正解] **1** ② **2** ④

練習問題

攻略ポイント！ 前章に続いて２問に答える形式の問題を練習してみましょう。ここでは教養番組とドキュメンタリーを聞いて問題に答えてみましょう。

Ⅷ.

28 **1．다음은 교양 프로그램입니다. 잘 듣고 물음에 답하십시오.**

(1) 남자의 중심 생각으로 맞는 것을 고르십시오.

① 해외여행을 준비할 때는 예산을 잘 세우는 것이 중요하다.
② 공항에 있는 은행은 환전 수수료를 낮춰야 한다.
③ 환전 수수료를 아끼면 여행 경비도 절감할 수 있다.
④ 여행자 수표의 이용 방법을 잘 숙지하고 가야 한다.

(2) 들은 내용과 일치하는 것을 고르십시오.

① 현금을 많이 가지고 가는 것보다는 신용 카드를 쓰는 것이 좋다.
② 환전은 어디에서 하든지 수수료는 별 차이가 없다.
③ 여행자 수표는 분실 시에도 보상을 받을 수 있어서 좋다.
④ 공항에서 환전을 하면 비싼 수수료를 내야 한다.

解答と解説

Ⅷ.

1．次は教養番組です。よく聞いて質問に答えなさい。

《女性：올해 추석(秋夕) 연휴가 최대 5일까지 쉴 수 있게 되면서 많은 직장인들이 해외여행을 계획하고 있다고 하는데요, 오늘은 그런 사람들을 위해 환전(両替)의 팁(秘訣)을 소개해 주신다고요?／男性：네, 그렇습니다. 환전을 어디에서 하느냐에 따라 여행 경비가 많이 차이가 납니다. 환전하기에 가장 안 좋은 곳으로는 수수료가 가장 비싼 공항을 들 수 있겠는데요, 그렇기 때문에 여행 계획이 세워지고 나면 시간을 내어 주거래 은행(メインバンク)에 가서 환전을 하시는 것이 이득(お得)입니다. 또한 환전 금액이 큰 경우에는 여행자 수표(トラベラーズチェック)로 바꾸시는 게 이득입니다. 마지막으로 해외에서 신용 카드를 쓰시는 분들이 많이 계시는데요, 신용 카드를 사용할 경우에는 반드시 수수료가 붙기 때문에 환전해서 가시는 것보다 더 손해를 보게 됩니다.》

(1) 男性の中心となる考えとして正しいものを選びなさい。
海外旅行を準備している時、両替をどこでするべきかについての話です。男性は両替をどこでするかによって旅行経費が結構変わってくると言っているので正解は③「両替手数料を減らせば旅行の経費も節約できる」になります。「팁」は「助言、ヒント、秘訣、情報」などの意味で使われます。 【正解③】

(2) 聞いた内容と一致するものを選びなさい。
①「カードを使った方がいい」（×）→手数料が付くため両替して行くより損することになる、②「手数料はほとんど変わらない」（×）→場所によって変わる、③「トラベラーズチェックは紛失しても補償される」（×）→それに関する言及はない、従って一致する内容は④「空港で両替をすると高い手数料を払わなければならない」になります。 【正解④】

練習問題

*2. 다음은 다큐멘터리입니다 . 잘 듣고 물음에 답하십시오.

29

(1) 아마존이 오염된 이유로 맞는 것을 고르십시오.

① 부족민들이 강에서 세탁을 하거나 음식을 만들기 때문에

② 세계 각국에서 온 관광객들이 음식 찌꺼기를 마음대로 버리기 때문에

③ 부족민들이 없는 틈을 타 유독성 폐수가 몰래 버려지기 때문에

④ 석유 공장이 세워짐에 따라 강으로 폐수가 흘러 들어가기 때문에

(2) 이 이야기의 중심 내용으로 맞는 것을 고르십시오.

① 부족민들의 건강 관리를 위해 의료 기관을 설치해야 한다.

② 부족민들이 더 이상 강의 물을 생활용수로 사용하지 못하도록 해야 한다.

③ 환경을 생각하지 않는 개발로 인해 고통 받는 사람이 없도록 해야 한다.

④ 석유 공장의 건설이 생태계 파괴에 미치는 영향을 조사해야 한다.

解答と解説

2．次はドキュメンタリーです。よく聞いて質問に答えなさい。

《女性：지금 뒤에 보이는 저곳이 아마존 열대 우림(熱帯雨林)의 서쪽 인 오리엔테 지역입니다. 아마존은 맑고 깨끗한 생태계(生態系)가 보존되던 곳으로 지구의 '허파(肺)'로 불리었지만 지금은 보시다시피 석유 찌꺼기(石油のかす)로 뒤덮여(覆われて) 있습니다. 이것은 최근에 이곳에서 발견된 석유 원유로 인해 석유 회사들이 공장을 줄지어(相次いで) 세우게 되었고 그 결과 유독성 폐수(有毒な排水)가 강으로 그대로 흘러들어 간 탓에(流れ込んでいったせいで) 이런 모습으로 변하게 된 것입니다. 더 안타까운 것은 이 지역의 주민들은 식수를 얻을 수 있는 곳이 이 강밖에 없기 때문에 지금도 이 강 물로 음식을 하거나 세탁을 하며 생활용수(生活用水)로 이용하고 있다고 합니다. 그로 인해 약 1만여 명의 부족민들이 피부 질환(疾患)이나 암(がん), 기형아(奇形児) 출산 등의 고통에 시달리고(悩まされて) 있습니다. 우리는 그들에게 원래의 삶을 되돌려 주기 위해 할 수 있는 일이 무엇인지 생각해 보아야 하겠습니다.》

(1) アマゾンが汚染された理由として正しいものを選びなさい。
きれいだったアマゾンが石油工場の登場によって汚染されていく内容です。従ってその理由として正しいのは④「石油工場が建てられることによって川に排水が流れ込むため」です。③「틈을 타다」は「隙を見る」です。 【正解④】

(2) この話の中心となる内容として正しいものを選びなさい。
最後の「彼らに元の生活を取り戻してあげるためにできることは何なのか考えてみなければならない」という内容から正解は③「環境を考えない開発によって苦しめられる人がいないようにしなければならない」です。 【正解③】

語彙・文型の確認

中級語彙

□강연	講演	□모험하다	冒険する
□행동	行動	□칭찬하다	ほめる
□전문가	専門家	□혼내다	しかる
□감정	感情	□혼나다	しかられる
□기술	技術	□느끼다	感じる
□기준	基準	□실천하다	実践する
□대담	対談	□맛보다	味わう
□의무	義務	□설정하다	設定する
□권리	権利	□사소하다	ささいだ
□민간	民間	□마감하다	締め切る
□건의 사항	建議事項	□통하다	通じる
□광장	広場	□비판하다	批判する
□재래시장	在来の市場	□염려하다	心配する
□소식	便り	□반기다	うれしがる
□소비자	消費者	□보호하다	保護する
□정부	政府	◎들다	入る
□단결	団結	□자유롭다	自由だ
□협동	協同	□강요하다	強要する
□품질	品質	□억지로	無理やり
□줄다리기	綱引き	□과연	さすが、果たして
□반드시	必ず		

Check! 上の単語を適当な形にして空欄に入れなさい。

1 줄다리기는 팀의 (　　　　)이 무엇보다 중요하다.
2 우승자는 (　　　　) 누가 될 것인가에 사람들의 이목이 집중됐다.
3 이번 영화에서는 주인공들이 보물을 찾아서 여기저기를 (　　　　) 이야기를 그리고 있다.
4 소비자들은 물건을 자유롭게 선택할 (　　　　)가 있다.

[正解] **1** 단결 **2** 과연 **3** 모험하는 **4** 권리

高級語彙

□ 견해	見解	□ 공헌하다	貢献する
□ 이타적	利他的	□ 대처하다	対処する
□ 각양각색	多種多様	□ 본뜨다	型を取る、まねる
□ 상권	商圏	□ 촉구하다	促す
□ 독과점	独寡占	□ 흐뭇하다	ほほえましい
□ 자본주의	資本主義	□ 삼다	(～に) する
□ 장님	視覚障害者	□ 몰락하다	没落する
□ 멸종	絶滅	□ 표명하다	表明する
□ 재난	災難	□ 역설하다	力説する
□ 취지	趣旨	□ 종사하다	従事する
□ 통계	統計	□ 어긋나다	反する
□ 틀	枠	□ 나무라다	しかる
□ 항목	項目	□ 대담하다	大胆だ
□ 평론	評論	◎ 트이다	(視野が) 開ける
□ 편집	編集	□ 부조리하다	不条理だ
□ 유목민	遊牧民	□ 수긍하다	うなずく
□ 염증	炎症	□ 수락하다	受諾する
□ 등급	等級	□ 참으로	実に
□ 결핍	欠乏	□ 서서히	徐々に
□ 설령	仮に	□ 여간 (＋否定文)	よほど (～である)

Check! 上の単語を適当な形にして空欄に入れなさい。

1 이 행사의 (　　　　)는 한국의 미를 널리 알리는 데 있다.
2 이번의 실수를 본보기로 (　　　　) 다음부터는 이런 일이 없도록 합시다.
3 남자 혼자서 아이를 키우는 것은 (　　　　) 어려운 일이 아니다.
4 비타민 D가 (　　　　)이 되면 우울증에 걸릴 확률이 높다고 한다.

[正解] 1 취지 2 삼아 3 여간 4 결핍

文型－接続表現

−(으)ㄹ까 말까	～しようかやめようか
	예) 친구에게 이야기를 **할까 말까** 고민 중이다. 友達に話をしようかやめようか悩んでいる。
−는 둥 마는 둥	そこそこに、～するようなしないような
	예) 밥을 먹**는 둥 마는 둥** 하고 나갔다. ご飯を食べるのもそこそこに出かけた。
−든지 말든지	～しようがしまいが
	예) 먹**든지 말든지** 마음대로 하세요. 食べようが食べまいが勝手にしてください。
* −(으)ㄹ지라도 ≒ 더라도	（たとえ）～だとしても
	예) 어떤 일이 있**을지라도** 자리를 비워서는 안 된다. どんなことがあろうとも席を外してはいけない。
* −아/어서야	～して（やっと）　　　*「야」は強調の意
	예) 한 시간이 지**나서야** 겨우 연락이 왔다. 1時間が過ぎてやっと連絡がきた。
* −을/를 마다하고	～を断って
	예) 그는 좋은 일자리**를** 다 **마다하고** 은퇴를 결심했다. 彼はいい働き口を全部断って引退を決心した。

実戦練習 (　　)에 들어갈 가장 알맞은 것을 고르십시오.

1 그 사람이 회사를 (　　　) 저하고는 상관없어요.
① 그만두는 둥 마는 둥　　② 그만두든지 말든지
③ 그만둘까 말까　　④ 그만두어서야

2 최악의 상황에 처해 (　　　) 꿈을 포기해서는 안 된다.
① 있는 둥 마는 둥　　② 있을까 말까
③ 있어서야　　④ 있을지라도

[正解] **1** ② **2** ④

文型－文末表現

–지 않을 수 없다	～せざるを得ない 예) 그의 명령을 따르**지 않을 수 없었다**. 彼の命令に従わざるを得なかった。
–이/가 아닐 수 없다	～である、～だと言える 예) 참으로 가슴 아픈 일**이 아닐 수 없다**. 本当に胸が痛むことである。
–아/어지다	① 動詞＋～られる ＊受身 ② 形容詞＋～くなる、になる ＊変化 예) 많은 쓰레기가 길에 버**려져** 있다. たくさんのゴミが道に捨てられている。 청소를 해서 방이 깨끗**해졌다**. 掃除をしたので部屋がきれいになった。
*–(으)ㄹ 리(가) 만무하다	～するはずがない ≒ –(으)ㄹ 리(가) 없다、–(으)ㄹ 턱이 없다 예) 그가 나를 용서**할 리(가) 만무하다**. 彼が私を許すはずがない。
*–(으)ㄹ 따름이다	～する限りだ、～するだけだ 예) 나 때문에 이렇게 되어 죄송**할 따름이다**. 私のせいでこうなってしまい申し訳ない限りだ。

実戦練習 (　　)에 들어갈 가장 알맞은 것을 고르십시오.

1 그 사람이 아무 말도 없이 이렇게 갑자기 (　　　).
① 떠나졌다　② 떠나지 않을 수 없다
③ 떠났을 리가 만무하다　④ 떠날 따름이다

2 이 물건들은 모두 중국에서 (　　　) 가격이 싸다.
① 만들어져서　② 만들지 않을 수 없어서
③ 만들었을 리 없어서　④ 만들 턱이 없어서

[正解] **1** ③ **2** ①

練習問題

攻略ポイント！ 前章に続いて２問に答える形式の問題を練習してみます。ここでは講演と対談を聞いて問題に答えてみましょう。やや長い文章が出されるので集中して聞くようにしましょう。問題を先に確認しておくことと、内容が長いので聞きながらメモを取るようにしましょう。

Ⅸ.

30 **1. 다음은 행복에 대한 강연입니다. 잘 듣고 물음에 답하십시오.**

(1) 들은 내용과 일치하는 것을 고르십시오.

① 대부분의 사람들이 이타적 행복을 행복의 기준으로 삼는다.
② 사회에 공헌하지 않으면 행복을 느낄 수 없다.
③ 사소한 것이라도 구체적으로 목표를 설정하는 것이 중요하다.
④ 이타적 행복을 달성하기 위해서는 우선 자신이 행복해져야 한다.

(2) 남자의 태도로 알맞은 것을 고르십시오.

① 이타적 행복에 대해 강하게 반박하고 있다.
② 구체적인 예를 들어 행동을 촉구하고 있다.
③ 행복 전문가의 견해를 소개하며 동의하고 있다.
④ 이해를 돕기 위해 자신의 경험을 소개하고 있다.

解答と解説

Ⅸ.

1．次は幸せについての講演です。よく聞いて質問に答えなさい。

《男性：여러분들은 혹시 이타적 행복이라는 말을 알고 계시는지요? 이것은 흔히 우리가 생각하는 자신만을 위한 행복과는 달리 타인을 위해 좋은 행동을 했을 때 얻어지는(得られる) 행복이 되겠습니다. 하지만 이는 대부분의 사람들이 모르기 때문에 행복의 기준으로 삼지 않지요. 설령(仮に) 안다고 할지라도 쉽게 달성할 수 있는 것이 아닌데요. 그렇다면 과연 우리는 어떻게 해야 이 이타적 행복을 맛볼 수 있을까요? 우선 달성 가능한 구체적인 목표를 설정하는 것이 중요합니다. 예를 들어 '하루에 한 번 누군가를 위해 화장실을 청소한다' 와 같이 아주 사소한 것이라도 괜찮습니다. 또한 주위에 있는 불우한 이웃(恵まれない人々)을 돕는 등 사회에 공헌하는 것도 이타적 행복을 느낄 수 있는 방법의 하나입니다.》

(1) 聞いた内容と一致するものを選びなさい。

一致する内容は③「ささいなことでも具体的に目標を設定するのが重要だ」です。①「大部分の人が利他的な幸せを幸せの基準にする」(×) →基準にしない、②「幸せを感じることができない」(×) →幸せを感じる一つの方法である、④「まず自分が幸せにならなければならない」(×) →それに関する言及はない、です。 【正解③】

(2) 男性の態度として正しいものを選びなさい。

利他的な幸せを感じるためには誰かのためにトイレを掃除するなど、できることから実践してくださいと言っているので正解は②「具体的な例を挙げて行動を促している」です。①「利他的な幸せについて強く反駁している」、③「幸福の専門家の見解を紹介しながら同意している」、④「理解を助けるために自分の経験を紹介している」です。

【正解②】

練習問題

31 *2. 다음은 대담입니다 . 잘 듣고 물음에 답하십시오 .

(1) 들은 내용과 일치하는 것을 고르십시오.

① 대형 마트의 의무 휴무제는 민간에서 건의된 사항이다.
② 재래시장으로 인해 대형 마트의 상권이 몰락하고 있다.
③ 재래시장 보호를 위해 대형 마트의 의무 휴무제가 실시된다.
④ 대형 마트는 앞으로 한 달에 한 번 이상 반드시 휴무해야 한다.

(2) 여자의 태도로 가장 알맞은 것을 고르십시오.

① 정부의 결정을 소비자들의 입장에서 강하게 비판하고 있다.
② 정부의 결정에 찬성도 반대도 하지 않는 입장을 표명하고 있다.
③ 정부의 결정이 옳다는 것을 역설하고 있다.
④ 정부의 결정을 반기면서도 한편으로는 염려하고 있다.

解答と解説

2．次は対談です。よく聞いて質問に答えなさい。

《男性：정부에서 재래시장(在来の市場)이나 작은 가게의 상권을 보호하기 위해 대형 마트의 의무 휴무제(義務休業制)를 다음 달부터 실시한다고 하는데요. 이로 인해(これによって) 대형 마트들은 한 달에 격주로 두 번씩, 일요일에 반드시 휴무를 해야 한다고 하네요. 이에 대해 어떻게 생각하십니까? 박사님.／女性：그동안 대형 마트들의 독과점(独寡占)으로 인해 주변 상권이 몰락(没落)하는 경우를 쉽게 볼 수 있었는데요, 재래시장에서 종사(従事)하시는 분들에게는 아주 반가운 소식이 아닐 수 없습니다. 반면(反面) 소비자들의 입장에서는 어떨까요? 소비자들은 더 싸고 더 좋은 물건을 파는 곳에서 자유롭게 물건을 살 권리(権利)가 있지 않습니까? 그런데 정부가 그 권리를 무시하고 재래시장이나 작은 슈퍼에 가서 사라고 강요하는 것은 자본주의 논리(資本主義の論理)에 어긋나는 것(反するもの)이라 할 수 있습니다. 따라서 정부는 재래시장의 보호를 위해 대형 마트를 쉬게 해서 소비자들의 선택을 억지로(無理やり) 강요하는 것이 아니라, 소비자들이 먼저 재래시장을 찾을 수 있도록 다른 방법을 모색(模索)해야 한다고 생각합니다.》

(1) 聞いた内容と一致するものを選びなさい。

①「民間から建議」（×）→政府が実施を決めた、②「在来の市場によって大型スーパーの商圏が没落」（×）→大型スーパーによって在来の市場の商圏が没落、④「月１回以上」（×）→月２回、従って一致する内容は③「在来の市場の保護のため、大型スーパーの義務休業制が実施される」になります。 【正解③】

(2) 女性の態度として一番ふさわしいものを選びなさい。

女性は消費者の立場から政府の決定を批判しているので正解は①「政府の決定を消費者の立場から強く批判している」になります。

【正解①】

連語を覚えましょう

中級

1 게으름을 피우다（怠ける）
2 결론을 내리다（結論を下す）
3 계획을 세우다（計画を立てる）
4 관심이 생기다（興味が生じる）
5 기침이 나다（咳が出る）
열이 나다（熱が出る）
6 교통사고를 당하다（交通事故に遭う）
소매치기를 당하다（すりに遭う）
7 나이가 들다（年を取る）
8 농담을 하다（冗談を言う）
9 눈물을 흘리다（涙を流す）
땀을 흘리다（汗を流す）
10 담배를 끊다（タバコをやめる）
술을 끊다（お酒をやめる）
11 더위를 타다（暑さに弱い）
추위를 타다（寒さに弱い）
12 마음에 들다（気に入る）
마음을 놓다（安心する）
마음을 비우다（心を空にする、欲を捨てる）
마음을/신경을 쓰다（気を遣う）
마음을 잡다（心を改める）
마음을 졸이다（いらいらする、はらはらする）
13 미소를 짓다（ほほ笑む、微笑する）
14 버릇이 없다（無作法だ）
⇔ 예의가 바르다（礼儀正しい）
15 부담을 주다（負担を与える）
부담이 되다（負担になる、重い）
16 생각이 나다（思い出す）
생각이 들다（思いがする）
17 스트레스가 쌓이다（ストレスがたまる）
스트레스를 풀다（ストレスを解消する）
18 실감이 나다（実感がわく）

19 오해가 풀리다（誤解が解ける）
오해를 풀다（誤解を解く）
20 일을 맡다（仕事を引き受ける）
21 일자리를 구하다（職場を探す、求める）
22 잠이 들다（眠りにおちる）
잠을 설치다（寝そびれる）
23 장난을 치다（いたずらをする）
24 적성에 맞다（適性に合う）
25 정신 차리다（気を取り戻す、気を付ける）
정신을 잃다（気を失う）
정신이 없다（[忙しい時や周りがうるさい時に] 正気でない）
정신이 나가다（気が抜ける）
26 정이 들다（情が移る）
⇔ 정이 떨어지다（愛想が尽きる）
27 철이 없다（物心がついていない）
⇔ 철이 들다（物心がつく）
28 핑계를 대다（言い訳をする）
29 화가 나다 / 화를 내다（怒る）
30 휴가를 내다（休暇を取る）

高級

1 가뭄이 들다（日照りになる）
2 간을 보다（塩加減をみる）
3 갈피를 못 잡다（見当がつかない）
4 값이 나가다（高価である）
5 겁을 먹다 / 겁에 질리다（おびえる）
겁을 주다（脅かす）
6 고집이 세다（強情だ）
7 기가 죽다（気後れする）
기가 차다 / 어이가 없다（あきれる）
기를 쓰다（気負い立つ）
8 내숭을 떨다（猫をかぶる）
9 넋이 빠지다/나가다（魂が抜ける）

10 눈치가 없다（気が利かない）

⇔눈치가 빠르다（気が利く）

눈치를 보다/살피다（顔色をうかがう）

눈치가 보이다（人の目が気になる）

11 뜸을 들이다（間を置く、蒸らす）

12 말문이 열리다/트이다（口がほぐれてくる）

말문이 막히다（口がきけなくなる）

13 망을 보다（見張りをする）

14 맥을 놓다（ぽかんとする）

15 물구나무를 서다（逆立ちをする）

16 미간을 찡그리다/찌푸리다（眉間にしわを寄せる）

17 민폐를 끼치다（迷惑をかける）

18 본보기로 삼다（見本にする）

19 불편을 끼치다（不便をかける、迷惑をかける）

20 세를 놓다/주다（賃貸しする）

⇔세를 들다（賃借りする）

21 융통성이 없다（融通が利かない）

22 인상을 쓰다 / 눈살을 찌푸리다（眉をしかめる）

23 입맛을 돋우다（食欲をそそる）

입맛이 없다（食欲がない）

24 자취를 감추다（姿を消す）

25 제비를 뽑다（くじを引く）

26 제사를 지내다（法事を行う）

27 조치를 취하다（措置を取る）

28 편을 들다（肩を持つ）

29 혜택을 누리다（恵みを受ける、恩恵を被る）

30 흉을 보다（陰口をたたく）

第 **2** 部
書き取り問題対策

練習問題

攻略ポイント！ 文章の一部が空欄になっていて、文章を完成させる問題です。空欄の前後の接続詞や文章、流れをヒントに適切な文を作ります。短すぎるよりは少し長めに書くようにしましょう。

I. 다음을 읽고 ㉠과 ㉡에 들어갈 말을 각각 한 문장으로 쓰십시오.

1. 김 대리님, 지금 어디쯤 오고 있어요? 저는 먼저 (㉠). 사장님이 벌써 거래처에 도착하셔서 기다리고 계신다고 연락이 와서요. 미리 가서 회의 준비를 해 놓았어야 하는데 사장님보다 늦어져서 큰일이에요. 그러니까 김 대리님도 (㉡).

㉠ --

㉡ --

2. 한낮에는 25도를 웃도는 더위가 기승을 부리지만 아침 저녁으로 여전히 찬 바람이 부는 날씨가 계속되고 있습니다. 이렇게 (㉠) 감기에 걸리기 쉬우므로 건강 관리에 주의를 기울여야 합니다. 더울수록 차가운 음료를 자제한다든가 충분한 수면을 취하는 등 (㉡).

㉠ --

㉡ --

3. 인도에 최첨단 삼륜 택시가 등장했다. 택시 경력 20년째에 접어드는 한 택시 기사가 20년 가까이 사용해 온 자신의 차량에 컴퓨터, TV 및 Wi-Fi 인터넷 등을 설치해 기존의 (㉠). 이 택시 기사는 "고객 만족은 나의 직업에서 가장 중요한 일"이라며 택시를 최첨단으로 탈바꿈시킨 이유도 바로 (㉡)라고 말했다.

㉠ --

㉡ --

解答例と解説

Ⅰ．次の文章を読んで㉠と㉡にあてはまる言葉をそれぞれ一つの文章で書きなさい。

1．【解答例】㉠ 거래처로 가고 있어요　など
㉡ 되도록 빨리 거래처로 오세요　など

金代理、今どの辺まで来ていますか。私は先に（㉠取引先に行っています）。社長がもう取引先に着いて待っていると連絡が来たからです。先に行って会議の準備をしておかなければならないのに社長より遅くなって大変です。だから金代理も（㉡できるだけ早く取引先に来て下さい）。

2．【解答例】㉠ 일교차가 큰 날씨가 이어질 때는　など
㉡ 각별하게 신경을 쓰셔야 하겠습니다　など

日中は25度を上回る暑さが猛威を奮うけれども、朝晩は相変わらず冷たい風が吹く天気が続いています。このように（㉠日較差が大きい天気が続く時は）風邪を引きやすいので健康管理に注意を注がなければなりません。暑いほど冷たい飲み物を控えるとか十分な睡眠をとるなど（㉡とりわけ注意を払わなければならないでしょう）。

3．【解答例】㉠ 낡은 택시를 최첨단 택시로 탈바꿈시켰다　など
㉡ 고객을 만족시키기 위해서　など

インドに最先端三輪タクシーが登場した。タクシー経歴20年目に入るあるタクシー運転手が20年近く使ってきた自分の車両にパソコン、テレビ及びWi-Fiなどを設置して既存の（㉠古いタクシーを最先端のタクシーに変身させた）。このタクシー運転手は「顧客の満足は私の職業で一番大切なこと」と言い、タクシーを最先端に変身させた理由もまさに（㉡顧客を満足させるために）と言った。

練習問題

4.

> ‘돌다리도 두드려 보고 건너라’라는 속담이 있다. 돌로 만든 다리이므로 설마 무너지겠냐마는, (㉠)는 의미이다. 즉, 무슨 일이든지 깊이 생각하는 습관과, 잘 알고 있는 일이라 하더라도 사전에 (㉡).

㉠ --

㉡ --

5.

> 선배님들 안녕하세요? 저는 이번에 새로 입학한 14학번 박영규라고 합니다. 대학 생활에 대해서는 아직 모르는 거 투성이라서요, (㉠). 그리고 저는 뮤지컬에 관심이 많은데요, 혹시 (㉡). 그럼 잘 부탁드리겠습니다.

㉠ --

㉡ --

6.

> 표현의 자유를 침해한다는 이유로 인터넷 실명제의 폐지가 결정되었다. 하지만 인터넷 실명제가 사라진 후 (㉠) 악성 댓글은 범람하고 있다. 아무 생각 없이 쓴 댓글로 인해 고통 받는 사람들이 늘고 있으며 심지어 생을 마감하는 사람까지도 있다. 따라서 무분별하고 근거 없는 사실을 쓰기 전에 (㉡) 다시 한 번 생각해 보기를 바란다.

㉠ --

㉡ --

解答例と解説

4．【解答例】㉠ 만에 하나를 대비해 건너기 전에 확인하라　など
㉡ 확인하는 습관을 길러야 할 것이다　など

「石橋も叩きながら歩く」ということわざがある。石で作った橋だからまさか崩れないだろうが、（㉠万が一に備えて渡る前に確認しなさい）という意味である。すなわち、何事であっても深く考える習慣と、よく分かっていることだとしても事前に（㉡確認する習慣を身につけなければならないだろう）。

5．【解答例】㉠ 앞으로 선배님들께서 많이 좀 도와주세요　など
㉡ 뮤지컬을 좋아하시는 분이 계시면 같이 보러 가시죠　など

先輩の皆様、こんにちは。私は今度新しく入学した14学番（2014年入学の意味）パク・ヨンギュと申します。大学生活についてはまだ分からないことだらけなので、（㉠これから先輩の方がいろいろと教えてください）。それから私はミュージカルに大変興味があるのですが、もし（㉡ミュージカルがお好きな方がいらっしゃれば一緒に見に行きましょう）。それではよろしくお願いいたします。

6．【解答例】㉠ 표현의 자유는 생겼을지 몰라도　など
㉡ 자신의 댓글로 인해 고통 받는 사람들이 생기지는 않을지　など

表現の自由を侵害するという理由でインターネット実名制の廃止が決まった。しかし、インターネット実名制がなくなって、（㉠表現の自由は生じたかもしれないけれども）悪性のコメントは氾濫している。何も考えずに書いたコメントによって苦しめられる人が増えており、ましては生涯を終える人までもいる。従って無分別で根拠のない事実を書く前に（㉡自分のコメントによって苦しめられる人々が生じるのではないか）もう一度考えてみて欲しい。

練習問題

攻略ポイント！ テーマと関連する情報が提示されるので、それに沿って200 ～ 300 字の長さで文章を作ります。主に何かについての長所と短所を述べる、あるいはグラフなどの中身を分析して書く問題が出されます。書き方としてはまず、提示されている文章を繋げて、自然な流れになるように文章を作ります。それから後半に自分の意見を付け加えるといいでしょう。文末表現はすべて終止形「-(ㄴ/는)다」を使うことと（「ㅂ/습니다」体や「아/어요」体を使ってはいけません）、「-(으)니까」、「너무」、「한테」などの話し言葉や、「그건」、「근데」などの縮約形は使わないようにしましょう。助詞も省略してはいけません。つづりや文法を間違ったり、初級レベルの表現を使ったら減点されるので気をつけましょう。30 点と高い点数が配分されます。

1．다음 그래프를 보고, 연령대에 따라 쇼핑하는 장소가 어떻게 다른지 비교하여 그에 대한 자신의 생각을 200~300자로 쓰십시오.

20대와 50대 성인 남녀 500명을 대상으로 '쇼핑 장소'에 대해 설문 조사를 하였다.

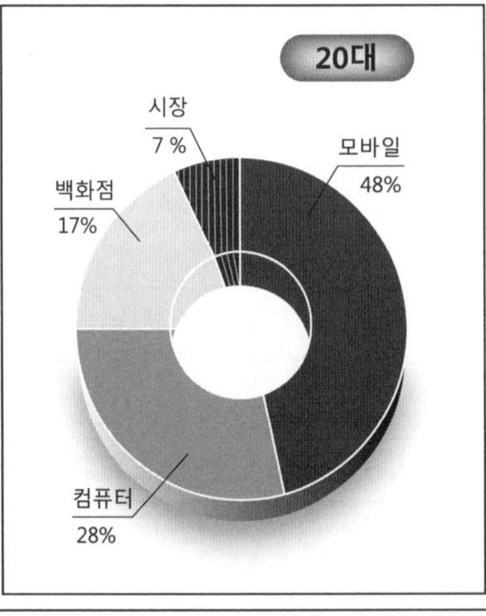

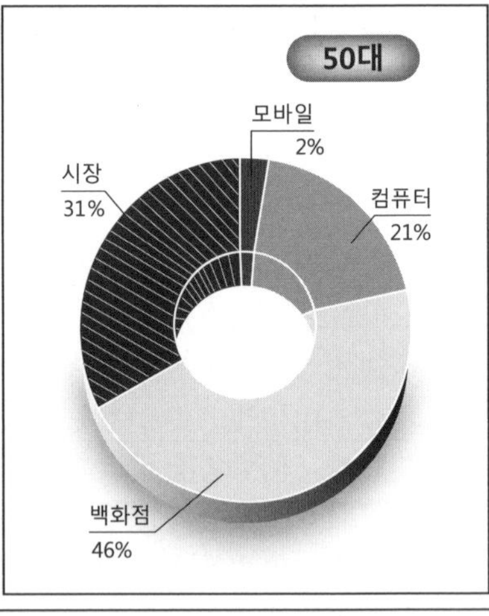

解答例と解説

1．次のグラフを見て、年齢層によって買い物する場所がどう違うか比べて、それについて自分の考えを 200 ～ 300 字で書きなさい。

【解答例】

ア20대와 50대 성인 남녀를 대상으로 '쇼핑 장소'에 대해서 조사한 결과 イ20대의 경우 모바일이 전체의 절반 수준인 48%로 가장 높게 나타났으며 컴퓨터가 28%, 백화점이 17%로 조사되었다. 반면에 50대는 백화점이 46%로 가장 높게 나타났으며 시장이 31%로 그 뒤를 이었다. ウ이상의 설문 조사 결과를 통해 20대의 대부분은 모바일, 컴퓨터 등을 이용한 인터넷 쇼핑에 익숙한 반면, 50대의 대부분은 백화점, 시장 등 직접 가서 사는 종래의 쇼핑 방법을 그대로 유지하고 있다는 사실을 알 수 있다.

【訳】

20 代と 50 代の成人男女を対象に「買い物する場所」について調査した結果 20 代の場合、モバイルが全体の半分くらいの 48%で一番高く現われ、パソコンが 28%、百貨店が 17%であることが分かった。一方で 50 代は百貨店が 46%で一番高く、市場が 31%でその後ろに続いた。以上のアンケート結果によって 20 代のほとんどはモバイル、パソコンなどを利用したインターネットショッピングに慣れている反面、50 代のほとんどは百貨店、市場など直接行って買う従来の買い物の方法をそのまま維持していることが分かる。

ヒント：グラフ問題の場合、文章を作る際に二重線の箇所の単語や表現を使えば便利なのでそのまま覚えておきましょう。

ア 出だしは問題文に書いてある文を引用し、「～について調査してみた（~에 대해서 조사해 보았다)」、「～について調査した結果～（~에 대해서 조사한 결과 ~)」などと書く

イ グラフの中身を自然な文章にして並べる

ウ グラフの中身から考えられることを結論として書く

練習問題

2. 다음을 참고하여 '서울시 거주 인구 현황'에 대한 글을 200~300자로 쓰시오. 단, 글의 제목을 쓰지 마시오.

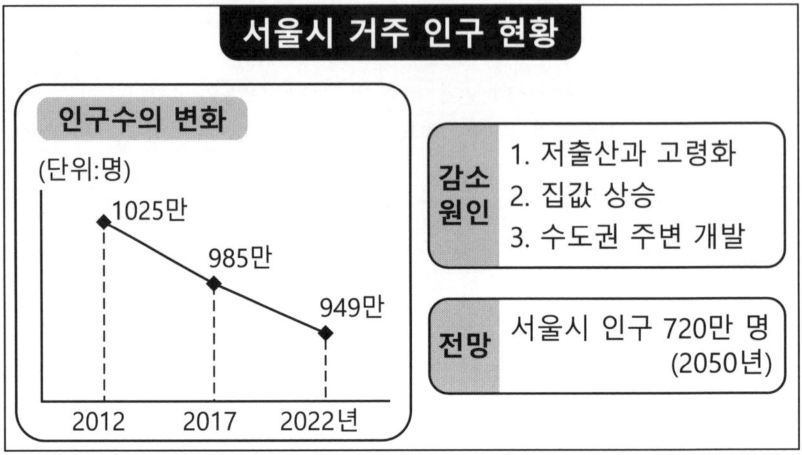

解答例と解説

2. 次を参考にして「ソウル市の居住人口の現状」についての文章を200～300字で書きなさい。ただし、文章のタイトルは書かないでください。

【解答例】

서울시의 인구 변화를 살펴보면 2012년에 1000만 명 이상이었던 인구수가 지속적으로 감소해 2017년에는 처음으로 1000만 명 이하로 떨어졌으며 2022년에는 950만 명을 밑돌게 되었다. 이러한 감소 원인으로는 우선 저출산과 고령화를 들 수 있다. 또한 서울시의 집값 상승과 수도권 주변 도시의 개발도 인구수 감소에 큰 영향을 미친 것으로 보인다. 이러한 영향이 계속 이어진다면 2050년에는 서울시의 총인구수가 720만 명까지 크게 감소할 것으로 예상된다.

【訳】

ソウル市の人口変化を調べてみると、2012年に1000万人以上だった人口数は継続的に減少し、2017年には初めて1000万人以下に落ち、2022年には950万人を下回ることになった。このような減少の原因としてはまず、低出産と高齢化が挙げられる。また、ソウル市の住宅の値段の上昇と首都圏周辺都市の開発も人口数減少に大きな影響を与えたと思われる。このような影響が続くとしたら2050年にはソウル市の総人口数が720万人まで大きく減少すると見込まれる。

ヒント：折れ線グラフを用いた問題のように時間に伴う増減について述べる場合、文章を作る際に二重線の箇所の単語や表現を使えば便利なのでそのまま覚えておきましょう。「증가（増加）」、「급증하다（急増する）」、「큰 폭으로（大幅に）」、「-배 가까이（～倍近く）」、「이르다（至る）」などの単語も併せて覚えておきましょう。

練習問題

攻略ポイント！ ここでは高級レベルの実力が試されます。テーマに従って提示されている二つ、あるいは三つの内容を順番に必ず入れて書きます。段落は分けて書きますが、「導入一本文一まとめ（結論）」を分かりやすくするため、三つくらいが適切でしょう。600 ～ 700 字の長さも厳守しましょう。文末表現はすべて終止形「–(ㄴ/는)다」を使うことと（「ㅂ/습니다」体や「아/어요」体を使ってはいけません）、話し言葉や縮約形は使わないようにしましょう。助詞も省略してはいけません。つづりや文法を間違ったり、テーマと関連性がない内容を書くと減点されます。高級レベルの表現や文法を用いて論理的に書くことが大事です。50 点と高い点数が配分されます。

1．다음을 주제로 하여 자신의 생각을 600~700자로 글을 쓰시오. 단, 문제를 그대로 옮겨 쓰지 마시오.

통계청의 조사 결과에 따르면 한국의 30대 기혼 여성들은 4명 중 1명 꼴로 아기를 안 낳거나 하나만 낳는다고 한다. 따라서 현재 정부가 추진하는 출산율 1.7명(현재 1.1명)에 도달하려면 출산 지원 정책이 모든 자녀에게 똑같이 혜택을 주는 보편적 복지에서 벗어나 둘 낳기에 초점을 맞추어야 한다는 주장이 제기되고 있다. 출산율을 높일 수 있는 효과적인 방법에 대해 아래의 내용을 중심으로 자신의 생각을 쓰라.
・출산율 저하로 인해 생기는 문제는 무엇인가? ・출산율이 저하되는 원인으로 어떤 것을 들 수 있는가? ・정부가 지원해 줄 수 있는 효과적인 방법은 무엇인가?

解答例と解説

1. 次をテーマにして自分の考えを 600 ～ 700 字で文章を書きなさい。ただし、問題をそのまま書き写さないでください。

【解答例】

㋐출산율이 1.1명까지 떨어짐에 따라 출산율 저하는 심각한 사회문제가 되고 있다. ㋑출산율의 저하로 인해 아이들의 수는 갈수록 줄어들지만 과학 기술의 발달로 인간의 수명이 늘어남에 따라 노인의 수는 크게 늘고 있다. 이러한 현상이 지속된다면 고령화 사회가 가속화되어 그에 따른 노동력 문제나 경제 문제 등 여러 가지 문제를 피할 수 없게 된다.

㋒출산율이 저하되는 원인으로는 우선 경제적인 원인을 들 수 있겠다. 아이 한 명을 키우는데 평균적으로 소요되는 비용이 고등학교를 졸업할 때까지 약 1억 원이라고 한다. 이것은 보통 부부가 맞벌이를 하며 열심히 벌어도 충당하기 힘든 금액으로, 육아에 대한 부담감을 느껴 출산을 포기하는 부부가 늘고 있는 것이다. 또 다른 원인으로는 결혼 시기가 늦어지고 있는 것과, 결혼을 필수라고 생각하지 않는 젊은 세대의 가치관의 변화라고 볼 수 있다.

㋓따라서 현재 정부가 추진하는 출산율 1.7명에 도달하기 위해서는 출산 지원 정책의 초점이 둘 낳기에 맞추어져야 하겠다. 그 방법 중의 하나로 둘째부터는 중학교까지의 교육비를 전액 면제해 주고 사교육비도 지원해 주는 것으로 교육비에 대한 부담감을 줄이는 것이다. 또한 여성들이 출산 후에도 직장으로 복귀할 수 있도록 회사에 탁아소 설치를 의무화하는 것도 효과적인 방법의 하나이다.

ヒント：提示されている三つの質問に対する内容の書き出しは、点線の箇所のようにすればいいでしょう。

㋐ 出だしは問題文のテーマに沿って自分の考えで1行くらいにまとめて書く

㋑ 一つ目の質問に対する内容を書く（出産率低下による問題点）

㋒ 二つ目の質問に対する内容を書く（出産率が低下する原因）

㋓ 三つ目の質問に対する内容と結論を書く（政府が支援できる方法）

【問題文訳】

統計庁の調査結果によると韓国の30代の既婚女性の4人の1人は子どもを産まないか1人だけ産むという。従って現在政府が進めている出産率1.7人（現在1.1人）に到達するには、出産支援政策がすべての子どもに同じく恩恵を与える普遍的な福祉から脱し、2人産むことに焦点を合わせなければならないという主張が提起されている。出産率を高められる効果的な方法について、下の内容を中心に自分の考えを書け。
・出産率低下によって生じる問題は何か。 ・出産率が低下する原因としてどんなことが挙げられるか。 ・政府が支援してあげられる効果的な方法は何か。

【解答例訳】

出産率が1.1人まで下がったことに伴い、出産率の低下は深刻な社会問題になっている。出産率の低下によって子どもの数はだんだんと減っていくが、科学技術の発達によって人間の寿命が延びるのに伴い、老人の数は大きく増えている。このような現象が続く場合、高齢化社会が加速化され、それによる労働力問題や経済問題などさまざまな問題を避けられなくなるのである。

出産率が低下する原因としては、まず経済的な原因が考えられる。子ども1人を育てるのに平均的にかかる費用は高校卒業まで約1億ウォンだという。これは普通の夫婦が共働きをして頑張って稼いでも充て難い金額で、育児に対する負担を感じて出産をあきらめる夫婦が増えているのだ。その他の原因としては結婚の時期が遅くなっていることと、結婚を必須だと考えない若い世代の価値観の変化だと思われる。

従って現在政府が進めている出産率1.7人に到達するためには、出産支援政策の焦点が2人産むことに合わせられなければならないであろう。その方法の一つが2人目からは中学校までの教育費を全額免除し、また私教育費も支援してあげることで、教育費に対する負担感を減らすことである。また女性が出産後にも職場に復帰できるように会社に託児所の設置を義務化するのも効果的な方法の一つである。

原稿用紙の使い方

例）

①	나	의		취	미	는		그	림	그	리	기
이	다	⑤ .	1	년		④ 36	5	일		매	일	
그	림	을		그	린	다	.					
②	③ “	주	로		어	떤		그	림	을		그
려	요	?	”	라	고		친	구	들	이		물
어	보	면		나	는	“	주	로		풍	경	화
를		그	려	요	.”	라	고		대	답	한	⑥ 다.
	또		다	른		나	의		취	미	는	
등	산	이	다	.	‘	④ mo	p	’	라	는		등
산		클	럽	에		속	해		있	으	며	
주	로		일	요	일		아	침	에		산	에
간	다	.										

① 作文の内容は１マス空けたところから書く。

② 段落ごとに改行し、最初の１マス空けてから書く。（段落が変わらない場合は、改行をする場合でも最初の１マスは空けない）

③ 対話体を用いる場合は改行し、１マス空けてから「“」を書く。

④ 数字、アルファベットは１マスに２個ずつ書く。（１字だけの場合は１マスに１個、３字の場合は２字を１マスに書いて残りの１字を続けて１マスに書く）

⑤「．」「，」「“」「”」「？」「！」のような記号は１マスに書く。

⑥ 記号が最初のマスに来ることはない。行の最後のマスで文章が終わった場合は改行せずに文字と同じマスに書く。

〈気をつけましょう〉

＊ TOPIK Ⅱは中級レベル以上になるので、すべて終止形「−(ㄴ/는)다」で書く必要があります。（「−ㅂ/습니다」体や「아/어요」体は使わない）

＊ 書き言葉を使う必要があります。話し言葉や縮約形を用いないように気をつけましょう。（例.「−(으)니까」、「너무」、「한테」、「하고」などの話し言葉、「그건」、「근데」などの縮約形）

＊ 助詞（「을/를」、「에」など）は省略せずに書きましょう。

＊ 中級以上の語彙や表現、文法を用いることが大事です。

多意語を覚えましょう

中級

가리다	음식을 ~ (**偏食する**)、낯을 ~ (**人見知りをする**)、흉터를 ~ (傷跡を**隠す**)、선악을 ~ (善悪を**わきまえる**)、눈물이 앞을 ~ (涙が目の前を**遮る**)、때와 상황을 ~ (時と場合を**選ぶ**)
감다	눈을 ~ (目を**閉じる**)、머리를 ~ (髪を**洗う**)、붕대를 ~ (包帯を**巻く**)
구하다	방을 ~ (部屋を**探す**)、룸메이트를 ~ (ルームメイトを**募集する**)、의견을 ~ (意見を**求める**)、원하던 것을 겨우 ~ (欲しかった物をやっと**手に入れる**)
꾸미다	방을 ~ (部屋を**飾る**)、이야기를 ~ (話を**でっちあげる**)、못된 짓을 ~ (悪事を**たくらむ**)
나누다	인사를 ~ (挨拶を**交わす**)、팀을 ~ (チームを**分ける**)、이익금을 ~ (利益金を**分かつ**)、인원수대로 ~ (人数で**割る**)、자료를 ~아/어 주다 (資料を**配る**)
나다	상처가 ~ (傷が**できる**)、소리가 ~ (音が**出る**)、소문이 ~ (うわさが**立つ**)、냄새가 ~ (においが**する**)、승부가 ~ (勝負が**つく**)
날리다	홈런을 ~ (ホームランを**飛ばす**)、몸을 ~ (身を**翻す**)、꽃잎이 ~ (花びらが**舞う**)、이름을 ~ (名を**はせる**)、재산을 ~ (身代を**つぶす**)
내다	회비를 ~ (会費を**出す**)、시간을 ~ (時間を**作る**)、가게를 ~ (お店を**始める**)、사고를 ~ (事故を**起こす**)、한턱 ~ (**おごる**)
담다	요리를 접시에 ~ (料理をお皿に**盛る**)、마음을 ~ (心を**込める**)、주스를 병에 ~ (ジュースを瓶に**入れる**)、비디오에 ~ (ビデオに**収める**)
들다	병이 ~ (病気に**かかる**)、생각이 ~ (思いが**する**)、식사를 ~ (食事を**する**)、눈에 ~ (目に**留まる**)、달빛이 ~ (月明かりが**入る**)、가위가 잘 ~ (はさみがよく**切れる**)、정이 ~ (情が**移る**)、편을 ~ (肩を**持つ**)

돌다	술 기운이 ~ (酒が**回る**)、소문이 ~ (うわさが**立つ**)、정신이 ~ (気が**狂う**)
돌리다	마음을 ~ (**思い直す**)、화제를 ~ (話題を**変える**)、공장을 ~ (工場を**動かす**)、공로를 ~ (手柄を**譲る**)、전화를 ~ (電話を**回す**)、신문을 ~ (新聞を**配る**)
떠나다	10시에 ~ (10時に**発つ**)、여행을 ~ (旅に**出る**)、부모 곁을 ~ (親の傍を**離れる**)、직장을 ~ (職場を**去る**)
떨어지다	명성이 ~ (名声が**落ちる**)、복사 용지가 ~ (コピー用紙が**切れる**)、집이 시내에서 ~아/어 있다 (家が市内から**離れている**)、~아/어서 앉다 (**離れて**座る)、명령이 ~ (命令が**下る**)
뜨다	해가 ~ (日が**昇る**)、눈을 ~ (目を**開ける**)、물 위에 ~ (水の上に**浮かぶ**)、비행기가 ~ (飛行機が**飛ぶ**)、장갑을 ~ (手袋を**編む**)
맞다	야단을 ~ (**しかられる**)、마음이 ~ (心が**合う**)、손님을 ~ (お客さんを**迎える**)、비를 ~ (雨に**ぬれる**)、백 점을 ~ (百点を**もらう**)、주사를 ~ (注射を**打ってもらう**)、한 대 ~ (一発**殴られる**)
맡다	일을 ~ (仕事を**引き受ける**)、냄새를 ~ (においを**かぐ**)、짐을 ~ (荷物を**預かる**)、자리를 ~ (場所を**取る**)
붙다	대학에 ~ (大学に**受かる**)、머리카락이 옷에 ~ (髪の毛が服に**くっつく**)、~아/어서 앉다 (**寄り添って**座る)
붙이다	말을 ~ (話**しかける**)、제목을 ~ (タイトルを**付ける**)、벽에 ~ (壁に**くっつける**)、불을 ~ (火を**つける**)、정을 ~ (愛を**寄せる**)
비우다	사물함을 ~ (ロッカーを**空ける**)、자리를 ~ (席を**外す**)、마음을 ~ (心を**虚にする**)
빠지다	강에 ~ (川に**おぼれる**)、머리카락이 ~ (髪の毛が**抜ける**)、다섯 명이 ~ (5人が**欠席する**)、위험에 ~ (危険に**陥る**)、슬픔에 ~ (悲しみに**ふける**)、실력이 ~ (実力が**劣る**)、체중이 ~ (体重が**減る**)

第2部 書き取り問題対策

생기다	여드름이 ~（にきびが**できる**）、사건이 ~（事件が**起きる**）、맛있게 ~（おいしそうに**見える**）、돈이 ~（お金が**入る**）
잡다	범인을 ~（犯人を**捕まえる**）、마음을 ~（心を**入れ替える**）、손을 ~（手を**握る**）、날짜를 ~（日取りを**決める**）、자리를 ~（**落ち着く**）、택시를 ~（タクシーを**拾う**）
지다	해가 ~（日が**沈む**）、시합에서 ~（試合で**負ける**）、빚을 ~（借金を**負う**）、책임을 ~（責任を**取る**）
지내다	친하게 ~（仲良く**する**）、감독을 ~（監督を**務める**）、조용한 곳에서 ~（静かな場所で**過ごす**）、제사를 ~（法事を**行う**）
차다	밤 공기가 ~（夜の空気が**冷たい**）、손님으로 가득 ~（お客さんで**いっぱいになる**）、공을 ~（ボールを**蹴る**）
찾다	열쇠를 ~（鍵を**探す**）、일을 ~（仕事を**見つける**）、사전을 ~（辞書を**引く**）、돈을 ~（お金を**下ろす**）、세탁소에 옷을 ~(으)러 가다（クリーニング屋に服を**取り**に行く）、친구 집을 ~아/어가다（友達の家を**訪れる**）
챙기다	사람을 잘 ~（人の**面倒見**がいい）、서류를 ~（書類を**取りそろえる**）、끼니를 ~（食事を**欠かさず取る**）、수수료를 ~（手数料を**もらう**）
치다	공을 ~（ボールを**打つ**）、야단을 ~（**しかる**）、시험을 ~（試験を**受ける**）、장난을 ~（いたずらを**する**）、헤엄을 ~（**泳ぐ**）、큰 소리 ~（大口を**たたく**）
타다	보너스를 ~（ボーナスを**もらう**）、햇볕에 ~（日に**焼ける**）、음식이 ~（食べ物が**焦げる**）、커피에 설탕을 ~（コーヒーに砂糖を**入れる**）
풀다	짐을 ~（荷物を**ほどく**）、문제를 ~（問題を**解く**）、화를 ~（怒りを**和らげる**）、스트레스를 ~（ストレスを**解消する**）、코를 ~（鼻を**かむ**）
풀리다	화가 ~（怒りが**解ける**）、추위가 ~（寒さが**和らぐ**）、규제가 ~（規制が**緩む**）

高級

거두다	세금을 ~ (税金を**取り立てる**)、승리를 ~ (勝利を**収める**)、숨을 ~ (息を**引き取る**)、눈물을 ~ (泣くのを**やめる**)
기울다	액자가 ~ (額が**傾いている**)、해가 ~ (日が**暮れる**)、배가 ~ (船が**傾く**)、찬성으로 ~ (賛成に**片寄る**)
꾸리다	가방을 ~ (カバンに**荷物をまとめる**)、생계를 ~ (生計を**立てる**)、살림을 ~ (家事を**切り盛りする**)
넘기다	어려운 고비를 ~ (難しい山場を**切り抜ける**)、약속 기일을 ~ (約束の期日を**越す**)、책장을 ~ (ページを**めくる**)、기획안을 ~ (企画案を**渡す**)、책임을 ~ (責任を**転嫁する**)
넘치다	투지가 ~ (闘志が**みなぎる**)、강물이 ~ (川の水が**あふれる**)、분에 ~는 영광 (身に**余る**光栄)
다루다	컴퓨터를 ~ (パソコンを**操作する**)、사람을 잘 ~ (人をうまく**操る**)、소중히 ~ (大切に**扱う**)
달다	제목을 ~ (題目を**付ける**)、선반을 ~ (棚を**吊る**)、단추를 ~ (ボタンを**付ける**)、체중을 ~ (体重を**量る**)
달리다	힘이 ~ (力が**及ばない**)、모자에 끈이 ~ (帽子にひもが**付いている**)、입구에 카메라가 ~아/어 있다 (入口にカメラが**取り付けてある**)、노력 여하에 ~ (努力如何に**よる**)
더듬다	기억을 ~ (記憶を**たどる**)、말을 ~ (言葉を**どもる**)、손으로 ~아/어 찾다 (手**探り**で探す)
들이다	비용을 ~ (費用を**かける**)、손님을 방에 ~ (お客さんを部屋に**入れる**)、정성을 ~ (真心を**込める**)、가정부를 ~ (お手伝いさんを**雇う**)
따지다	경비를 ~ (経費を**計算する**)、잘잘못을 ~ (是非を**正す**)、이유를 ~ (理由を**問い詰める**)
말리다	햇볕에 ~ (天日に**干す**)、싸움을 ~ (けんかを**止める**)、머리를 ~ (髪を**乾かす**)、사건에 ~ (事件に**巻き込まれる**)

맞추다	알람을 ~ (アラームを**合わせる**)、양복을 ~ (スーツを**あつらえる**)、줄을 ~ (列を**そろえる**)
물리다	밥상을 ~ (お膳を**下げる**)、개에게 ~ (犬に**かまれる**)、서양 음식에 ~ (西洋の食べ物に**飽きる**)、재산을 ~아/어 주다 (財産を**譲る**)
배다	냄새가 ~ (においが**染みる**)、습관이 몸에 ~ (習慣が身に**つく**)、고양이가 새끼를 ~ (猫が子を**宿す**)
버티다	탄압에 ~ (弾圧に**耐える**)、양보하지 않고 ~ (譲らず**対抗する**)、기둥으로 ~ (柱で**支えて安定させる**)
부리다	사람을 ~ (人を**働かす**)、욕심을 ~ (欲を**張る**)、애교를 ~ (愛嬌を**ふりまく**)
빨다	사탕을 ~ (飴を**なめる**)、빨대로 ~ (ストローで**吸う**)、고혈을 ~ (膏血を**絞る**)
뽑다	피를 ~ (血を**抜く**)、사진을 ~ (写真を**印刷する**)、대표를 ~ (代表を**選ぶ**)、사원을 ~ (社員を**採用する**)、본전을 ~ (元を**取る**)
쏠리다	시선이 ~ (視線が**集まる**)、비난이 ~ (非難が**向けられる**)、배가 한쪽으로 ~ (船が一方に**傾く**)
얻다	지지를 ~ (支持を**得る**)、친구한테 의자를 ~ (友達から椅子を**もらう**)、병을 ~ (病気に**かかる**)、며느리를 ~ (嫁を**迎える**)
잡히다	물집이 ~ (水膨れが**できる**)、균형이 ~ (均衡が**取れる**)、담보로 ~ (担保に**取られる**)、약점을 ~ (弱点を**握られる**)、잉어가 ~ (コイが**捕れる**)
차리다	가게를 ~ (お店を**構える**)、기운을 ~ (元気を**出す**)、예의를 ~ (礼儀を**わきまえる**)、상을 ~ (お膳を**整える**)
트이다	생각이 ~ (考えが**進んでいる**)、말문이 ~ (口が**ほぐれてくる**)、거래가 ~ (取引が**始められる**)、바다로 향해 ~(으)ㄴ 집 (海に向いて**開けた**家)

第 3 部

読解問題対策

語彙・文型の確認

中級語彙

□ 감격	感激	□ 빼다	除く
□ 땀	汗	□ 제외하다	除外する
□ 먼지	ほこり	□ 더하다	足す
□ 가습기	加湿器	◎ 나누다	割る、分ける
□ 선풍기	扇風機	□ 곱하다	掛ける
□ 밥솥	炊飯器	□ 강하다	強い
□ 건조기	乾燥機	≒ 세다	
□ 대작	大作	⇔ 약하다	弱い
□ 마음껏	思い切り、	□ 울리다	泣かす
≒ 실컷	思う存分	□ 흘리다	流す
□ 복도	廊下、通路	□ 흐르다	流れる
□ 창가	窓際	□ 날다	飛ぶ
□ 이웃	隣人	◎ 날리다	飛ばす
□ 국번	局番	□ 결제하다	決済する
□ 재회	再会	□ 옮기다	移す
□ 상처	傷	□ 옮다	移る
□ 택배	宅配	□ 맡기다	預ける、任せる
□ 참가	参加	◎ 맡다	預かる、
≒ 참여			引き受ける
□ 꽉	ぎゅっと	□ 한결	いっそう

Check! 上の単語を適当な形にして空欄に入れなさい。

1 친구한테 감기가 (　　　　) 어제는 약 먹고 계속 잤어요.
2 저는 화장실에 자주 가니까 (　　　　) 쪽 자리를 주세요.
3 버스가 많이 흔들려서 위험하니까 손잡이를 (　　　　) 잡으세요.
4 아무리 힘들어도 (　　　　) 일은 끝까지 책임지고 끝내세요.
5 그 이야기를 들은 순간 눈물이 저절로 (　　　　)내렸다.

[正解] 1 옮아서 2 복도 3 꽉 4 맡은 5 흘러

高級語彙

□ 수표	小切手	□ 굶다	(食事を) 抜く
□ 지폐	紙幣	≒ 거르다	
□ 위조	偽造	□ 뚫다	(穴を) 開ける
□ 구청	区役所	□ 메우다	塞ぐ、
□ 탐험	探検	≒ 메꾸다	埋める
□ 기적	奇跡	□ 때우다	潰す、済ます
□ 숲	森	□ 둘러보다	見回す
□ 지혜	知恵	□ 돌이켜 보다	顧みる
□ 개관	開館	□ 잠기다	ふける、浸る、
□ 규모	規模		(鍵が) かかっている
□ 보험	保険	□ 잠그다	(鍵を) かける
□ 금융	金融	□ 채우다	(鍵を) かける、
□ 화재	火災		詰める、埋める
□ 최초	最初の、初の	□ 피우다	咲かす
□ 선정	選定	□ 피다	咲く
□ 학창 시절	学生時代	□ 철저하다	徹底している
□ 연회장	宴会場	□ 불우하다	恵まれない
□ 보금자리	巣	◎ 더듬다	どもる
□ 정처 없이	ぶらぶらと	□ 딱하다	気の毒だ、
□ 미처	未だ、まだ	≒ 안쓰럽다	かわいそうだ

Check! 上の単語を適当な形にして空欄に入れなさい。

1 보통 아침 식사는 커피 한 잔으로 (　　　　)지만 오늘은 일찍 일어나서 밥을 먹고 왔어요.

2 내 생각이 짧아서 (　　　　) 거기까지는 생각하지 못했다.

3 은행에서 환전한 돈이 (　　　　) 지폐라는 사실이 알려지면서 큰 파문이 일고 있다.

4 평소에는 말을 그렇게 잘하는 사람이 긴장하면 심하게 (　　　　) 버릇이 있다.

[正解] **1** 때우 **2** 미처 **3** 위조 **4** 더듬는

文型－接続表現

－(으)ㄹ지	～か　＊未来のことについて、主に「分からない、気になる、心配だ」などが後続文に用いられる
	예) 제가 발표를 잘할 수 있**을지** 걱정이에요. 私が発表をうまくできるか心配です。
－더니	～と思ったら、～していたが　＊主に３人称主語
	예) 동생이 열심히 공부하**더니** 시험에 합격했다. 弟が頑張って勉強すると思ったら試験に合格した。
－았/었더니	～したところ　＊主に１人称主語、後続文には自分の行動による結果や新しく分かった事実が述べられる
	예) 술을 많이 마**셨더니** 머리가 아파요. お酒をたくさん飲んで頭が痛い。
*－기로서니, －(이)기로서니	～とはいえ、～だからといって
	예) 아무리 좋은 집**이기로서니** 그렇게 비싸요? いくらいい家だからといってそんなに高いですか。
*－거들랑	～ならば、～たら　＊後続文は命令、勧誘、意志のみ ＊「－거든」の強調形
	예) 시험에 붙**거들랑** 한턱내세요. 試験に受かったら奢ってください。
*－게끔	～するように　＊「－게」の強調形
	예) 다 들리**게끔** 큰 소리로 말해 주세요. 皆に聞こえるように大きい声で言ってください。

実戦練習　(　　)에 들어갈 가장 알맞은 것을 고르십시오.

1 그 사람을 (　　　) 제 이야기를 꼭 좀 전해 주세요.

① 만날지　② 만나기로서니　③ 만나거들랑　④ 만나게끔

2 듣기 싫은 소리를 좀 (　　　) 그렇게 예민하게 반응할 줄은 몰랐다.

① 했더니　② 했기로서니　③ 했거들랑　④ 하더니

[正解] **1** ③ **2** ②

-는 길에	~する途中で ＊主に「가다, 오다」などの移動動詞に付ける 예) 학교에 가**는 길에** 우체국에 들렀어요. 学校に行く途中で郵便局に寄りました。
-더라도	~しても 예) 이사 가**더라도** 자주 놀러 오세요. 引っ越しても時々遊びに来てください。
-(으)며	~し　＊列挙、「-고」の書き言葉 예) 생강은 혈액 순환에도 좋**으며** 감기 예방도 된다. ショウガは血液循環にもいいし、風邪予防にもなる。
*-(으)ㄹ까마는 ≒겠냐마는	(まさか) ~することはないだろうが 예) 이 시간에 문을 연 가게가 있**을까마는** 혹시나 해서 찾아 보았다. この時間に開いている店はないだろうが、もしかしたらと思って探してみた。
*-(으)ㄴ 나머지	~したあげく　＊否定的な内容を伴う 예) 과로**한 나머지** 쓰러지고 말았다. 過労したあげく倒れてしまった。
*-던 차에	~していたところにちょうど 예) 혼자 길을 헤매**던 차에** 친구를 만나서 정말 다행이었다. 一人で道に迷っていたところにちょうど友達に会って本当によかった。

実戦練習 다음 밑줄 친 부분과 의미가 비슷한 것을 고르십시오.

1 나갈까 말까 망설이던 차에 비가 쏟아져서 집에 있기로 했다.

① 망설이고 있을 때 마침　② 망설인 데다가
③ 조금 망설이다가　④ 망설이더라도

2 설마 이 문제가 시험에 나올까마는 혹시 몰라서 암기해 두었다.

① 나올지도 모르니까　② 나올 것 같아서
③ 안 나온다고 했는데　④ 나오지 않겠지만

[正解] **1** ① **2** ④

練習問題

攻略ポイント! 短文かつ抽象的に書いてある文が表すものを選ぶ問題です。まずしっかり読んでキーワードを把握し、選択肢から関連性が低いものを消去しましょう。

各種製品などの広告や使い方について、あるいは忘れ物探し、求人広告などのお知らせ、店の宣伝などが出題されることが予想されます。

Ⅰ. 다음은 무엇에 대한 글인지 고르십시오.

1.

아이와 함께 배우는 피아노 수업에 참가해 보시겠습니까? 저희 송파구청에서는 일주일에 한 번 무료로 송파구민 어머니들을 초대합니다!

① 음악 학원　② 유치원　③ 구민 센터　④ 대학교

2.

더운 여름을 시원하게! 작지만 강한 바람으로 여러분의 땀을 깨끗이 날려 드립니다.

① 가습기　② 선풍기　③ 냉장고　④ 세탁기

3.

1000만 명을 울린 감동의 대작 〈사랑과 인생〉이 드디어 여러분의 안방극장으로 찾아갑니다!

① 사인회　② 연극　③ 뮤지컬　④ TV 영화

4.

아직도 굶으세요? 마음껏 먹고 살을 빼는 시대가 왔습니다. 〈아름다운 몸 만들기 레시피〉- 3주 연속 베스트셀러 1위! 당신도 기적의 주인공이 될 수 있습니다!

① 요리　② 책　③ 운동　④ 식당

解答と解説

Ⅰ．次は何に関する文か選びなさい。

1．

子供と一緒に習うピアノの授業に参加してみませんか。 松坡区役所では週に１回、無料で松坡区民のお母さんたちをご招待します！

「区役所」、「区民」という単語から③「区民センター」だと分かります。①「音楽教室」、②「幼稚園」、④「大学」です。　【正解③】

2．

暑い夏を涼しく！ 小さいけれども強い風で皆様の汗をきれいに飛ばします。

「強い風」、「汗を飛ばす」というところから正解は②「扇風機」です。①「加湿器」、③「冷蔵庫」、④「洗濯機」です。　【正解②】

3．

1000万人を泣かせた感動の大作「愛と人生」がついに皆様のお茶の間劇場にお邪魔します！

「안방극장」は、テレビを見る家庭の部屋を劇場にたとえて言う言葉なので、テレビで映画が見られることが分かります。①「サイン会」、②「演劇」、③「ミュージカル」、④「TV映画」です。　【正解④】

4．

まだ食事を抜きますか。 思う存分食べて痩せる時代が到来しました。 「美しい体の作り方レシピ」－３週間連続ベストセラー１位！ あなたも奇跡の主人公になれます！

「ベストセラー」という言葉から②「本」だと分かります。①「料理」、③「運動」、④「食堂」です。　【正解②】

練習問題

*5.

"지혜의 숲" 오는 16일 개관 국내 최대 규모 길이 3.1km! 50만 권의 책으로 가득 메운 긴 복도. 숲을 산책하는 기분으로 정처 없이 둘러보며 뜻밖의 발견과 탐험을 경험해 보세요!

① 서점　② 공원　③ 도서관　④ 카페

*6.

동서화재, 금융사 최초 "국가고객만족도 9년 연속 1위" 선정

① 보험 회사　② 무역 회사　③ 방송국　④ 증권 회사

*7.

전화 한 통으로 여러분도 불우한 이웃을 도울 수 있습니다. 참여 방법: 국번 없이 #1544번 ♪한 통의 전화로 500원이 결제됩니다.

① 상담　② 세금　③ 공과금　④ 기부

*8.

〈10년 만의 재회〉 앞만 보고 달려온 친구들아, 우리 오랜만에 모여서 회포나 풀자! 옛 추억에 잠겨 이야기꽃을 피우며 마음만은 학창 시절로 돌아가고 싶구나. · 일시: 2월 9일 · 장소: 한국호텔 연회장

① 결혼　② 동창회　③ 강연　④ 연극

解答と解説

5.

「知恵の森」　来る16日開館 国内最大規模の長さ3.1km！ 50万冊の本でいっぱいに埋まった長い廊下。 森を散策する気分でぶらぶらと見て回りながら思いがけない発見と探検を経験してみてください！

森をイメージした図書館の広告文です。「開館」から正解は③「図書館」ということが分かります。①「本屋」、②「公園」、④「カフェ」です。【正解③】

6.

トンソ火災、金融会社初の「国家顧客満足度9年連続1位」選定

「火災」という言葉から①「保険会社」だと分かります。②「貿易会社」、③「放送局」、④「証券会社」です。【正解①】

7.

電話1本で皆さんも恵まれない人々を助けることができます。 参加方法：局番なしで #1544番 ♪1本の電話で500ウォンが課金されます。

「恵まれない人々を助ける」、「課金」という言葉から④「寄付」だと分かります。①「相談」、②「税金」、③「公課金」です。【正解④】

8.

〈10年ぶりの再会〉 前だけ見て走ってきた友よ、久しぶりに集まってしゃべろう！ 昔の思い出に浸って話の花を咲かせ、気持ちだけは学生時代に戻りたいね。 ・日時：2月9日 ・場所：韓国ホテル宴会場

「옛 추억」、「학창 시절」、「회포를 풀다」などから②「同窓会」だと分かります。「회포를 풀다（懐抱を解く）」は、しばらく会ってない人同士で久々に会って、積もる話などいろいろしゃべることを意味します。①「結婚」、③「講演」、④「演劇」です。【正解②】

語彙・文型の確認

中級語彙

□ 무제한	無制限	□ 노력하다	努力する
□ 습관	習慣、癖	≒ 애쓰다	
□ 버릇	癖	□ 넘다	超える
□ 승차	乗車	□ 넘어서다	超す
⇔ 하차	下車	□ 의지하다	頼る、
□ 할인	割引	≒ 의존하다	依存する
□ 단체	団体	◎ 빠지다	陥る、抜ける
□ 입장	入場、立場	□ 갈등하다	葛藤する
□ 밑줄	下線	□ 고민하다	悩む
□ 거부감	拒否感	□ 결정하다	決定する
□ 운명	運命	□ 결심하다	決心する
□ 지인	知人	≒ 마음먹다	
□ 고궁	故宮	□ 심하다	ひどい
□ 경쟁	競争	≒ 너무하다	
□ 의지	意志	◎ 내다	出す
□ 간신히	やっと、	◎ 나다	出る
≒ 가까스로	辛うじて	□ 더럽다	汚い
≒ 겨우		⇔ 깨끗하다	きれいだ
□ 어쨌든	とにかく	□ 난처하다	困る
≒ 하여튼		□ 접하다	接する

Check! 上の単語を適当な形にして空欄に入れなさい。

1 이 일을 시작하고 나서 많은 사람을 (　　　　)게 됐어요.
2 오랜 기간 고민한 끝에 그 회사에 들어가기로 (　　　　)먹었다.
3 그는 거짓말을 할 때 머리를 만지는 (　　　　)이 있다.
4 사람이 너무 많아서 계속 서 있다가 조금 전에 (　　　　) 앉았다.

[正解] **1** 의지하 **2** 마음 **3** 습관 / 버릇 **4** 간신히 / 가까스로 / 겨우

高級語彙

□ 점	占い
□ 점쟁이	占い師
□ 격파	撃破
□ 사주팔자	(持って生まれた)運命
□ 운수 대통	運勢大吉
□ 심심풀이	暇つぶし
□ 지푸라기	わら
□ 심정	胸中
□ 틈	暇、隙間
□ 구절	句と節、文節
□ 사치품	贅沢品
□ 중산층	中間層
□ 사행심	射幸心
□ 영리	営利
□ 수요	需要
□ 담보	担保
□ 영구적	永久的
□ 울타리	垣根
□ 현수막	垂れ幕
□ 사납다	険しい、悪い
□ 거세다	荒い
□ 순하다	まろやかだ
□ 나약하다	惰弱だ
□ 저장하다	保存する
≒ 보존하다	
□ 파기하다	破棄する
□ 파괴하다	破壊する
□ 개척하다	開拓する
□ 앞서다	先行する
□ 앞두다	控える
□ 앞장서다	先頭に立つ
□ 앞지르다	追い越す
◎ 따지다	問い詰める
□ 맹신하다	盲信する
□ 저항하다	抵抗する
□ 융합하다	融合する
□ 악용하다	悪用する
□ 가히	十分に
□ 감히	身の程知らずに

Check! 上の単語を適当な形にして空欄に入れなさい。

1 올 초에 점을 봤는데 올해는 (　　　　)이라고 해서 기분이 좋았다.
2 생활필수품의 세금은 낮아지고 (　　　　)의 세금은 높아진다고 한다.
3 세계 문화유산이니만큼 그 경치는 (　　　　) 장관이라 할 수 있다.
4 오늘은 파도가 (　　　　)므로 서핑을 하기에는 위험하다.

[正解] 1 운수 대통 2 사치품 3 가히 4 거세

文型－接続表現

−(으)ㄴ/는 양, −인 양	(まるで) ～したかのように／～するかのように
	예) 그는 잘 알고 있**는 양** 설명하고 있었다. 彼はよく知っているかのように説明していた。
−았/었더라면	(仮に) ～したとしたら、～だったとしたら
	예) 빨리 **갔더라면** 살 수 있었을 텐데……. 早く行ったとしたら買えたはずなのに…。
*− (느/으/이) 니만큼/니만치	～だから
	예) 역에서 가까**우니만큼** 집 값이 비싸다. 駅から近いから家賃が高い。 주말**이니만치** 사람이 많이 올 것이다. 週末だから人がたくさん来るだろう。
* −(ㄴ/는)다든가, −(이)라든가	～だとか　　＊たくさんある中でいくつか並べる時
	예) 한국 하면 김치**라든가** 불고기 같은 게 떠올라요. 韓国といえばキムチとかプルゴギのような物が思い浮かびます。
* −(ㄴ/는)다마는 ≒ 지만	～だけれども、～であるが
	예) 머리가 아프**다마는** 일이 많아서 쉴 수 없다. 頭が痛いが仕事が多くて休めない。 맛있어 보**인다마는** 지금은 먹고 싶지 않다. おいしそうに見えるが今は食べたくない。

実戦練習 (　　)에 들어갈 가장 알맞은 것을 고르십시오.

1 내일부터 세일이라는 걸 (　　　) 오늘 안 샀을 거예요.
① 아느니만큼　② 아는 양
③ 안다마는　④ 알았더라면

2 열심히 공부를 (　　　) 좋은 결과가 기대된다.
① 하느니만큼　② 한다마는
③ 한다든가　④ 하는 양

[解答] **1** ④ **2** ①

文型－文末表現

−(으)ㄹ래야 −(으)ㄹ 수가 없다	(頑張って～しようとしたが) できない、無理だ ＊「−(으)려야 −(으)ㄹ 수가 없다」の口語体 예) 슬퍼서 편지를 끝까지 읽**을래야** 읽**을 수가 없다**. 頑張って読もうとしたが、悲しくて手紙を最後まで読めない。
−기 마련이다 ≒ 는 법이다	～するものだ、そうなるに決まっている 예) 고향을 떠나면 그리워지**기 마련이다**. 故郷から離れると恋しくなるものだ。
* −기 십상이다	～しがちだ、～しやすい ＊一般的にその可能性が高い 예) 겨울이 되면 감기에 걸리**기 십상이다**. 冬になると風邪を引きやすい。
* −기 일쑤이다	よく～する ＊自分の意志とは関係なくよく起きること 예) 평소에 주의를 하는데도 감기에 걸리**기 일쑤이다**. 普段から気をつけているのによく風邪を引く。
* −겠거니 하다 ≒ (으)려니 하다	～だろうと思う 예) 연락이 없길래 또 늦잠을 자**겠거니 했어요**. 連絡がないから、また寝坊しているだろうと思いました。

実戦練習 (　　)에 들어갈 가장 알맞은 것을 고르십시오.

1 전화를 계속 안 받아서 (　　　).

① 바쁘기 일쑤이다　　② 바쁘려니 했다
③ 바쁘기 십상이다　　④ 바쁘기 마련이다

2 예부터 어른들 말씀을 안 들으면 (　　　).

① 후회할 수 없다　　② 후회하겠거니 했다
③ 후회하기 일쑤이다　　④ 후회하기 십상이다

【正解】 **1** ② **2** ④

練習問題

攻略ポイント! 案内文やグラフ、文章を読んで答える問題が出されます。案内文やグラフの問題は、まずデータを見て増加や減少、日にちや時間などの設定を確認しておきましょう。文章で出される問題の場合は、選択肢の内容が問題文に書いてあるかどうか、一致しているかどうかをチェックしながら読んでいきましょう。

Ⅱ. 다음 글 또는 도표의 내용과 같은 것을 고르십시오.

1.

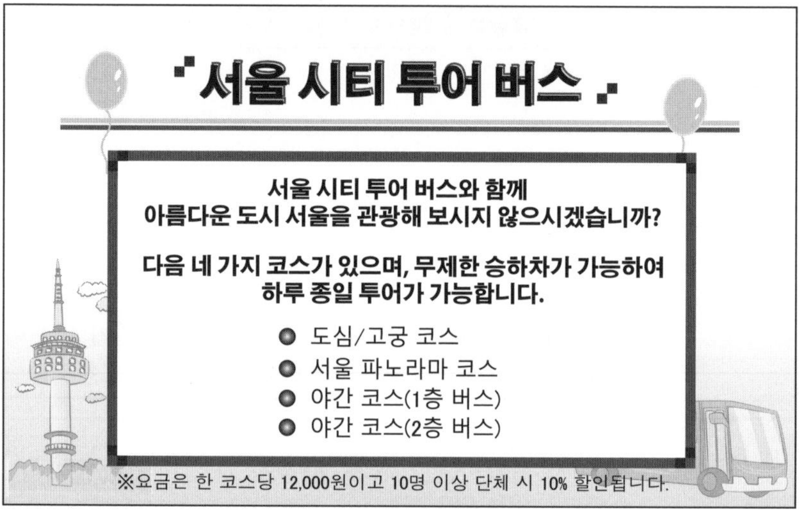

서울 시티 투어 버스
서울 시티 투어 버스와 함께
아름다운 도시 서울을 관광해 보시지 않으시겠습니까?
다음 네 가지 코스가 있으며, 무제한 승하차가 가능하여
하루 종일 투어가 가능합니다.
도심/고궁 코스
서울 파노라마 코스
야간 코스(1층 버스)
야간 코스(2층 버스)
※요금은 한 코스당 12,000원이고 10명 이상 단체 시 10% 할인됩니다.

① 2층 버스로 투어하는 코스는 요금이 더 비싸다.
② 인터넷으로 미리 예약하면 10% 할인된다.
③ 시간 제한 없이 하루에 몇 번이나 타고 내릴 수 있다.
④ 12,000원으로 네 가지 코스가 다 이용 가능하다.

解答と解説

Ⅱ．次の文または図表の内容と同じものを選びなさい。

1．

〈ソウルシティーツアーバス〉

ソウルシティーツアーバスに乗って
美しい都市ソウルを観光してみませんか。
次の4つのコースがあり、乗り放題なので
1日中ツアーが可能です。

●都心／故宮コース
●ソウルパノラマコース
●夜間コース（1階建てバス）
●夜間コース（2階建てバス）

※料金は1コース当たり12,000ウォンで、10人以上の団体は10%割引になります。

ソウルシティーツアーバスに関する案内文です。①「2階建てバスでツアーするコースは料金がもっと高い」（×）→一律料金、②「ネットで前もって予約すれば10%割引になる」（×）→団体なら割引あり、④「12,000ウォンで4つのコースが全部利用可能である」（×）→各コースごとに払う、従って正解は③「時間制限なしで1日に何回でも乗り降りが可能である」になります。「무제한」は「無制限」、「승하차」は「乗下車」です。【正解③】

練習問題

*2.

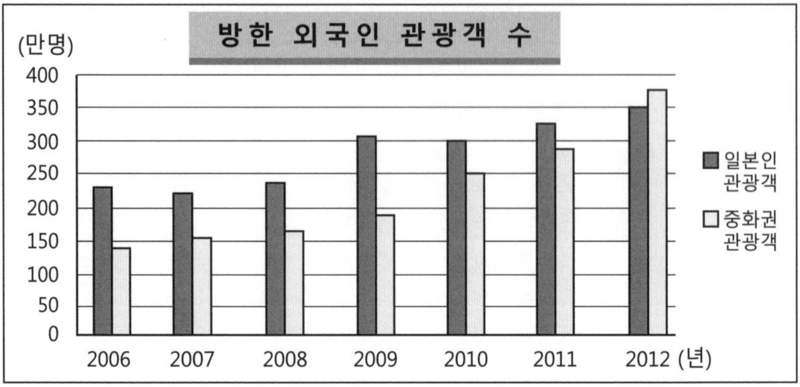

① 중화권 관광객 수는 계속 증가하고 있는 반면에 일본인 관광객 수는 점점 감소하고 있다.
② 2012년에 처음으로 중화권 관광객 수가 일본인을 넘어섰다.
③ 일본인 관광객 수는 300만 명을 넘은 적이 없다.
④ 중화권 관광객 수는 5년 전보다 세 배 이상 증가했다.

*3.

흔히 사람들은 고민이 있거나 어려운 결정을 해야 할 때 점을 보러 간다. 별자리 운세라든가 생년월일로 알아보는 운세로는 부족하기 때문이다. 처음에는 심심풀이로 점쟁이를 찾아갔다가 언제부터인가 자기도 모르게 빠져 들어 습관적으로 점을 보게 된다. 그럴수록 점쟁이가 하는 말이 자신의 운명이라도 되는 양 맹신하게 되기 십상이다. 하지만 너무 의존하고 맹신하기보다는 자신의 인생이니만치 자신의 힘으로 개척해 나가려는 의지가 중요할 것이다.

① 어려운 결정을 앞두었을 때는 점을 보러 갈 것을 추천한다.
② 운세는 별자리나 생년월일로도 충분히 볼 수 있다.
③ 스스로 운명을 개척해 나가는 사람이 늘고 있다.
④ 점에 너무 의지하는 것은 바람직하지 않다.

解答と解説

2. 2006年～2012年に韓国を訪れた日本人と中華圏の観光客の数を表しているグラフです。①「中華圏の観光客の数は継続して増えている反面、日本人の観光客の数はだんだん減っている」（×）→日本人の観光客の数は減ったり増えたりしている、③「日本人の観光客の数は300万人を超えたことがない」（×）→300万人を超えたことがある、④「中華圏の観光客の数は5年前より3倍以上増えた」（×）→5年前より2.5倍位増えている、従って正解は②「2012年に初めて中華圏の観光客の数が日本人の数を超えた」です。 【正解②】

3.

> よく人々は悩みがあったり大事な決定をしなければならない時に占いをしに行く。星占いや生年月日で見る占いだけでは物足りなさを感じるからである。最初は暇つぶしで占い師のところを訪れるが、いつの間にか自分も分からないうちにはまってしまって習慣的に占いをすることになる。そうなるにつれて占い師が言うことが自分の運命かのように盲信することになりやすい。しかしあまりに依存して盲信するよりは自分の人生だから自分の力で開拓していこうとする意志が大事であろう。

占いに関する話です。①「大事な決定を控えている時は占いをしに行くことを勧める」（×）→行く人が多い、②「星座や生年月日でも十分に占うことができる」（×）→物足りない、③「自ら運命を開拓していく人が増えている」（×）→占いに頼る人が多い、従って正解は④「占いにあまりに依存するのは望ましくない」になります。「바람직하다」は「望ましい」です。 【正解④】

類型Ⅲ 正しい順番に並べる

語彙・文型の確認

中級語彙

□ 체온	体温	□ 던지다	投げる
□ 근육	筋肉	□ 괴롭히다	苦しめる
□ 신체	身体	◎ 떠나다	発つ、去る
□ 벌	罰	□ 겪다	経験する
□ 방안	方案	□ 갑작스럽다	急である
□ 영양분	栄養分	□ 알리다	知らせる
□ 밀가루	小麦粉	□ 알려지다	知られている
□ 꿀	はちみつ	□ 비교하다	比較する
□ 집단	集団	□ 평안하다	平安だ
□ 추측	推測	□ 이루어지다	かなう
□ 장애	障害	□ 곱다	きれいだ
□ 차별	差別	□ 딱딱하다	固い
□ 흡연율	喫煙率	□ 연하다	やわらかい
□ 효과	効果	□ 영리하다	賢い、利口だ
□ 제출	提出	□ 초조하다	焦る
□ 자유자재로	自由自在に	◎ 떨어지다	落ちる
□ 과도하게	過度に	□ 빌다	祈る
□ 마침내	いよいよ	□ 용서하다	許す
□ 충분히	十分に	□ 한편	一方
□ 일부러	わざと	□ 훨씬	ずっと（比較）

Check! 上の単語を適当な形にして空欄に入れなさい。

1 여성들만 할인을 받을 수 있는 영화관이 늘면서 일부에서는 남녀 (　　　　)이라는 의견도 나오고 있다.

2 비슷해 보이지만 이쪽에 있는 김치가 (　　　　) 더 매워요.

3 갑작스러우시겠지만 제가 이번 주로 이 회사를 그만두게 되었습니다. 미리 (　　　　) 드리지 못해 죄송합니다.

【正解】 1 차별 2 훨씬 3 알려

高級語彙

□ 인파	人出	□ 데우다	温める
□ 비중	比重	□ 덥히다	暖める
□ 법안	法案	□ 끊이다	絶える
□ 국회	国会	□ 저하되다	低下する
□ 논의	論議	□ 억제하다	抑制する
□ 껍질째	皮ごと	◎ 넘치다	あふれる
□ 속살	（実の）中身	□ 억압하다	抑圧する
□ 면역	免疫	□ 강화시키다	強化させる
□ 보습	保湿、補習	□ 함유하다	含む
□ 통과	通過	□ 경직되다	硬直する
□ 정책	政策	□ 굳다	固まる
□ 외교	外交	□ 굳히다	固める
□ 위상	位相、地位	□ 몰리다	追い込まれる
□ 대안	対案	□ 해산하다	解散する
□ 결속력	結束力	□ 흩어지다	散る
□ 선뜻	快く	□ 해방되다	解放される
□ 오로지	ひたすら	□ 집결하다	集結する
□ 심지어	さらに	□ 떳떳하다	堂々としている
□ 현저히	顕著に	□ 뻣뻣하다	強い、ごわつく
□ 다름 아닌	他ならない	□ 부서지다	砕ける、壊れる

Check! 上の単語を適当な形にして空欄に入れなさい。

1 그는 내 부탁을 망설임 없이 (　　　　) 들어주겠다고 했다.
2 신입 사원이라 그런지 의욕이 (　　　　)지만 정작 할 수 있는 일은 적다.
3 국민들이 나서서 국가의 (　　　　)을 높이기 위해 힘써야 한다.
4 밤이 깊은 바닷가에서 파도가 (　　　　) 소리를 들으며 앉아 있었다.

[正解] 1 선뜻 2 넘치 3 위상 4 부서지는

文型－接続表現

−(으)ㄴ/는 반면에	～する反面 예) 온도가 **높은 반면에** 습기는 없다. 温度が高い反面湿気はない。
−(으)ㄹ수록, −(이)ㄹ수록	～するほど 예) 친한 사람**일수록** 말을 함부로 해서는 안 된다. 親しい人ほど言葉遣いをぞんざいにしてはならない。
−(으)로 인해	～によって　＊「−(으)로 인한」は「～による」 예) 열사병**으로 인해** 병원으로 실려 오는 사람이 늘었다. 熱射病によって病院に運ばれてくる人が増えた。
* −(으)ㄹ 뿐더러	～するだけでなく、～する上に ≒ (으)ㄴ/는 데다가, (으)ㄹ 뿐만 아니라 예) 이 차는 튼튼**할 뿐더러** 디자인도 좋다. この車は丈夫な上にデザインもいい。
* −는 한	～する限り 예) 먼저 사과하지 않**는 한** 용서하지 않을 거예요. 先に謝らない限り許しません。
* −(으)ㄴ/는 지라	～なので　＊理由や原因 예) 밤이 깊었**는지라** 거리가 조용하다. 夜が更けたので町が静かだ。

実戦練習 (　　)에 들어갈 가장 알맞은 것을 고르십시오.

1 이 약을 (　　　) 나을 수 없어요.
① 먹는 반면에　② 먹을 뿐더러　③ 먹지 않는 한　④ 먹는지라

2 일이 매일 늦게 (　　　) 주말에도 회사에 가야 한다.
① 끝나는지라　② 끝날 뿐더러　③ 끝날수록　④ 끝나는 한

[正解] **1** ③ **2** ②

文型－文末表現

−기로 하다	～することにする 예) 일이 일찍 끝나서 운동하러 가**기로 했어요**. 仕事が早く終わったので運動に行くことにしました。
−게 되다	～することになる 예) 부모님 일 때문에 이사가**게 됐다**. 両親の仕事で引っ越すことになった。
*−(으)면 그만이다	～するまでだ、それだけだ 예) 가기 싫으면 거절하**면 그만이다**. 行きたくなければ断るまでだ。
* −(으)ㅁ 직하다	～するに価する、～しそうだ（主に「먹음직하다(おいしそう)」に関して） 예) 그 사람의 일 처리는 믿**음직하다**. その人の仕事の腕は信頼できる。
* −(으)ㄹ 법하다	～しそうだ、ありうる　≒ (으)ㄹ 것 같다 예) 그 사람이라면 그렇게 말**할 법하다**. その人ならそのように言いそうだ。
* −기 나름이다	～次第だ 예) 시간이 얼마나 걸릴지는 연습하**기 나름이다**. 時間がどのぐらいかかるかは練習次第だ。

実戦練習 다음 밑줄 친 부분과 의미가 비슷한 것을 고르십시오.

1 이 요리는 아주 <u>먹음직하다</u>.

① 맛있을지도 모른다　　② 맛있을 것 같다
③ 맛있다고 한다　　④ 맛있어 보이지 않는다

2 이 안건에 반대하는 사람이 <u>많을 법해요</u>.

① 많을 것 같아요　　② 많았으면 싶어요
③ 많을 줄 알았어요　　④ 많기는요

[正解] **1** ②　**2** ①

練習問題

攻略ポイント！ (가)、(나)、(다)、(라) の４つの文章を順番に並べる問題です。問題文を読む前にまず選択肢を見れば最初に来る文章を２つに絞ることができます。その２つのどちらかが先頭に来るはずです。接続詞も１つのヒントになります。「だから」や「しかし」、「そして」などの接続詞、また「이」、「그」、「저」の指示代名詞から始まる文章はまず先頭には来ません。

Ⅲ. 다음을 순서대로 맞게 배열한 것을 고르십시오.

1.

(가) 그런데 사람들은 말에게 음식을 던지거나 과도하게 사진을 찍거나 하며 말을 괴롭혔습니다.
(나) 옛날에 말이 주인공으로 나오는 인기 드라마가 있었습니다.
(다) 결국 그 말은 스트레스를 못 이겨 그 동물원을 떠날 수 밖에 없었습니다.
(라) 그 말이 사는 동물원이 알려지면서 그 말을 실제로 보기 위한 사람들의 발길이 끊이지 않았습니다.

① (가)-(다)-(라)-(나)　② (나)-(라)-(가)-(다)
③ (가)-(라)-(나)-(다)　④ (나)-(다)-(가)-(라)

2.

(가) 수영장의 물은 보통 우리 몸의 체온보다 온도가 낮다.
(나) 만약 준비 운동을 하지 않고 들어가게 되면 갑작스러운 온도 변화로 인해 근육이 경직되는 경우가 많다.
(다) 근육이 경직되면 몸이 자유자재로 움직이지 않아 생명이 위험해질 수 있다.
(라) 그렇기 때문에 물에 들어가기 전에 준비 운동을 통해 근육을 덥혀줄 필요가 있다.

① (가)-(나)-(라)-(다)　② (다)-(나)-(라)-(가)
③ (가)-(라)-(나)-(다)　④ (다)-(라)-(나)-(가)

解答と解説

Ⅲ. 次を順番通りに正しく並べたものを選びなさい。

1.

(나) 昔、馬が主役で出てくる人気ドラマがありました。→ (라) その馬が住んでいる動物園が知られてから、その馬を実際に見るための人々の行き来が絶えませんでした。→ (가) ところが人々は馬に食べ物を投げたり、過度に写真を撮ったりして馬を苦しめました。→ (다) 結局その馬はストレスに耐えられず、その動物園を去るしかありませんでした。

選択肢から (가) か (나) が先頭にくることが分かります。(가) は「그런데」から始まっているので文の先頭に来ることはできないことから、先頭には (나) が来ることが分かります。(다) の「결국」という副詞から結論だと予測できます。従って正解は②「(나)−(라)−(가)−(다)」になります。 【正解②】

2.

(가) プールの水は普通人の体温より温度が低い。→ (라) だから水に入る前に準備運動を通じて筋肉を暖める必要がある。→ (나) もし準備運動をせずに入ったら急な温度変化により筋肉が硬直する場合が多い。→ (다) 筋肉が硬直すると体が自由自在に動かず、命が危険になることもある。

選択肢から (가) か (다) が先頭にくることが分かります。しかし (다) の「筋肉が硬直すると」の話の前に関連内容が書かれている (나) が来るのが自然なので先頭には (가) が来ることが分かります。また (나) と (라) は「準備運動」の話からその前後を決めることができます。従って正解は③「(가)−(라)−(나)−(다)」になります。【正解③】

練習問題

*3.

(가) 특히 상대방에게 벌을 주고 싶은 마음이 강할수록 일부러 용서하지 않는 경우가 있습니다.
(나) 하지만 용서는 나에게 상처를 준 사람을 위한 것이 아니라 다름 아닌 나 자신을 위한 것입니다.
(다) 누군가를 용서하기란 말처럼 쉽지가 않습니다.
(라) 상대방을 용서하지 않는 한 자신의 마음 또한 평안해질 수 없기 때문입니다.

① (다)-(가)-(나)-(라)　② (라)-(나)-(가)-(다)
③ (다)-(나)-(가)-(라)　④ (라)-(다)-(가)-(나)

*4.

(가) 한편, 일부에서는 담배 가격 인상이 흡연율 억제에 미치는 효과는 크지 않을 것으로 내다보고 있다.
(나) 이는 현재 담배 가격에서 세금이 차지하는 비중이 현저히 낮기 때문이다.
(다) 또한 흡연율 저하를 위한 방안의 하나로도 기대를 해 봄직하다.
(라) 담배 관련 세금 인상 법안이 국회에 제출됨으로써 담배 가격 인상에 관한 논의가 활발하게 이루어지고 있다.

① (나)-(가)-(다)-(라)　② (라)-(나)-(다)-(가)
③ (나)-(다)-(가)-(라)　④ (라)-(다)-(가)-(나)

解答と解説

3.

(다) 誰かを許すということは口で言うほど簡単ではありません。→(가) 特に相手に罰を与えたい気持ちが強いほど、わざと許さない場合があります。→(나) しかし許すことは自分を傷付けた人のためではなく、まさに自分自身のためなのです。→(라) 相手を許さない限り、自分の気持ちも楽になれないからです。

選択肢から(다)か(라)が先頭にくることが分かります。(라)の「-기 때문입니다」は前に文があるからこそ使えるので、(라)は先頭に来ることはできません。(가)と(나)の場合は副詞の「특히」と「하지만」から順番が予測できます。従って正解は①「(다)-(가)-(나)-(라)」になります。

【正解①】

4.

(라) タバコ関連の税金引き上げ法案が国会に提出されたことによって、タバコの値段の引き上げに関する論議が活発になっている。→(나) これは現在タバコの値段の中で税金が占める比重が顕著に低いからである。→(다) また喫煙率の低下のための方法の1つとしても期待できる。→(가) 一方で一部ではタバコの値段の引き上げが喫煙率の抑制に及ぼす効果は大きくないと見込んでいる。

選択肢から(나)か(라)が先頭にくることが分かります。(나)は「이는」から始まっているので文の先頭に来ることはできません。(다)の「期待できる」という内容の後に(가)の「一方で～効果は大きくない」が来るのが自然です。従って正解は②「(라)-(나)-(다)-(가)」になります。

【正解②】

語彙・文型の確認

中級語彙

□ 폭염	猛暑	□ 진행되다	進行される
□ 홍수	洪水	□ 절약하다	節約する
□ 가뭄	日照り	□ 개발하다	開発する
□ 태풍	台風	□ 예측하다	予測する
□ 집중 호우	集中豪雨	□ 매달다	ぶら下げる
□ 폭설	大雪	◎ 치다	打つ
□ 폭우	暴雨、大雨	□ 전달하다	伝達する
□ 이상 기후	異常気象	□ 삶다	ゆでる
□ 현상	現象	□ 상쾌하다	爽快だ
□ 국회 의원	国会議員	□ 생각나다	思い出す
□ 피해	被害	□ 서두르다	急ぐ
□ 연관	関連	□ 서운하다	残念だ、寂しい
□ 상황	状況	□ 선발하다	選抜する
□ 궁궐	宮殿	□ 어수선하다	慌ただしい
□ 북	太鼓	□ 엄격하다	厳しい
□ 긴급	緊急	□ 좌우되다	左右される
□ 전쟁	戦争	□ 중시하다	重視する
□ 논리	論理	□ 중얼거리다	つぶやく
□ 진정한 ~	真の～	□ 출몰하다	出没する
□ 어차피	どうせ	□ 출현하다	出現する

Check! 上の単語を適当な形にして空欄に入れなさい。

1 문에 종을 (　　　　) 문이 열리고 닫힐 때 소리로 알 수 있게 했다.
2 (　　　　) 늦었는데 뛰어갈 필요 없지요. 그냥 천천히 가요.
3 올해는 (　　　　)으로 인해 강수량이 예년의 절반에도 못 미친다.
4 그렇게 혼자서 (　　　　)지 말고 크게 좀 말해 봐요.

[正解] 1 매달아서 2 어차피 3 가뭄 4 중얼거리

高級語彙

□ 온난화	温暖化
□ 재활용	リサイクル
□ 친환경	環境に優しい
□ 지구촌	地球村、世界
□ 내조	内助
□ 민주주의	民主主義
□ 백성	百姓、民
□ 가치관	価値観
□ 독립	独立
□ 평균	平均
□ 연령	年齢
□ 고령화	高齢化
□ 가속화	加速化
□ 서식처	生息地
□ 밀도	密度
□ 성향	性向
□ 아예	最初から
□ 일찌감치	早めに
□ 결국	結局
□ 끝내	遂に
□ 막대하다	莫大だ
□ 노련하다	老練だ
□ 뉘우치다	悔いる
□ 괘씸하다	無礼だ、ふらちだ
□ 경고하다	警告する
□ 대체하다	取り替える
□ 밀접하다	密接している
□ 소통하다	疎通する
□ 착안하다	着眼する、着目する
□ 반영하다	反映する
□ 억울하다	悔しい
□ 처하다	処する
□ 청하다	請う、頼む
□ 소집하다	召集する
□ 최소화하다	最小にする
◎ 말리다	乾かす
□ 복귀하다	復帰する
□ 몰두하다	没頭する
□ 언급하다	言及する

Check! 上の単語を適当な形にして空欄に入れなさい。

1 출근 시간이라 차가 막힐지도 모르니까 (　　　　) 나가서 버스를 탔다.
2 그 사람의 행동이 (　　　　)지만 이번 한 번만 참기로 했다.
3 아내의 (　　　　)가 없었더라면 여기까지 올 수 없었을 겁니다.
4 생방송은 역시 (　　　　) 진행자가 아니면 보는 사람도 불안하기 마련이다.

[正解] 1 일찌감치 2 괘씸하 3 내조 4 노련한

第3部 読解問題対策

文型－接続表現

−(으)ㄴ들 ≒(으)ㄴ다 한들	～したとしても、～するとしても 예) 부장님이 **오신들** 이 문제는 해결 못 할 거예요. 部長が来たとしてもこの問題は解決できないでしょう。
−았/었기에 망정이지	～したからよかったものの 예) 연락을 미리 **했기에 망정이지** 못 만날 뻔했어요. 前もって連絡をしたからよかったものの会えないところでした。
−다가는	（ずっと）～していては、～したら　＊警告の意 예) 그렇게 계속 먹**다가는** 살이 찔 거예요. そんなに食べ続けたら太るでしょう。
* −(으)로 하여금	～をして、～に　＊使役の意 예) **그로 하여금** 서류를 가져오게 하였다. 彼をして書類を持って来させた。
* −(으)ㅁ에도 불구하고	～にもかかわらず 예) 다리가 불편**함에도 불구하고** 먼 곳까지 와 주셨다. 足を悪くしているにもかかわらず、遠いところまで来てくださった。
* −(으)므로	～するため　＊理由や根拠を表す書き言葉 예) 증거가 명백하**므로** 체포하였다. 証拠が明確であるため逮捕した。

実戦練習 (　　)에 들어갈 가장 알맞은 것을 고르십시오.

1 미리 설명을 (　　　) 하나도 기억이 나지 않았다.
① 들은들　② 들었음에도 불구하고
③ 듣다가는　④ 들었으므로

2 어두운 데서 매일 책을 (　　　) 눈이 나빠질 거예요.
① 봄에도 불구하고　② 본들
③ 보다가는　④ 봤기에 망정이지

[正解] **1** ② **2** ③

文型－文末表現

-(으)ㄹ대로 -았/었다	～しきっている 예) 이 음식은 식**을대로** 식**었다**. この食べ物は冷めきっている。
-아/어 봐야 알다	～してみないと分からない 예) 먼지 안 먼지는 **가 봐야 알겠는데요**. 遠いかどうかは行ってみないと分からないですが。
-(으)ㄴ/는/ (으)ㄹ 듯이 (하다)	～ように、～そうに 예) 그 사실을 마치 아**는 듯이** 이야기**했다**. その事実をまるで知っているように話した。
-듯이 하다	～と同じように～する 예) 실내가 너무 더워서 땀이 비 오**듯이 한다**. 室内が暑すぎて汗が雨のように流れている。
*-(으)ㄴ/는/ (으)ㄹ 듯하다	～したようだ／～しているようだ／～しそうだ 예) 범인이 잡**힌 듯해요**. 犯人が捕まったようです。 그 사람은 나를 원망하**는 듯해요**. その人は私を恨んでいるようです。 날씨가 **갤 듯해요**. 晴れそうです。

実戦練習 다음 밑줄 친 부분과 의미가 비슷한 것을 고르십시오.

1 어제 일에 대해서 말하기를 꺼리는 듯이 보였다.

① 꺼리기 십상이다　② 꺼리는 게 당연하다

③ 꺼리는 것 같았다　④ 꺼리기 마련이다

2 병원에서 치료를 받지 않은 탓에 그의 증상은 악화될대로 악화됐다.

① 심하게 악화됐다　② 악화될 뻔했다

③ 악화된 듯이 보였다　④ 악화된 듯하다

[正解] **1** ③ **2** ①

練習問題

攻略ポイント! 文章の一部が空欄になっていて、そこに入る内容を選ぶ問題です。空欄の前後の文章にヒントになる内容があるのでよく読みましょう。

Ⅳ. 다음을 읽고 (　　)에 들어갈 내용으로 가장 알맞은 것을 고르십시오.

1.

폭염, 가뭄, 태풍, 집중 호우 등의 이상 기후 발생이 갈수록 늘어남에 따라 그 피해 또한 막대한 손실을 초래하고 있다. 이러한 이상 기후 현상은 (　　　) 전문가들은 앞으로 더 빈번해질 것이라고 경고하고 있다. 따라서 지구 온난화가 더 이상 진행되지 않도록 하기 위해 에너지를 절약하고 친환경적 물품을 사용하는 노력과 더불어 대체 에너지 개발에도 힘을 쏟아야 할 것이다.

① 지구촌 곳곳에서 나타나고 있으며
② 미리 예측하기가 어려우며
③ 피해를 최소화해야 하며
④ 지구 온난화와 밀접한 연관이 있으며

2.

잠에서 깨어난 뇌가 제 기능을 발휘하기 위해서는 보통 3~4시간이 필요하다. 그렇기 때문에 오전 중에 시험이나 발표 등 중요한 일이 예정되어 있을 때는 적어도 6시에는 일어나야 (　　　). 또한 적당한 아침 식사가 뇌 활동을 돕기 때문에 아침 식사를 거르지 않는 것도 중요하다.

① 뇌가 제 기능을 발휘할 수 없다.
② 좋은 두뇌 회전을 기대할 수 있다
③ 아침 식사를 거르지 않게 된다
④ 여유있게 준비할 수 있다

解答と解説

Ⅳ. 次を読んで（　　）に入る内容として最もあてはまるものを選びなさい。

1.

> 猛暑、日照り、台風、集中豪雨などの異常気象の発生がだんだんと増えるにつれ、その被害もまた莫大な損失をもたらしている。このような異常気象現象は（地球温暖化と密接な関連があり）専門家たちはこれからもっと頻繁になるだろうと警告している。従って地球温暖化がこれ以上進まないようにするためにエネルギーを節約して、環境にやさしい物を使う努力と共に代替エネルギーの開発にも力を注がなければならないだろう。

異常気象現象についての話です。その原因として地球温暖化が考えられていると述べています。空欄の後に地球温暖化を防ぐための対策が述べられているので、空欄には地球温暖化に関する内容が入るでしょう。従って正解は④「地球温暖化と密接な関連があり」になります。「지구촌」は「グローバル・ビレッジ、世界」を意味します。【正解④】

2.

> 眠りから覚めた脳が本来の機能を発揮するためには普通３～４時間が必要だ。そのため、午前中に試験や発表など重要なことが予定されている時は、少なくとも６時には起きてこそ（良い頭脳の回転が期待できる）。また適当な朝食が脳の活動を手伝うので、朝食を抜かないのも大事だ。

脳の活動についての話です。脳が本来の機能を発揮するには起きてから３～４時間が必要だと述べているので正解は②「良い頭脳の回転が期待できる」になります。「-아/어야 -(으)ㄹ 수 있다」は「～してこそ～できる」と訳されます。【正解②】

第3部　読解問題対策

練習問題

*3.

> 한 국회 의원이 선거 공약으로 21세기형 신문고 정치를 실현할 것을 내세웠다. 신문고란 조선 시대에 시행하던 제도로 (　　　) 것이었다. 그 시대에는 왕과의 소통 수단이 없었으므로 궁궐 앞에 북을 매달아 놓고 필요한 백성이 북을 쳐서 직접 왕에게 알리게 한 것이다. 이 제도에 착안한 국회 의원은 SNS와 홈페이지를 이용하여 지역 주민들과 소통하며 주민들의 의견을 적극적으로 반영하는 진정한 민주정치를 실현하겠다는 의지를 표명했다.

① 백성들의 억울한 사정을 왕에게 직접 전달하고 호소하기 위한
② 백성들이 정치에 직접 참여하여 나랏일에 관심을 갖게 하기 위한
③ 백성들이 긴급한 상황에 처했을 때 주변에 알려 도움을 청하기 위한
④ 나라에 전쟁 등 중대한 문제가 발생했을 때 백성들을 소집하기 위한

*4.

> 여성들의 사회적 지위가 높아짐에 따라 사회적 가치관의 변화도 일어나고 있다. 20~30년 전만 하더라도 여성들은 20대에 결혼해서 남편과 자식을 위해 무조건 희생했었지만 요즘에는 그런 여성들은 찾아 보기 어렵다. 경제적으로 독립한 여성들의 증가로 인해 평균 결혼 연령도 높아지고 있는 데다가 아예 (　　　) 여성들이 눈에 띄게 늘고 있다. 또한 결혼을 해도 아이를 낳지 않는 여성들이 증가함에 따라 고령화 사회도 가속화되고 있는 추세이다.

① 결혼을 한 후에 남편을 내조하는
② 20대 초반에 결혼해서 육아를 끝내고 사회에 복귀하는
③ 결혼을 하지 않고 일에만 몰두하는
④ 결혼을 위해 회사를 그만두는

解答と解説

3.

> ある国会議員が選挙公約として21世紀型シンムンゴ政治を実現することを掲げた。シンムンゴとは朝鮮時代に施行していた制度で（民の憤まんやるかたない事情を王に直接伝えて訴えるための）ものだった。その時代には王との疎通手段がなかったため、宮殿の前に太鼓をぶら下げておいて必要とする民が太鼓をたたいて直接王に知らせるようにしたのだ。この制度に着目した国会議員はSNSとホームページを利用して地域住民と疎通しながら住民の意見を積極的に反映する真の民主政治を実現するという意志を表明した。

朝鮮時代のシンムンゴ制度に着目して政治を行おうとする国会議員の話です。王様に直接意見を伝えるための制度だったシンムンゴ制度を現代に生かしたいという内容から空欄には①「民の憤まんやるかたない事情を王に直接伝えて訴えるための」になります。②「나랏일」は「国事」、④「소집하다」は「召集する」です。 【正解①】

4.

> 女性の社会的地位が高くなるにつれ社会的価値観の変化も起きている。ほんの20～30年前まででも女性は20代に結婚して夫と子供のために無条件で犠牲にしていたが、最近はそんな女性はめったにいない。経済的に独立した女性の増加によって平均結婚年齢も高くなっている上に最初から（結婚しないで仕事にだけ没頭する）女性が目立って増えている。また結婚をしたとしても子供を産まない女性が増加するのに伴い、高齢化社会も加速化している傾向である。

女性の結婚に対する価値観の変化についての話です。昔と違って女性が経済的に独立しているので結婚年齢が高くなったり、独身女性が増えていると述べています。従って正解は③「結婚しないで仕事にだけ没頭する」になります。空欄の前の「아예（最初から）」がヒントになるでしょう。①「내조」は「内助」、②「육아」は「育児」です。
【正解③】

語彙・文型の確認

中級語彙

□ 마무리	仕上げ	□ 입원하다	入院する
□ 한파	寒波	⇔ 퇴원하다	退院する
□ 증권	証券	□ 벌다	稼ぐ
□ 압력	圧力	□ 밝히다	明らかにする
□ 거액	巨額	◎ 담다	盛る、込める
□ 제목	題目	□ 담기다	盛られる、込められる
□ 삭제	削除		
□ 은혜	恵み、恩恵	□ 해석하다	解釈する
□ 위기	危機	□ 강조하다	強調する
□ 장래	将来	□ 검토하다	検討する
□ 빚	借金	□ 그만두다	辞める
□ 완승	完勝	□ 다정하다	やさしい
⇔ 완패	完敗	□ 당당하다	堂々としている
□ 기권	棄権	□ 순진하다	素直だ
□ 부정	不正	□ 불리하다	不利だ
□ 네티즌	ネットユーザー	□ 시키다	注文する、させる(使役)
□ 대책	対策		
□ 단축	短縮	□ 미리	前もって
□ 술술	すらすら	□ 비교적	比較的
□ 무척	非常に	□ 비로소	はじめて、やっと
≒ 몹시			

Check! 上の単語を適当な形にして空欄に入れなさい。

1 저는 가격보다 정성이 (　　　　) 선물을 더 선호해요.
2 퇴직금을 받은 후에야 (　　　　) 내 집을 장만할 수 있었다.
3 거액의 카드 (　　　　)을 갚지 못해서 자살하는 사람이 늘고 있다.
4 그는 1년 동안 (　　　　) 돈을 카지노에서 다 날리고 말았다.
5 그 선수가 갑자기 왜 (　　　　)을 했는지 관심이 집중되고 있다.

[正解] 1 담긴 2 비로소 3 빚 4 번 5 기권

高級語彙

□ 징역	懲役	□ 새다	漏れる
□ 참사	惨事	□ 노리다	狙う
□ 뒷전	後回し	□ 투숙하다	泊まる
□ 연합	連合	□ 뻗다	伸ばす
□ 바탕	土台、基礎	□ 쓸다	掃く
□ 반발	反発	□ 경이롭다	驚異的だ
□ 반사	反射	□ 곁들이다	添える
□ 멸시	蔑視	□ 고려하다	考慮する
□ 명칭	名称	□ 빠듯하다	ぎりぎりだ
□ 독창성	独創性	□ 빼앗다	奪う
□ 광택	光沢	□ 대꾸하다	返事する
□ 교감	交感	□ 빽빽하다	ぎっしりだ
□ 교정	矯正	◎ 잡히다	捕まる
□ 교체	交替	□ 당기다	引く、引っ張る
□ 발굴	発掘	□ 뭉치다	固まる、団結する
□ 싹쓸이	独り占め、	□ 무심하다	無頓着だ
	全部無くすこと	□ 묶다	縛る
□ 상설	常設	□ 뾰족하다	とがっている
□ 얼핏	ちらりと	□ 소홀히	おろそかに
□ 저절로	自ら	□ 끊임없이	絶えずに

Check! 上の単語を適当な形にして空欄に入れなさい。

1 이번 사건의 특징은 범인들이 60대 이상의 사람만을 (　　　　)다는 점에 있다.

2 저도 자세히 못 보고, 지나가다가 (　　　　) 봐서 잘 모르겠는데요.

3 이 요리에는 겨자를 (　　　　) 먹으면 정말 맛있어요.

4 시간이 (　　　　)니까 택시를 타고 갑시다.

[正解] **1** 노렸 **2** 얼핏 **3** 곁들여서 **4** 빠듯하

文型－接続表現

−만한	～と同じくらいの 예) 그 배우는 손바닥**만한** 얼굴 크기로 화제가 되었다. その俳優は手のひらと同じくらいの顔の大きさで話題になった。
−더러/보고	(人＋) ～に　＊後続文は必ず間接話法を伴う 예) 옆집 할머니가 저**더러/보고** 몇 살이냐고 물었어요. 隣のおばあさんが私に何歳かと聞きました。
−(이)나마	～ながら、～だが 예) 짧은 시간**이나마** 이야기할 수 있어서 좋았어요. 短い時間ながら話ができてよかったです。
−(이)지	～であって（前件を肯定、後件は否定） 예) 저는 이 아이의 이모**지** 엄마가 아니에요. 私はこの子の叔母であって母親ではありません。
−치고	～で、～ならば（例外なく）　＊否定文を伴う 예) 한국 사람**치고** 김치를 싫어하는 사람은 없다. 韓国人でキムチが嫌いな人はいない。
−치고(는)	～の割には（例外的に） 예) 외국인**치고는** 한국어를 아주 잘한다. 外国人の割には韓国語が非常にうまい。
−에다가	(場所＋) ～に 예) 여기**에다가** 사인해 주세요. ここにサインしてください。

実◇戦◇練◇習　**(　　)에 들어갈 가장 알맞은 것을 고르십시오.**

1 작은 공간(　　　) 내 사무실이 생겨서 기쁘다.
① 이지　② 치고는　③ 이나마　④ 에다가

2 크기가 이 노트북(　　　) 가방을 찾고 있는데요.
① 이나마　② 보고　③ 치고　④ 만한

[正解] **1** ③ **2** ④

文型－文末表現

-(ㄴ/는) 다고 하다 = (ㄴ/는)대요, -(이)라고 하다 = (이)래요	～だそうだ　　　＊間接話法（平叙文） 예) 친구가 바쁘**대요**.　友達が忙しいそうです。 친구가 오늘 못 **온대요**. 友達は今日来れないそうです。 이건 영수 책**이래요**. これはヨンスの本だそうです。
-느냐고/냐고 하다/묻다 = (느)내요	～かと聞く　　　＊間接話法（疑問文） ＊「느냐고」は動詞に付く 예) 여행은 언제 가**느냐고**/가**냐고** 물었어요. 旅行はいつ行くかと聞きました。 내일은 바쁘**냐고** 물었어요. 明日は忙しいかと聞きました。
-(으)라고 하다 = (으)래요	～しなさいと言う　　　＊間接話法（命令文） 예) 오늘 세 시까지 오**라고** 했어요. 今日3時までに来なさいと言いました。
-자고 하다 = 재요	～しようと言う　　　＊間接話法（勧誘文） 예) 내일 영화 보러 가**자고** 했어요. 明日映画を見に行こうと言いました。
-아/어 달라고 하다 = 아/어 달래요	～してくださいと頼む　　　＊間接話法（依頼文） 예) 이걸 선생님께 꼭 전**해 달래요**. これを先生に必ず渡してくれと頼まれました。

実戦練習　(　　)에 들어갈 가장 알맞은 것을 고르십시오.

1 부장님이 내일 거래처에 몇 시에 (　　　).
① 가재요　② 간대요　③ 가내요　④ 가래요

2 내가 보고 싶던 영화의 DVD를 친구가 가지고 있다길래 (　　　) 했어요.
① 빌리자고　② 빌리라고　③ 빌린다고　④ 빌려 달라고

[正解] **1** ③ **2** ④

練習問題

攻略ポイント! 新聞記事でよく見るタイトルの説明が問われる問題です。短く要約されているのでポイントになる単語の意味を正確に理解しなければなりません。普段から新聞記事のタイトルに使われる語彙や表現をチェックしておくといいでしょう。

V. 다음은 신문 기사의 제목입니다. 가장 잘 설명한 것을 고르십시오.

1.

실적 한파 겪는 증권사들, CEO대규모 '물갈이'

① 실적이 나쁜 증권사들의 CEO가 교체될 예정이다.
② CEO가 앞장서서 실적을 높이는 데 애쓰고 있다.
③ CEO가 그만두고서야 회사의 실적이 좋아졌다.
④ CEO가 바뀐 증권사들의 실적이 좋지 않다.

2.

1년간 1200만 명 개인 정보 '술술'

① 1년 동안 1200만 명의 개인 정보를 모았다.
② 1년 동안 1200만 명의 개인 정보를 사용했다.
③ 1년 동안 1200만 명의 개인 정보가 새어 나갔다.
④ 1년 동안 1200만 명의 개인 정보가 삭제되었다.

3.

억대 보험금 챙긴 '나이롱 입원 환자' 에 징역 1년

① 보험금을 받고자 환자인 척을 하고 입원했다.
② 입원 기간을 연장하여 거액의 보험금을 받았다.
③ 보험금을 노리고 사고를 내서 1년간 입원해야 했다.
④ 입원비를 내지 않고 1년간 병원에 투숙했다.

解答と解説

Ⅴ. 次は新聞記事の見出しです。最も良く説明しているものを選びなさい。

1. 実績寒波を経験している証券会社、CEO大規模「入れ替え」

「물갈이」は直訳すると「水をとり替えること」という意味ですが、比喩的に「メンバーなどを入れ替える」という意味でも使われています。従って①「実績が悪い証券会社のCEOが交替される予定だ」が正解になります。②「CEOが先頭に立って実績を上げることに努力している」、③「CEOが辞めてからやっと会社の実績がよくなった」、④「CEOが替わった証券会社の実績がよくない」です。【正解①】

2. 1年間1200万人の個人情報が「流出」

「술술」は「すらすら（解く）」、「ぺらぺら（しゃべる）」などの意味がありますが、ここでは情報などがいかにも簡単に漏れていく様を表します。従って③「1年間に1200万人の個人情報が漏れ出た」が正解になります。①「1年間に1200万人の個人情報を集めた」、②「1年間に1200万人の個人情報を使用した」、④「1年間に1200万人の個人情報が削除された」です。【正解③】

3. 億単位の保険金をもらった「偽入院患者」に懲役1年

「나이롱」は本来ナイロン繊維のことを表しますが、主に「환자」、「신사」、「박수」などの名詞の前につけて、「偽物」という意味で使う場合もあります。従って①「保険金をもらおうと患者のふりをして入院した」が正解になります。②「入院期間を延長して巨額の保険金をもらった」、③「保険金を狙って事故を起こし1年間入院しなければならなかった」、④「入院費用を払わずに1年間病院に泊まった」です。

【正解①】

練習問題

4. 나랏빚 규모 발표 때마다 '들쭉날쭉'

① 나라의 빚 규모가 발표할 때마다 금액이 올라간다.
② 나라의 빚 규모가 발표할 때마다 금액이 달라진다.
③ 나라의 빚 규모가 발표할 때마다 금액이 내려간다.
④ 나라의 빚 규모가 발표할 때마다 금액이 동일하다.

*5. 배 침몰 사고 참사, 안전은 '뒷전' 돈벌이만 '급급'

① 안전을 중요시해서 돈을 많이 벌었다.
② 돈을 버는 것보다는 안전을 중요시했다.
③ 안전보다는 돈을 버는 것을 최우선으로 생각했다.
④ 안전을 소홀히 해서 돈도 벌지 못했다.

*6. 국민민주연합, 광주 지방 선거 '싹쓸이'

① 지방 선거에서 국민민주연합이 완승했다.
② 지방 선거에서 국민민주연합이 완패했다.
③ 지방 선거에서 국민민주연합이 기권했다.
④ 지방 선거에서 국민민주연합의 부정이 밝혀졌다.

*7. 한 장의 그림에 담긴 뜻을 두고 네티즌들 '갑론을박'

① 그림의 뜻에 대해 여러 주장이 제기되고 있다.
② 그림의 뜻에 대해 부정적인 주장이 제기되고 있다.
③ 그림의 뜻을 모르는 사람들이 조언을 구하고 있다.
④ 그림의 뜻을 다 같은 의미로 해석하고 있다.

解答と解説

4. 国の借金の規模、発表の度「ばらばら」

「들쭉날쭉」は「でこぼこ」、「規則的でない様子」を表す時に使われます。従って正解は②「国の借金の規模が発表する度に金額が変わる」になります。①「金額が上がる」、③「金額が下がる」、④「金額が同じだ」です。【正解②】

5. 船の沈没事故惨事、安全は「後回し」金もうけにだけ「汲汲」

「뒷전」は「背後」、「後回しにすること」を表し、「급급」は「汲汲としていること」を表します。従って③「安全よりはお金を稼ぐことを最優先で考えた」が正解になります。①「安全を重要視し、お金をたくさん稼いだ」、②「お金を稼ぐことよりは安全を重要視した」、④「安全をおろそかにしてお金も稼げなかった」です。【正解③】

6. 国民民主連合、光州地方選挙「独占」

「싹쓸이」は「一つ残さずなくすこと」、「独り占めすること」を意味します。従って①「地方選挙で国民民主連合が完勝した」が正解になります。②「完敗した」、③「棄権した」、④「不正が明らかになった」です。【正解①】

7. 一枚の絵に込められた意味にネットユーザー「議論百出」

「갑론을박（甲論乙駁）」は、互いに自分の意見の主張や相手への反駁をしてまとまらない様子を表すので正解は①「絵の意味についていろいろな主張が提起されている」になります。②「絵の意味について否定的な主張が提起されている」、③「絵の意味が分からない人たちが助言を求めている」、④「絵の意味を皆同じに解釈している」です。
【正解①】

語彙・文型の確認

中級語彙

□ 치료	治療	□ 다양하다	様々だ
□ 심신	心身	□ 복잡하다	複雑だ、混む
□ 정신적	精神的	□ 답답하다	息苦しい、もどかしい
⇔ 육체적	肉体的		
□ 키워드	キーワード	□ 안다	抱く、抱える
□ 시대	時代	□ 실감 나다	実感が湧く
□ 하품	あくび	□ 깊다	深い
□ 언어	言語	⇔ 얕다	浅い
□ 지역	地域	□ 바르다	塗る、正しい
□ 실수	失敗	□ 신경 쓰다	気を遣う
□ 확장	拡張	□ 힘쓰다	努力する
□ 주름	しわ	□ 유지하다	維持する
□ 관리	管理	□ 우울하다	憂鬱だ
□ 종목	種目	□ 유창하다	流暢だ
□ 바닥	床	◎ 풀다	解く
□ 단백질	タンパク質	◎ 풀리다	解ける
□ 유난히	とりわけ	□ 깨닫다	悟る
□ 금세	すぐ	□ 치우다	片付ける
□ 일단	一応	□ 지우다	消す
□ 막	たった今、まさに	□ 수다 떨다	おしゃべりする
		□ 간절하다	切実だ

Check! 上の単語を適当な形にして空欄に入れなさい。

1 하고 싶은 말은 많은데 말이 통하지 않아서 (　　　　)지요?
2 (　　　　) 나가려던 참에 전화가 걸려 와서 받을까 말까 망설였다.
3 이 주변은 항상 차가 막히므로 도로를 더 (　　　　)해야 한다.
4 날씨가 맑아서 그런지 오늘따라 (　　　　) 별이 밝게 보인다.

[正解] **1** 답답하 **2** 막 **3** 확장 **4** 유난히

高級語彙

□용어	用語
□돌고래	イルカ
□포유류	哺乳類
□새끼	子
□뇌	脳
□초상화	肖像画
□신진대사	新陳代謝
□실마리	手掛かり
□실습	実習
□실시간	リアルタイム
□실태	実態
□심해	深海
□폐활량	肺活量
□포획	捕獲
□조형물	造形物
□조각	彫刻、切れ
□척추	脊髄
□이로써	これをもって
□이른바	いわゆる
□순전히	あくまで、まったく
□주목받다	注目される
□겹치다	重ねる、重なる
□다짐하다	念を押す
□자리 잡다	居着く、定着する
◎꾸리다	（荷造りを）する
□치유하다	治癒する
□속하다	属する
□들통나다	ばれる
□취약하다	脆弱だ
□두드리다	たたく
□두서없다	筋が通っていない
□파헤치다	掘り出す、暴く
□팽개치다	放り投げる
□아물다	（傷が）いえる
□짤막하다	やや短い
□찡그리다	しかめる
□후원하다	後援する
□허물다	崩す
□겸연쩍다	照れくさい
□생생히	ありありと
□워낙	あまりにも

Check! 上の単語を適当な形にして空欄に入れなさい。

1 살을 빼고 싶다면 우선 몸의 (　　　　)부터 높여야 한다.

2 그 사람은 안 좋은 일이라도 있는지 계속 얼굴을 (　　　　) 채로 전화 통화를 하고 있다.

3 (　　　　)를 튼튼하게 하기 위해서는 항상 바른 자세로 앉는 습관을 들여야 한다.

4 안 먹으려고 했는데 너무 맛있어 보여서 한 (　　　　)만 먹었다.

[正解] **1** 신진대사 **2** 찡그린 **3** 척추 **4** 조각

文型－接続表現

−기가 무섭게	〜するや否や　　　　＊「−자마자」より勢いよく 예) 수업이 끝나**기가 무섭게** 뛰어 나갔다. 授業が終わるとすぐ飛び出して行った。
−는 대로 ≒ 자마자	〜し次第に 예) 완성되**는 대로** 보내 드리겠습니다. 完成し次第お送りいたします。
−(으)ㄴ/는 대로	〜した通りに、〜する通りに 예) 예상**한 대로** 그 사람은 오지 않았다. 予想した通り、彼は来なかった。
＊−(으)ㄹ망정	① たとえ〜であるとも　② 〜とはいえ 예) ① 생활이 힘**들망정** 꿈은 포기하지 않겠다. 生活が大変だとしても夢はあきらめない。 ② 학교는 작**을망정** 역사는 오래 되었다. 学校は小さいとはいえ、歴史は長い。
＊−(으)ㄹ 지언정	① 〜することはあっても（絶対に〜） ② 〜するとしても（しかし〜） ＊「−(으)ㄹ망정」より強い言い方 예) ① 굶어 죽**을지언정** 도둑질은 하지 않겠다. 飢え死にすることはあっても盗みはしない。 ② 무섭게 생겼**을지언정** 마음씨는 곱다. 怖い顔であっても、気立ては良い。

実戦練習 (　　)에 들어갈 가장 알맞은 것을 고르십시오.

1 사장님께서 (　　　) 하기만 하면 돼요.
① 지시할망정　② 지시할지언정
③ 지시하기가 무섭게　④ 지시하는 대로

2 거짓말쟁이가 (　　　) 친구를 배신할 수는 없다.
① 된 대로　② 될지언정　③ 되기가 무섭게　④ 되는 대로

[正解] **1** ④ **2** ②

文型－文末表現

−(으)ㄴ/는 셈이다	～だと言える、～したのとほぼ同じだ 예) 한 페이지만 남았으니까 다 읽**은 셈이에요**. 1ページだけ残っているので全部読んだのとほぼ同じです。
−(으)ㄹ 셈이다	～するつもり（考え、下心）である 예) 어떻게 **할 셈인**지 저는 도저히 모르겠어요. どうするつもりなのか私にはさっぱり分かりません。
−(으)ㄴ 셈 치다	～したことにする ＊動作などをすでに行ったように仮定して言う時 예) 저를 많이 도와주셨으니까 빚은 갚**은 셈 칠게요**. たくさん手伝ってくださったので、借りは返したことにしますね。
＊−(으)ㄹ까 싶다	～しようかと思う 예) 시간도 늦었고 저는 이만 돌아**갈까 싶어요**. 時間も遅いし私はもうそろそろ帰ろうかと思います。
＊−(으)ㄴ/는/(으)ㄹ 성싶다 ≒(으)ㄴ/는/(으)ㄹ 것 같다	～したようだ／～しているようだ／～しそうだ 예) 어딘가에서 한 번 **본 성싶다**. どこかで一度見たようだ。 이 계획은 잘 **될 성싶다**. この計画はうまくいきそうだ。

実戦練習 (　　)에 들어갈 가장 알맞은 것을 고르십시오.

1 스포츠 센터에는 못 갔지만 많이 걸었으니까 운동을 (　　　).

① 할 셈이에요　　② 한 셈 쳐요
③ 할까 싶어요　　④ 할 성싶어요

2 저도 같이 (　　　) 아직 자리가 있나요?

① 갈까 싶은데　　② 간 성싶은데
③ 간 셈인데　　④ 간 셈 치고

[正解] 1 ②　2 ①

練習問題

攻略ポイント! 内容と一致するものを選ぶ問題です。文章を細かく理解する能力が問われます。文の種類も説明文や論説文、記事など様々です。選択肢に書いてある内容が本文にも書いてあるかを細かくチェックしながら読みましょう。

Ⅵ. 다음을 읽고 내용이 같은 것을 고르십시오.

1.

> 요즘 몸이나 마음의 치유를 뜻하는 '힐링'이라는 용어가 주목을 받고 있다. 이는 현대인들의 대부분이 예전과 달리 정신적으로 많은 스트레스를 안고 살아 가고 있기 때문이다. 힐링을 위한 방법에는 여러 가지가 있는데 여행이나 독서, 음악회, 연극 감상, 친구들과의 수다나 혼자만의 시간 등 개개인에 따라 다양하며 그 효과도 크다. 그렇기 때문에 머릿속이 복잡하고 답답할 때는 그 문제들을 계속 끌어안고 있기보다는 자신이 가장 행복해질 수 있는 힐링 방법을 찾아 몸과 마음을 치유해 보기를 바란다.

① 여행을 통해 스트레스를 푸는 방법이 인기를 끌고 있다.
② 힐링이라는 말은 시대에 따라 그 의미가 변화해 왔다.
③ 힐링이라는 말은 현대 사회상을 잘 반영하는 말이다.
④ 스트레스가 쌓였을 때는 혼자만의 시간을 보내는 것이 중요하다.

解答と解説

Ⅵ. 次を読んで内容と一致するものを選びなさい。

1. 最近体や心の治癒を意味する「ヒーリング」という用語が注目を集めている。これは現代人のほとんどが昔と違って精神的に多くのストレスを抱えて生きているからだ。ヒーリングのための方法にはいろいろあるが、旅行や読書、音楽会、演劇鑑賞、友達とのおしゃべりや一人だけの時間など、個人個人によってさまざまで、その効果も大きい。だから頭の中がごちゃごちゃで苦しい時はその問題をずっと抱え込んでいるよりは、自分が一番幸せになれるヒーリングの方法を見つけて、体と心を治療してみることを勧める。

「ヒーリング」に関する話です。一致するのは③「ヒーリングという言葉は現代の社会像をよく反映している言葉である」になります。①「旅行を通じてストレスを解消する方法が人気を集めている」(×)→個人個人によって違う、②「ヒーリングという言葉は時代によってその意味が変化してきた」(×)→意味は変わっていない、④「ストレスがたまっている時は自分だけの時間を過ごすのが大事だ」(×)→個人個人によって違う、です。【正解③】

練習問題

2.

> 돌고래는 포유류 고래목에 속하며 몸 길이는 약 4미터 이하이고 한 번에 한 마리의 새끼를 낳습니다. 뇌의 크기는 사람의 뇌의 크기와 비슷하며, 주름이 잘 발달되어 있어 약 700종의 발음이 가능해 돌고래끼리 서로 대화를 나눌 수 있습니다. 그런데 재미있는 것은 살고 있는 바다의 위치에 따라 언어가 달라서 다른 지역의 바다에서 온 돌고래와는 대화가 불가능하다고 합니다. 마치 인간 세계에서 다른 나라 사람과 언어가 달라 이야기를 나눌 수 없듯이 돌고래의 세계에서도 마찬가지인가 봅니다.

① 돌고래는 평생 한 마리의 새끼만을 낳는다.
② 돌고래는 사는 지역에 관계없이 서로 대화를 나눌 수 있다.
③ 돌고래는 동물 중에서 대화가 가능한 유일한 동물이다.
④ 돌고래의 뇌의 크기는 사람의 뇌의 크기와 비슷하다.

*3.

> 대부분의 여성들은 얼굴을 위해서 돈이나 시간을 많이 투자하지만 과연 목을 위해서는 얼마나 투자를 할까요? 얼굴을 잘 관리해서 어려 보인다는 소리를 듣는다고 해도 목주름이 있으면 나이가 금세 들통나 버리기 마련입니다. 목 피부는 얼굴 피부보다 얇고 피하 지방층이 얼굴의 3분의 1밖에 되지 않아서 건조해지기 쉽습니다. 또한 목의 근육층도 취약해 피부 탄력성이 약하고 신진대사가 원활하지 못해 주름이 잘 생깁니다. 그렇기 때문에 목주름을 깊게 만들지 않기 위해서는 목 피부 관리에도 힘쓸 필요가 있습니다. 목만을 위한 넥크림을 이용하거나 목에도 얼굴처럼 폼클렌징을 사용해 주는 것이 좋습니다.

① 얼굴만 잘 관리하면 어려 보인다는 소리를 듣는다.
② 목주름이 잘 생기는 이유는 신진대사가 원활하지 못하기 때문이다.
③ 얼굴에 바르는 크림을 목에도 같이 발라 주는 것이 좋다.
④ 목 피부는 얼굴 피부와 같아서 쉽게 건조해진다.

解答と解説

2.

　イルカは哺乳類クジラ目に属していて体の長さは約４メートル以下で、一度に一頭の子を産みます。脳の大きさは人の脳の大きさと同じ位で、しわがよく発達しているため約700種の発音が可能で、イルカ同士で互いに会話を交わすことができます。ところで面白いことは、住んでいる海の場所によって言葉が違うため、他の地域の海から来たイルカとは会話が不可能だそうです。まるで人間世界で他の国の人と言葉が違って話せないようにイルカの世界でも同じようです。

イルカについての話です。一致する内容は④「イルカの脳の大きさは人の脳の大きさと似ている」になります。①「イルカは一生に一頭の子だけを産む」（×）→一度に一頭、②「地域に関係なく」（×）→住んでいる海の場所によって言葉が違う、③「唯一の動物」（×）→それに関する言及はない、です。　【正解④】

3.

　大部分の女性は顔のためにお金や時間をたくさん費やしますが、果たして首のためにはどれくらい費やすでしょうか。顔をよく管理して若く見えると言われるとしても、首にしわがあれば年齢がすぐばれるに決まっています。首の皮膚は顔の皮膚より薄くて皮下脂肪の層が顔の３分の１しかないので乾燥しやすいです。また首の筋肉層も脆弱で肌の弾力性が弱く、新陳代謝が円滑でないのでしわがよくできます。だから首のしわを深くしないためには首の皮膚の管理にも力を入れる必要があります。首専用のネッククリームを使ったり、首にも顔のようにフォームクレンジングを使ったほうがいいです。

首の皮膚の管理の大事さに関する話です。一致する内容は②「首にしわがよくできる理由は新陳代謝が円滑でないためだ」になります。①「顔だけよく管理」（×）→首の皮膚の管理も必要、③「顔に塗るクリーム」（×）→首専用のクリーム、④「顔の皮膚と同じで」（×）→顔より薄い、です。　【正解②】

語彙・文型の確認

中級語彙

□ 주제	テーマ	□ 살리다	生かす
□ 장점	長所	□ 지나다	過ぎる、経つ
⇔ 단점	短所	□ 졸다	居眠りする
□ 기업	企業	□ 조절하다	調節する
□ 단련	鍛練	□ 짓다	建てる、作る
□ 임금	賃金	□ 걸다	かける
□ 고용	雇用	□ 걸리다	かかる
□ 미래	未来	◎ 잡다	つかむ、握る
□ 희망	希望	□ 두껍다	厚い
□ 인건비	人件費	⇔ 얇다	薄い
□ 제사	祭祀、祭事	□ 정확하다	正確だ
□ 제물	供え物	□ 조급하다	気早い
□ 농업	農業	□ 적당하다	適当だ、程よい
□ 착용	着用	□ 지치다	疲れる
□ 장마	梅雨	□ 짐작하다	予想する、
□ 생사	生死	≒ 추측하다	推測する
□ 외출	外出	□ 희생하다	犠牲にする
□ 예보	予報	□ 채용하다	採用する
□ 확률	確率	□ 발휘하다	発揮する
□ 전혀	全く	□ 방해하다	邪魔する

Check! 上の単語を適当な形にして空欄に入れなさい。

1 뇌를 (　　　　)시켜 기억력을 향상시키는 방법이 있다고 한다.
2 내가 한 말로 인해 그 사람이 상처 받았을까 봐 마음에 (　　　　)는데요.
3 건물이 무너지면서 화재가 발생했는데 아직 많은 사람들의 (　　　　)가 확인되지 않고 있다.
4 이곳 생활은 아직 낯설지만 시간이 (　　　　)면 익숙해질 것이다.

[正解] 1 단련 2 걸리 3 생사 4 지나

高級語彙

□ 정규직　正規雇用
⇔ 비정규직
□ 노동자　労働者
□ 지붕　屋根
□ 외환　外国為替
□ 가량　～ほど
□ 분석　分析
□ 미세　微細
□ 탄력　弾力
□ 지름　直径
□ 굴뚝　煙突
□ 황사　黄砂
□ 호흡기　呼吸器
□ 농도　濃度
□ 청정기　清浄機
□ 지문　指紋
□ 지반　地盤
□ 침전물　沈殿物
□ 삽입　挿入
□ 색소　色素

□ 이르다　到る、早い
□ 전환되다　転換される
□ 폐하다　廃する
□ 동원하다　動員する
□ 지속되다　持続する
□ 배출하다　排出する
□ 노출되다　さらされる
□ 유발하다　誘発する
◎ 거두다　取り立てる
□ 증발하다　蒸発する
□ 증정하다　贈呈する
□ 엄숙하다　厳粛だ
□ 엄청나다　おびただしい
□ 여과하다　濾過する
□ 지급하다　支給する
□ 지나치다　通り過ぎる
□ 지니다　身につける
□ 거치다　経る
□ 헛되이　無駄に
□ 힘껏　力いっぱい

Check! 上の単語を適当な形にして空欄に入れなさい。

1 그의 장례식은 (　　　　) 분위기 속에서 진행되었다.
2 일주일(　　　　) 휴가를 낼 수 있을 듯해서 해외여행을 가기로 했다.
3 지난 1년간 일도 하지 않고 시간을 (　　　　) 보낸 것이 후회된다.
4 그 영화는 한국 영화 사상 처음으로 1700만 명이라는 관객을 (　　　　) 화제가 되었다.

[正解] **1** 엄숙한 **2** 가량 **3** 헛되이 **4** 동원해서

文型－接続表現

-(으)ㄴ 채로	～したまま
	예) 신발을 신**은 채로** 들어가지 마세요. 靴を履いたまま入らないでください。
-(으)ㄹ 겸	～することを兼ねて
	예) 친구도 만**날 겸** 부산에 여행을 가고 싶어요. 友達に会うことを兼ねて釜山に旅行したいです。
-(으)ㄹ까 봐	～するのではないかと思って ＊後続文には主にその対策が用いられる
	예) 늦**을까 봐** 택시를 탔어요. 遅れるのが心配でタクシーに乗りました。
＊-(으)ㄹ세라	① ～するのではないかと思って　≒ (으)ㄹ까 봐 ② なんと～だろう　＊感嘆の意を表す
	예) ① 아이들이 **깰세라** 조용히 이야기했다. 子供たちが起きると困るので静かにしゃべった。 ② 마음씨도 고**울세라**! なんと美しい心遣いだろう！
＊-(으)리라(고)	① ～だろうと　＊推量 ② ～すると　＊決意
	예) ① 그 사람이 여기까지 찾아오**리라고** 예상했었다. 彼がここまで訪れて来るだろうと予想していた。 ② 오늘은 무슨 일이 있어도 말하**리라** 다짐했다. 今日は何があっても言おうと心に誓った。

実戦練習 다음 밑줄 친 부분과 의미가 비슷한 것을 고르십시오.

1 내년에는 꼭 유학을 가리라고 다짐했다.
① 가라고　② 갈까 말까　③ 가겠다고　④ 갈 것 같다고

2 회의 시간에 졸면 안 되니까 커피를 세 잔이나 마셨다.
① 졸지 않으니까　② 졸다가는
③ 졸망정　④ 졸세라

[正解] **1** ③ **2** ④

−은/는커녕, ≒ 은/는 고사하고	～はおろか、～どころか 예) 휴가 때 쉬기**는커녕** 일만 했어요. 休暇の時に休むどころか仕事ばかりしました。
−(으)ㄴ/는 이상	～したからには、～の以上 예) 이 일을 맡**은 이상** 최선을 다할 뿐이다. この仕事を引き受けたからには最善を尽くすのみだ。
＊−(으)ㄴ/는가 하면	① ～かと思えば ② ～かというと 예) ① 코를 사용해 그림을 그리는 코끼리가 있**는가 하면** 발로 그림을 그리는 코끼리도 있다. 鼻を使って絵を描く象がいるかと思えば、足で絵を描く象もいる。 ② 왜 이렇게 되었**는가 하면** 환경 보호에 무관심한 사람들이 늘고 있기 때문이다. なぜこうなったのかというと、環境保護に無関心な人が増えているからだ。
＊−(으) 려니(까)	～しようとしたら　＊「−(으)려고 하니까」の縮約形 예) 막상 자**려니** 잠이 안 온다. いざ寝ようとしたら眠れない。
＊−(으)ㄴ/는 마당에	～の時に（事が起こる場合に） 예) 급**한 마당에** 대답을 기다릴 여유가 없었다. 急いでいる時に返事を待つ余裕がなかった。

実◇戦◇練◇習 (　　)에 들어갈 가장 알맞은 것을 고르십시오.

1 막상 고맙다는 말을 (　　　) 겸연쩍다.

① 하려니　　② 하는가 하면
③ 하기는커녕　　④ 한 이상

2 졸업(　　　) 생활비는 자기가 벌어야 한다.

① 하려니까　　② 한 이상
③ 하는가 하면　　④ 하기는 고사하고

[正解] **1** ① **2** ②

練習問題

攻略ポイント! 文章の主題を選ぶ問題です。ここでは書かれている内容から書き手の意図（言いたいこと）を読み取る能力と文章の理解力が問われます。本文に書いてない内容だったり、本文の内容と合っていてもそれが中心となる内容ではない場合もあるので気をつけましょう。

Ⅶ. 다음 글의 주제로 가장 알맞은 것을 고르십시오.

1.

> 비정규직 노동자의 비율은 97~98년 외환 위기 이후에 급증하기 시작했고 현재 전체 노동자의 절반 이상인 900만 명가량에 이른다. 외환 위기 당시에 기업들을 살리기 위해 정부에서 내놓은 대안이 비정규직 제도로서, 현재 외환 위기 이후 15년 이상이 지났지만 노동 환경은 전혀 달라진 게 없는 상황이다. 이들은 낮은 사회 보험 혜택에 저임금, 고용 불안 등으로 미래에 대한 희망도 없다. 기업들은 앞으로 인건비를 줄이는 것에 급급해 하기보다는 비정규직에 대한 차별을 없애 노동자에 대한 권리를 보장해 주어야 한다.

① 비정규직 노동자들의 수는 감소하고 있는 추세이다.
② 비정규직 노동자들의 대부분이 정규직으로 전환되고 있다.
③ 비정규직 노동자들의 근로 조건을 개선해 주어야 한다.
④ 비정규직 노동자들이 나서서 권리를 주장해야 한다.

解答と解説

VII. 次の文章の主題として最も合うものを選びなさい。

1．

> 非正規雇用労働者の比率は97～98年の通貨危機以降に急増し始め、現在全体の労働者の半分以上であるおよそ900万人に及んでいる。通貨危機当時、企業を生き残らせるために政府から出された対案が非正規雇用制度で、現在通貨危機から15年以上が経っているのにもかかわらず、労働環境はまったく変わっていない状況である。彼らは低い社会保険給付に低賃金、雇用不安などで未来に対する希望もない。企業はこれから人件費を減らすことを最優先にするよりは、非正規雇用に対する差別をなくして、労働者に対する権利を保障しなければならない。

非正規雇用の問題に関する話です。従って中心となる考えは③「非正規雇用労働者たちの勤労条件を改善すべきだ」になります。①「減少している傾向だ」、②「ほとんどが正規雇用へ転換されている」、④「非正規雇用労働者たちが先頭に立って権利を主張しなければならない」です。

【正解③】

練習問題

*2.

> 기우제란 고대 사회에서 가뭄이 들었을 때 하늘에 비가 내리기를 빌었던 제사를 말한다. 음식을 제물로 준비하여 비가 올 때까지 빌었으며 가뭄이 심할 때에는 왕이 직접 기우제를 올리기도 하였다. 예로부터 농업을 기본으로 삼아 온 민족에게 있어서 가뭄이란 곧 굶주림을 의미했다. 따라서 다른 시설이 거의 없었던 옛날일수록 기우제를 드릴 수 밖에 없었고 농민의 생사가 걸려 있었기 때문에 모두 하나가 되어 간절하게 기우제를 지낸 것이다.

① 기우제에는 농민들의 절실함이 담겨 있다.
② 가뭄이 들지 않기를 바라는 마음으로 기우제를 드린다.
③ 국민을 단결시키기 위해 기우제가 시작되었다.
④ 기우제를 통해 비가 올 확률이 얼마나 되는지 분석해야 한다.

*3.

> 미세 먼지로 인해 고통을 호소하는 사람들이 부쩍 늘고 있다. 미세 먼지는 지름이 10마이크로미터 이하의 먼지로, 자동차나 공장 굴뚝 등을 통해 주로 배출되며 황사나 심한 스모그 때 바람을 타고 날아오기도 한다. 장기간 미세 먼지에 노출될 경우 면역력이 급격히 저하되어 감기, 천식, 기관지염 등의 호흡기 질환은 물론 피부 질환 등 각종 질병을 유발할 수 있다. 그러므로 미세 먼지의 농도가 높은 날에는 외출 시 마스크를 꼭 착용하는 것이 좋다. 또한 실내에서도 공기 청정기를 자주 사용하고 가급적 문을 열어 두지 않는 것이 좋다.

① 미세 먼지의 위험성을 알고 대비해야 한다
② 미세 먼지로 인해 질병에 걸릴 확률은 낮은 편이다.
③ 미세 먼지의 위험성을 모르는 사람들이 많다.
④ 미세 먼지로 인해 면역력이 저하되는 사람들이 늘고 있다.

解答と解説

2.

> 祈雨祭とは古代社会で日照りの時、天に雨が降ることを願って行った祭事のことを言う。食べ物を供物として用意し、雨が降るまで祈り、日照りがひどい時は王が直接祈雨祭を行ったりもした。昔から農業を基にしてきた民族にとって日照りとはすなわち飢えを意味した。だから他の施設がほとんどなかった昔ほど祈雨祭を捧げるしかなく、農民の生死がかかっていたからみんな一つになって切実に祈雨祭を行ったのである。

古代から行われていた祈雨祭（雨乞い）に関する話です。祈雨祭を行うようになった背景や方法などを説明しています。従って中心となる考えは①「祈雨祭には農民たちの切実さが込められている」になります。③「단결시키기 위해」は「団結させるため」、④「확률」は「確率」、「분석」は「分析」です。 【正解①】

3.

> 浮遊粒子状物質による苦痛を訴える人たちがめっきり増えている。浮遊粒子状物質は直径10マイクロメートル以下のほこりで、主に車や工場の煙突などを通して排出され、黄砂やひどいスモッグの時に風に乗って飛んでくる場合もある。長期間浮遊粒子状物質にさらされる場合、免疫力が急激に低下して風邪やぜんそく、気管支炎などの呼吸器疾患はもちろん、皮膚疾患などの各種の疾病を誘発することもある。従って、浮遊粒子状物質の濃度が高い日は外出時にマスクを必ず着用したほうがいい。また室内でも空気清浄機をよく使い、できるだけドアを開けておかない方がいい。

浮遊粒子状物質の問題に関する話です。浮遊粒子状物質の危険性と予防対策について説明しているので正解は①「浮遊粒子状物質の危険性を知って備えなければならない」になります。「미세먼지」は直訳すると「微細ほこり」です。②「질병에 걸릴 확률」は「疾病にかかる確率」です。 【正解①】

語彙・文型の確認

中級語彙

□ 존재	存在	□ 지저분하다	散らかっている
□ 국력	国力	□ 마르다	乾く
□ 분야	分野	□ 집다	取る
□ 도우미	ヘルパー	□ 누르다	押す
□ 로봇	ロボット	□ 조작하다	操作する
□ 출시	発売	□ 키우다	育てる
□ 진전	進展	□ 살을 빼다	痩せる
□ 버튼	ボタン	⇔ 살이 찌다	太る
□ 주변	周辺	□ 헤엄치다	泳ぐ
□ 상대	相手	□ 조사하다	調査する、
□ 상식	常識	≒ 알아보다	調べる
□ 숨	息、呼吸	□ 분명하다	明らかだ、
□ 스트레칭	ストレッチ	≒ 틀림없다	間違いない
□ 칼로리	カロリー	≒ 확실하다	
□ 간식	間食	□ 무뚝뚝하다	無愛想だ
□ 야식	夜食	□ 무사하다	無事だ
□ 지면	地面	◎ 뜨다	（目を）開ける
□ 마라톤	マラソン	◎ 감다	（目を）閉じる
□ 또한	また	◎ 지다	（日が）沈む
□ 특히	特に	□ 및	及び

Check! 上の単語を適当な形にして空欄に入れなさい。

1 다이어트에 대해 잘못된 (　　　　)을 가지고 있는 사람이 많이 있다.
2 우리 남편은 잘 웃지도 않고 말수도 적어요. (　　　　) 성격이에요.
3 오늘 오후에 이 호텔에서 기자회견 (　　　　) 간담회가 열릴 예정이다.
4 방이 굉장히 (　　　　)지요? 청소를 계속 못 했거든요.
5 집에서 (　　　　) 야채로 요리를 해서 그런지 한층 더 맛있네요.

[正解] 1 상식 2 무뚝뚝한 3 및 4 지저분하 5 키운

高級語彙

□증대	増大
□교역	交易
□강화	強化
□개최	開催
□자긍심	自負心、自尊心
□상실	喪失
□독거노인	一人暮らしの老人
□심폐 기능	心肺機能
□유산소	有酸素
□오르막길	上り道
⇔내리막길	下り道
□발바닥	足裏
□발등	足の甲
□재테크	財テク
□신간	新刊
□초점	焦点
□기존	既存
□지침서	手引き
□안팎	内外、前後
□유치하다	誘致する、幼稚だ
□직결되다	直結する
□결집시키다	結集させる
□고취시키다	鼓吹させる
□부착되다	付着する
□소모하다	消耗する
□디디다	踏む
□벗어나다	脱する
◎맞추다	合わせる
□범람하다	氾濫する
□범하다	犯す
□변색되다	変色する
□육성하다	育成する
□촉박하다	差し迫っている
□촘촘하다	細かい
□추구하다	追求する
□축적되다	蓄積される
□조만간	近いうちに、遅かれ早かれ
□좀처럼	なかなか（～しない）

Check! 上の単語を適当な形にして空欄に入れなさい。

1 안전 점검을 소홀히 해서 사고로 (　　　　) 경우도 있다.
2 매일 열심히 하는데도 불구하고 (　　　　) 실력이 늘지 않는다.
3 홍수로 인해 강이 (　　　　)면서 주택이 침수되고 있다.
4 일교차가 10도 (　　　　)으로 커지면서 감기에 걸리는 사람들이 눈에 띄게 늘고 있다.

[正解] 1 직결된 2 좀처럼 3 범람하 4 안팎

文型－接続表現

−(ㄴ/는)다(고) 치고	～だと(仮定)して 예) 학비는 장학금을 받**는다 치고**, 생활비는 어떻게 할 거야? 学費は奨学金をもらうとして、生活費はどうするつもりなの？
−(으)ㅁ으로써	～をもって、～することによって　＊手段・方法 예) 이 한 몸을 희생**함으로써** 사죄하는 바이다. この身の犠牲をもって謝罪するところである。
*−(ㄴ/는)댔자 ≒ 아/어 봤자	～しても、～したところで 예) 지금 이야기**한댔자** 소용없을 거예요. いま話しても無駄でしょう。
*−(으)리만큼/리만치 ≒ (으)ㄹ 정도로	～するほど 예) 이야기할 기운도 없**으리만큼/리만치** 피곤하다. 話す力もないほど疲れている。
*−(ㄴ/는)대서야	～とは、～なんて、～しては 예) 그걸 모**른대서야** 말이 안 되죠. それを知らないなんて話にならないでしょう。
*−(으)련마는	～であろうに、～するはずなのに、～するのだが 예) 누가 도와주면 좋**으련마는** 아무도 없다. 誰か手伝ってくれればいいのだが誰もいない。

実◇戦◇練◇習 (　　)에 들어갈 가장 알맞은 것을 고르십시오.

1 그런 일로 (　　　) 사이가 좋다고 할 수 없다.
① 싸우리만치　② 싸운댔자
③ 싸운대서야　④ 싸우련마는

2 어제는 차가 막혀서 (　　　) 오늘은 왜 또 늦게 왔어요?
① 늦는대서야　② 늦으련마는
③ 늦음으로써　④ 늦었다 치고

[正解] **1** ③ **2** ④

文型－文末表現

－아/어다 주다	～して来てくれる 예) 도서관에서 책을 빌**려다 주세요**. 図書館で本を借りて来てください。
－(으)ㄴ/는 편이다	～するほうだ 예) 주말에는 외식을 자주 하**는 편이다**. 週末は外食をよくする方だ。
－아/어서는 안 되다 ≒ (으)면 안 되다	～してはいけない 예) 잔디를 밟**아서는 안 됩니다**. 芝生を踏んではいけません。
－(으)려(고) 들다	～しかかろうとする、～しようとする（勢いよく） 예) 이야기를 다 듣기도 전에 화부터 내**려고 든다**. 話も全部聞かずに怒ろうとする。
－(으)려면 (아직) 멀었다	～するまではまだまだ時間がかかる 예) 도착하**려면** 아직 **멀었어요**. 到着まではまだまだ時間がかかります。
* －(으)ㄹ란다	（友達や年下の人に）～するね　＊自分の意志 예) 오늘은 나 먼저 먹**을란다**. 今日は先に食べるね。

実戦練習　(　　)에 들어갈 가장 알맞은 것을 고르십시오.

1 숙제를 다 (　　　) 아직 멀었어요.
① 끝내서는　② 끝내려면
③ 끝내려고　④ 끝내는 편이라서

2 아이는 손에 잡히는 것을 모두 (　　　).
① 먹어다 준다　② 먹으려면 멀었다
③ 먹을란다　④ 먹으려 든다

[正解] **1** ② **2** ④

練習問題

攻略ポイント! 文が入る位置を選ぶ問題です。文章の流れが把握できているかが問われます。文の種類は説明文が多いです。まず文章を読む前に〈보기〉の内容を把握するのが大事です。それから問題文を読む時は前後の話の流れが自然かどうかに重点をおきましょう。

Ⅷ. 다음 글에서 〈보기〉의 문장이 들어가기에 가장 알맞은 곳을 고르십시오.

1.

올림픽 유치는 생산 유발과 관광 수입 증대 등 직접적인 경제 효과를 유발한다. (㉠) 국가의 존재와 국력을 세계에 알림으로써 교역 기회의 증대와 이미지 강화에도 직결된다. (㉡) 또한 개최 기간 중 국민의 관심과 열정을 결집시켜 자긍심을 고취시킬 수 있다. (㉢) 하지만 좋은 점만 있는 것은 아니다. (㉣)

〈보기〉

국가가 올림픽 관련 투자에 집중함으로써 기타 분야에 대한 투자 기회가 상실된다는 단점도 있다.

① ㉠　② ㉡　③ ㉢　④ ㉣

2.

고령화 사회에서 꼭 필요한 노인 도우미 로봇이 출시가 되어 화제가 되고 있다. (㉠) 이 로봇은 두 팔로 사람을 들어 옮겨 주기도 하고 높은 곳의 물건을 집어서 가져다 주기도 한다. (㉡) 리모컨의 버튼을 눌러서 쉽게 조작할 수 있으므로 독거노인들도 이용하기 쉽다. (㉢) 이 기능을 이용하면 매일 대화가 가능해져 치매 예방에도 효과를 볼 수 있다. (㉣)

〈보기〉

또한 더 나아가 대화 기능이 부착된 로봇도 출시되고 있다.

① ㉠　② ㉡　③ ㉢　④ ㉣

解答と解説

Ⅷ. 次の文章で〈例〉の文が入るのに最も適切なところを選びなさい。

1.

> オリンピック誘致は、生産の誘発と観光収入の増大など直接的な経済効果を誘発する。（ ㉠ ）国家の存在と国力を世界に知らせることによって交易の機会の増大とイメージ強化にも繋がる。（ ㉡ ）また開催期間中、国民の関心と情熱を結集させ、自尊心を鼓吹させることができる。（ ㉢ ）しかし良い点ばかりではない。（ ㉣ ）

> 〈例〉
> 国家がオリンピック関連の投資に集中することによって、その他の分野に対する投資の機会が失われるといった短所もある。

最初に〈例〉を読むとオリンピック誘致の短所についての内容だと分かります。文章のほとんどはオリンピックの長所について述べているので最後の「しかし」の後に短所が来ることが分かります。従って正解は④「㉣」になります。 【正解④】

2.

> 高齢化社会で絶対必要な老人ヘルパーのロボットが発売され話題になっている。（ ㉠ ）このロボットは両腕で人を持ち上げて移動させたり、高いところの物をつかんで持ってきてくれたりもする。（ ㉡ ）リモコンのボタンを押して簡単に操作ができるので、一人暮らしの老人にも使いやすい。（ ㉢ ）この機能を利用すれば毎日対話が可能になり、ぼけ防止にも効果が得られる。（ ㉣ ）

> 〈例〉
> また、さらに進んで対話機能が付いているロボットも発売されている。

〈例〉にある「さらに」がヒントになるでしょう。あと、(㉢) の後の「この機能」というのは〈例〉に書いてある「対話機能」のことを指しているので正解は③「㉢」になります。 【正解③】

練習問題

*3.

> 몸과 마음을 단련시켜 주는 등산이 다이어트에도 인기가 있다고 한다. (㉠) 또한 전신 운동으로써 신체의 모든 부위의 살을 빼는 데 도움이 되며, 근력 운동과 유산소 운동을 함께 하는 효과를 볼 수 있다. (㉡) 하지만 몇 가지 주의해야 할 사항도 있다. (㉢) 등산은 전신 운동이므로 등산 전후에 반드시 스트레칭을 해야 하며, 등산 중 잠깐 휴식이 필요할 때는 앉지 말고 서서 쉬는 게 좋다. (㉣)

> 〈보기〉
> 등산은 시간당 약 400~800kcal를 소모하는 운동으로 수영과 마라톤보다도 많은 칼로리가 소모되기 때문이다.

① ㉠　② ㉡　③ ㉢　④ ㉣

*4.

> 세계적인 경제학자이자 한국대학교 경제학과 교수인 김범준 씨가 오랜만에 '누구나 쉽게 따라 하는 재테크' 라는 신간을 내놓았다. (㉠) 이 책은 한국의 부자들을 상대로 성공 투자 노하우와 마인드를 조사해 쓴 책이다. (㉡) 이는 정보화 사회의 진전으로 재테크가 젊은 사람들의 중요 관심사가 된 것과, 실제로 노하우만 알면 부자가 될 수 있는 가능성이 커졌기 때문이라고 한다. (㉢) 따라서 이 책은 경제적으로 여유가 생기기를 바라는 젊은이들의 소중한 지침서가 될 것이 분명하다. (㉣)

> 〈보기〉
> 기존의 책과 크게 다른 점은 성공한 젊은 사람들에게 초점을 맞추고 있다는 점이다.

① ㉠　② ㉡　③ ㉢　④ ㉣

解答と解説

3.

体と心を鍛えてくれる登山がダイエットにも人気があるそうだ。（　㉠　）また、全身運動で身体のすべての部位のダイエットに役に立ち、筋肉運動と有酸素運動が同時にできる効果が得られる。（　㉡　）しかし、いくつか注意しなければならないこともある。（　㉢　）登山は全身運動なので、登山の前後に必ずストレッチをしないといけないし、登山の間にちょっと休息が必要な時は座らないで立ったまま休むのがいい。（　㉣　）

〈例〉
登山は1時間に約400～800キロカロリーを消費する運動で、水泳やマラソンよりも多くのカロリーが消費されるからだ。

（㉠）の前後の繋がりが自然でないことと、（㉠）の後に「また」が来ていて登山がダイエットにいい理由が書かれているので、理由の一つ目である〈例〉が（㉠）に入ることが分かります。　【正解①】

4.

世界的な経済学者で韓国大学経済学科教授であるキム・ボムジュンさんが久々に「誰でも簡単にまねできる財テク」という新刊を出した。（　㉠　）この本は韓国のお金持ちを相手に投資に成功するノウハウとマインドを調べて書いた本である。（　㉡　）これは情報化社会の進展によって財テクが若い人たちの主な関心事になったことと、実際にノウハウさえ知っていればお金持ちになれる可能性が高くなったからだそうだ。（　㉢　）従って、この本は経済的に余裕が早くできることを望む若者たちの貴重な手引きになるに違いない。（　㉣　）

〈例〉
既存の本と大きく違うところは、成功した若い人たちに焦点を合わせているということだ。

なぜ若い人に焦点を合わせたのか、その理由が（㉡）の後に書かれているので正解は②「㉡」になります。　【正解②】

語彙・文型の確認

中級語彙

□ 모양	模様	□ 커다랗다	大きい
□ 복	福	□ 둥글다	丸い
□ 사교성	社交性	□ 네모나다	四角い
□ 부위	部位	□ 가늘다	細い
□ 부작용	副作用	□ 뛰어나다	優れている
□ 마비	麻痺	□ 배려하다	配慮する
□ 사자성어	四字熟語	□ 부족하다	不足している
□ 생명	生命	⇔ 충분하다	十分だ
□ 두통	頭痛	□ 알맞다	ふさわしい
□ 상당수	相当な数	□ 흔들리다	揺れる
□ 피서	避暑	□ 흔들다	揺らす
□ 전력	電力	□ 짜증 나다	いらいらする
□ 재채기	くしゃみ	□ 찌다	蒸す
□ 제습기	除湿器	□ 참다	我慢する、
□ 계열	系列	≒ 견디다	耐える
□ 판단	判断	□ 창피하다	恥ずかしい
□ 현관	玄関	◎ 지내다	過ごす
□ 따라서	従って	□ 환하다	明るい
□ 마침	ちょうど	□ 차라리	いっそ
□ 마치	まるで	□ 오히려	むしろ

Check! 上の単語を適当な形にして空欄に入れなさい。

❶ 이 약은 (　　　　)이 없고 효능이 뛰어나서 잘 팔린다.
❷ 이번 스캔들을 계기로 (　　　　)의 팬들이 탈퇴할 것으로 보인다.
❸ 자신의 잘못을 알고도 사과는 못할망정 (　　　　) 화를 내고 있다.
❹ 그녀는 손가락이 너무 (　　　　) 맞는 반지 사이즈가 없었다.

[正解] ❶ 부작용 ❷ 상당수 ❸ 오히려 ❹ 가늘어서

高級語彙

□ 양식	様式、養殖	□ 구겨지다	もみくちゃになる
□ 관상	観相	□ 끼치다	及ぼす
□ 귓불	耳たぶ	□ 구부리다	曲げる、かがめる
□ 윤곽	輪郭	□ 중독되다	中毒になる
□ 적량	適量	□ 과하다	度が過ぎる
□ 혈액	血液	□ 권장하다	勧める、推奨する
□ 불면증	不眠症	□ 해당하다	該当する
□ 모방	模倣	□ 진하다	(濃度、色) 濃い
□ 모순	矛盾	□ 묽다	(濃度) 薄い
□ 무용	舞踊	□ 메스껍다	むかむかする
□ 번식	繁殖	□ 긁다	(かゆい所を) かく
□ 변수	ある状況の変化要因	□ 그럴듯하다	もっともらしい
		□ 과감하다	果敢だ
□ 산물	産物	□ 과시하다	誇示する
□ 변조	変調	□ 게재하다	掲載する
□ 병충해	病虫害	□ 구사하다	駆使する、操る
□ 보정	補正	◎ 넘기다	越す
□ 보편적	普遍的	□ 굳건하다	堅い、強い
□ 산란	散乱	□ 구르다	転がる、踏みならす
□ 애써	努めて	□ 굴리다	転がす

Check! 上の単語を適当な形にして空欄に入れなさい。

1 손님에게는 90도로 허리를 (　　　　) 인사를 하도록 교육 받고 있다.
2 그의 이야기가 (　　　　)지만 금세 꾸민 이야기라는 것을 알았다.
3 이번 선거에서는 재외 국민들의 투표가 중요한 (　　　　)로 작용할 것이다.
4 굴이나 미역 등을 인공적으로 길러서 번식시키는 (　　　　) 사업이 크게 인기를 끌고 있다.

[正解] 1 구부리지 2 그럴듯했 3 변수 4 양식

文型－接続表現

어찌나 -(으)ㄴ지	どんなに～のか
	예) **어찌나** 시끄러**운지** 잠을 못 잤다. どんなにうるさいのか眠れなかった。
-ㄴ/는 다는 것이 (그만)	～するつもりだったが（つい）
	예) 조금만 **본다는 것이** 끝까지 다 봐 버렸다. 少しだけ見るつもりだったのが最後まで全部見てしまった。
-ㄴ/는다고 -았/었는데	（一生懸命に）～したつもりだが
	예) 만**든다고** 만들**었는데** 입에 맞을지 모르겠네요. 頑張って作ったつもりですが、口に合うかどうか分かりません。
* -건만	～だけれども、～するのに
	예) 사람은 많**건만** 쓸 만한 인재는 없다. 人は多いけれども有能な人材はいない。
* -건대	～すれば、～すると、～するに　＊主に「보다, 듣다, 바라다, 생각하다」などの動詞に付いて、次に述べる事柄に対する話し手の前置きを表す
	예) 내가 생각하**건대** 이 일은 전망이 없을 것 같다. 私が思うに、この仕事は見込みがなさそうだ。

実戦練習　(　　)에 들어갈 가장 알맞은 것을 고르십시오.

1 (　　　) 부디 몸 건강히 잘 지내세요.
① 바라건대　② 바라건만
③ 바랐는데　④ 바란다는 것이 그만

2 어찌나 (　　　　) 반 이상을 남겼다.
① 맵다고　② 맵건만　③ 맵건대　④ 매운지

[正解] **1** ① **2** ④

-(으)려거든	~しようとするなら 예) 유학을 가**려거든** 돈을 모으세요. 留学をしようとするなら、お金を貯めてください。
-(ㄴ/는) 다더니	① ~するそうだが ② (ことわざの後に) ~だというがその通りである 예) ① 열심히 공부했**다더니** 역시 합격이네요. 一生懸命に勉強したそうだがやっぱり合格ですね。 ② 원숭이도 나무에서 떨어질 날이 있**다더니**……. 猿も木から落ちるというがその通りだね…。
-더라니	~していると思ったら (やっぱり) 예) 늦게까지 자**더라니** 지각할 줄 알았어. (君が) 遅くまで寝ていると思ったら、やっぱり遅刻したんだね。
* -(으)ㄹ진대	① (一旦) ~するならば、~するからには ② ~するはずなのに、~するのだが 예) ① 일을 시작**할진대** 끝까지 책임을 지고 끝내라. 仕事を始めるからには最後まで責任を持って終わらせなさい。 ② 그렇게 금방 익히기가 쉽지 않**을진대** 대단하네요. そんなに早く覚えるのは簡単じゃないはずなのにすごいですね。

実◇戦◇練◇習 (　　)에 들어갈 가장 알맞은 것을 고르십시오.

1 급하게 (　　　) 배탈이 날 줄 알았다.
① 먹으려거든　② 먹더라니
③ 먹는다더니　④ 먹을진대

2 돈을 (　　　) 반드시 갚아야 한다.
① 빌린다더니　② 빌리더라니
③ 빌릴진대　④ 빌리려거든

[正解] **1** ② **2** ③

練習問題

攻略ポイント！ ここでは１つの文章に対して２問ずつ答える形式の問題をやってみましょう。よく問われる問題は、

① 空欄にあてはまる表現を探す
② 中心となる内容を探す
③ 内容と一致するものを探す
④ 書き手の目的を探す
⑤ 書き手の気分（態度）を問う
⑥ 文の入る位置を探す

などがあります。文章を読む前に出題文を先に確認しておきましょう。

Ⅸ.

1．다음을 읽고 물음에 답하십시오.

> 사람들의 얼굴이 다양하듯이 귀의 모양도 다양하다. 옛날부터 두껍고 커다란 귀를 복귀라고 하듯, 귀의 모양으로 관상을 보거나 성격을 알아보는 것도 가능하다고 한다. 우선, 귓불이 없고 둥근 귀는 사교성이 좋고 밝은 성격이며, 다양한 취미 활동을 즐기며 어떤 분야에서도 윤곽을 드러낸다. (　　　) 가는 귀는 고가의 브랜드를 좋아하고 신경질적인 스타일이 많다. 또한 전체적으로 넓은 귀는 독창성이 매우 뛰어나나 상대를 배려하는 점이 부족해서 주위에 친구가 적다.

(1) (　　)에 들어갈 알맞은 것을 고르십시오.
① 따라서　　② 한편　　③ 굳이　　④ 마침

(2) 이 글의 내용과 같은 것을 고르십시오.
① 귀뿐만 아니라 얼굴의 모든 부위로 관상을 볼 수 있다.
② 귀의 모양만으로는 성격을 판단할 수 없다.
③ 귀가 크고 두꺼우면 복을 가져온다고 한다.
④ 전체적으로 넓은 귀는 상대를 배려하는 마음이 뛰어나다.

解答と解説

Ⅸ.

1．次を読んで質問に答えなさい。

人々の顔がさまざまなように耳の形もさまざまである。昔から厚くて大きい耳を福耳と呼ぶように、耳の形で占ったり性格を知ることもできるそうだ。まず、耳たぶがなくて丸い耳は社交性があって明るい性格で、多様な趣味活動を楽しみ、どんな分野でも目立つ。（一方で）細い耳は、高価なブランド物が好きで神経質なタイプが多い。また全体的に広い耳は独創性がとても優れているが、相手に配慮するところが足りなくて周りに友達が少ない。

(1)（　　）に入る適当なものを選びなさい。

副詞を選ぶ問題です。耳の形によって性格を判断することができるという内容です。幾つかの耳の形を紹介しているので空欄には②「一方で」が適切でしょう。①「従って」、③「あえて」、④「ちょうど」です。

【正解②】

(2) この文章の内容と一致するものを選びなさい。

文章の最初のところの「厚くて大きい耳を福耳と呼ぶ」から正解は③「耳が大きくて厚いと福をもたらすという」になります。①「耳だけでなくて顔のすべての部位で占うことができる」（×）→耳だけの話、②「耳の形だけだと性格を判断することはできない」（×）→耳の形で判断できる、④「全体的に広い耳は相手に配慮する心が優れている」（×）→相手に配慮する心が足りない、です。

【正解③】

練習問題

*2. 다음을 읽고 물음에 답하십시오 .

> 건강 식품에 대한 관심이 증가하면서 몸에 좋은 음식을 찾는 사람들이 늘고 있다. 하지만 건강에 좋은 효과가 있다고 해서 지나치게 섭취하는 것은 오히려 건강에 해를 끼칠 수 있다. 우선 물은 보통 하루에 8잔 정도가 적량으로 그 이상의 물을 마시면 혈액 속의 나트륨 농도가 묽어져 불균형을 초래함에 따라 물 중독증에 걸릴 수 있다. 또한 현대인들이 즐겨 마시는 커피도 너무 과하면 좋지 않다. 하루에 권장 카페인 섭취량이 500~600mg으로 이는 커피 약 3잔에 해당한다. 카페인을 과다 섭취하게 되면 불면증, 초조함, 메스꺼움, 두통 등의 부작용이 나타나며 심한 경우에는 심장 마비를 일으켜 생명을 위독하게 할 수도 있으니 조심해야 한다.

(1) 밑줄 친 부분을 잘 나타내는 사자성어를 고르십시오.
① 과유불급　② 동분서주　③ 십시일반　④ 전전긍긍

(2) 이 글의 중심 생각을 고르십시오.
① 건강을 해칠 우려가 있는 음식의 섭취는 삼가는 것이 좋다.
② 아무리 좋은 음식이라도 자신의 몸에 맞아야 한다.
③ 약간의 카페인은 건강에 좋으므로 커피를 매일 마시도록 해야 한다.
④ 건강에 좋은 음식일지라도 적량을 섭취하는 게 중요하다.

解答と解説

2．次を読んで質問に答えなさい。

健康食品に対する関心が高まるのに伴い、身体にいい食べ物を求める人が増えている。しかし健康にいい効果があるといって、過度に摂取するのはむしろ健康に害を与えることもある。まず、水は1日に普通8杯位が適量で、それ以上水を飲めば血液中のナトリウムの濃度が薄くなって不均衡をもたらすことにより水中毒にかかる可能性がある。また現代人が好んで飲むコーヒーも飲み過ぎるのは良くない。1日に推奨されるカフェインの摂取量は500 ～ 600mgで、これはコーヒー約3杯に該当する。カフェインを過度に摂取することになると不眠症やいら立ち、むかつきや頭痛などの副作用が現れ、ひどい場合は心臓まひを起こして命が危篤になる場合もあるので気をつけなければならない。

(1) 下線の部分をよく表している四字熟語を選びなさい。
正解は「過ぎたるはなお及ばざるが如し」の意味である①「過猶不及」になります。②「東奔西走」、③「十匙一飯」、④「戦々恐々」です。「十匙一飯」は大勢で力を合わせれば一人を助けるのはたやすいという意味です。
【正解①】

(2) この文章の中心となる考えを選びなさい。
健康にいい効果があるとしても過度な摂取はよくないことについての話です。従って中心となる考えは④「健康にいい食べ物だとしても適量を摂取するのが重要だ」です。①「우려」は「憂い、おそれ」です。
【正解④】

語彙・文型の確認

中級語彙

□ 빛	光
□ 공기	空気
□ 온실	温室
□ 청소년	青少年
□ 매출	売り上げ
□ 연기	演技、延期
□ 푹	ゆっくり（休む）
□ 텅	がらんと
□ 소원	願い
□ 도둑	泥棒
□ 개성	個性
□ 똑바로	まっすぐ（行く）
≒ 죽　≒ 곧장	
□ 접수	受付
□ 낙천적	楽観的
⇔ 비관적	悲観的
□ 초행길	初めての道
□ 복사	コピー
□ 팔찌	ブレスレット
□ 제발	どうか
□ 불과	わずか
□ 잃다	なくす
□ 지키다	守る
⇔ 어기다	（約束を）破る
□ 숨다	隠れる
□ 숨기다	隠す
□ 평범하다	平凡だ
□ 얼다	凍る
□ 얼리다	凍らせる
□ 움직이다	動く
◎ 찾다	探す、見つける
□ 적응하다	適応する
□ 괴롭다	辛い
□ 고통스럽다	苦痛だ
□ 남기다	残す
□ 난폭하다	乱暴だ
□ 앓다	患う
□ 질리다	飽きる
◎ 구하다	求める、探す
□ 튼튼하다	丈夫だ
□ 든든하다	心強い
□ 민감하다	敏感だ

Check! 上の単語を適当な形にして空欄に入れなさい。

1 학생들이 모두 돌아간 후의 교실은 (　　　　) 비어 있었다.
2 초행길이라 불안했는데 선배가 같이 가 준다니 (　　　　)기 그지없다.
3 이 사실을 아는 사람은 나를 포함해서 (　　　　) 세 명뿐이었다.
4 가정에서 딸기나 바나나 등을 (　　　　) 만드는 아이스크림 기계가 출시되어 화제가 되고 있다.

[正解] **1** 텅 **2** 든든하 **3** 불과 **4** 얼려서

高級語彙

□ 무작위	無作為	□ 지배하다	支配する
□ 광경	光景	□ 무시무시하다	すさまじい
□ 수용소	収容所	□ 무자비하다	無慈悲だ
□ 철새	渡り鳥	□ 끌려가다	引っ張られる
□ 최적	最適	□ 처형되다	処刑される
□ 도래지	渡来地	□ 풍부하다	豊富だ
□ 까닭	訳、原因	□ 끄덕이다	うなずく
□ 소각	焼却	□ 두르다	巻く、掛ける
□ 여건	状況、条件	□ 되찾다	取り戻す
□ 왕년	往年	□ 자제하다	自制する
□ 영토	領土	□ 헤아리다	察する
□ 영혼	魂	□ 기여하다	寄与する
□ 오류	誤り	◎ 기울다	傾く
□ 오자	誤字	□ 기울이다	傾ける
□ 맹목적	盲目的	□ 끌리다	引かれる
□ 욕구	欲求	□ 기인하다	起因する
□ 매듭	結び目	□ 기피하다	忌避する
□ 왜곡	歪曲	□ 깜박이다	まばたく
□ 망원경	望遠鏡	□ 나열하다	羅列する
□ 매개체	媒体	□ 깨우치다	悟らせる

Check! 上の単語を適当な形にして空欄に入れなさい。

1 실이나 끈 등을 묶어서 만드는 팔찌를 (　　　　) 팔찌라고 한다.
2 지속적인 대화를 통해 부모가 자녀의 마음을 (　　　　)야 한다.
3 이 글은 띄어쓰기도 하지 않고 (　　　　)도 많아서 읽기 힘들다.
4 유해 물질 발생 등의 이유로 쓰레기는 지정된 장소에서만 (　　　　) 하도록 되어 있다.

[正解] 1 매듭 2 헤아려 3 오자 4 소각

文型－接続表現

* －자니	～しようと思うと　　　＊「－자 하니」の縮約形 예) 버리**자니** 아깝고 두**자니** 쓸 데가 없다. 捨てようと思うともったいないし、置いておこうと思うと使い道がない。
* －(으)ㄴ즉 ≒ (으)ㄴ즉슨 (強調)	～ので、～したら、～した結果 예) 힘이 **센즉** 바위라도 들 수 있다. 力が強いから岩でも持ち上げられる。 오랜만에 고향에 가 **본즉** 많이 변해 있었다. 久しぶりに故郷に行ってみたら結構変わっていた。
* －건 간에, －(이)건 간에	～しようが、～であれ、～でも ＊前に疑問詞が用いられる場合が多い 예) 그 사람이 무슨 일을 하**건 간에** 관심 갖지 마세요. その人が何をしようが興味を持たないでください。 무슨 일**이건 간에** 최선을 다해야 한다. 何事でも最善を尽くさなければならない。
* －(으)ㄹ지니	（当然）～するべき（はず）だから 예) 많은 사람들이 **올지니** 걱정하지 마. たくさんの人が来るはずだから心配するな。
* －(았/었)으면 －았/었지	～することはあっても（～は絶対にしない） 예) 죽**으면** 죽**었지** 이 사람하고는 못 헤어져요. 死ぬことはあってもこの人とは別れません。

実戦練習 (　　)에 들어갈 가장 알맞은 것을 고르십시오.

1 혼자 (　　　) 길을 잘 찾을 수 있을까 걱정이에요.
① 간즉　② 가자니　③ 갈지니　④ 가건 간에

2 내가 가 (　　　) 참 아름다운 곳이었다.
① 보자니　② 볼지니　③ 보건 간에　④ 본즉슨

[正解] **1** ② **2** ④

*－(으)랴마는	～することはできないが、～するはずがないだろうが
	예) 그 사람을 어찌 용서하**랴마는** 다 잊기로 했다. その人をどうしても許せないが、全部忘れることにした。
*－은/는 차치하고/차치하더라도	～はさておいて
	예) 다른 문제**는 차치하고** 이 문제부터 해결해야 한다. 他の事はさておいて、この問題から解決するべきだ。
*－을/를 막론하고	～を問わず、～にかかわらず
	예) 남녀노소**를 막론하고** 누구나 다 참가할 수 있다. 老若男女を問わず誰でも参加できる。
*－(으)로 미루어 (보아)	～から推し量ると
	예) 이 일**로 미루어 보아** 다음과 같은 사실을 알 수 있다. このことから推測すると次のようなことが分かる。
*－고서야	～してからやっと
	예) 그의 말을 듣**고서야** 오해가 풀렸다. 彼の話を聞いてやっと誤解が解けた。
*－다 못해	（もうそれ以上）～することができなくて
	예) 아이들의 장난을 보**다 못해** 야단을 쳤다. 子供のいたずらをそれ以上見ていられずしかりつけた。

実戦練習 (　　)에 들어갈 가장 알맞은 것을 고르십시오.

1 이 시간에 집에 (　　　) 혹시 모르니까 전화해 보자.

① 있다 못해　　② 있음으로 미루어 보아
③ 있으랴마는　　④ 있고서야

2 그의 사정이 너무 안쓰러워서 눈물을 (　　　) 펑펑 울었다.

① 참다 못해　　② 참고서야
③ 참으랴마는　　④ 참음으로 미루어 보아

[正解] **1** ③ **2** ①

練習問題

攻略ポイント! 2問に答える問題に加えて最後の問題では文章を読んで3問に答えるやや長い文章が出されます。主に文章を書いた目的、空欄に当てはまる内容、下線部に表されている書き手の態度、などが問われます。

X.

***1. 다음을 읽고 물음에 답하십시오.**

그가 어린아이였을 때 그의 나라는 다른 나라 사람들의 지배를 받고 있었다. 그 다른 나라 사람들은 자기들의 마음에 들지 않는 사람들을 무작위로 골라 죽이기로 결정했다. 어른, 아이, 남자, 여자 할 것 없이 모두 다 말이다. (㉠) 그리고 무작위로 고른 그 사람들을 모두 기차에 태워 아무도 그 무시무시한 광경을 볼 수 없게 아주 먼 곳까지 데리고 갔다. (㉡) 하지만 무자비한 사람들은 그 아이를 다른 아이들과 함께 죽음으로 가는 기차에 태우기 위해 수용소로 데려갔다. (㉢) 그런데 그 아이는 평소 잘 웃는 아이였고, 수용소에서조차 모든 사람들이 떨고 있을 때 그 아이만은 웃음을 잃지 않았다. (㉣) 그로 인해 주위에 같이 끌려온 사람들이 조금씩 웃기 시작했고 심지어 수용소를 지키고 있던 사람들까지 웃게 만들었다. 결국 수용소를 지키던 사람들은 그 아이를 한쪽 구석에 숨겨 다른 사람들이 가는 처형 장소로 그 아이만은 보내지 않았다고 한다.

(1) 다음 문장이 들어가기에 가장 알맞은 곳을 고르십시오.

그는 바로 그때 불과 6살로 책 읽기를 좋아하는 평범한 아이였다.

① ㉠ ② ㉡ ③ ㉢ ④ ㉣

(2) 이 글의 내용과 같은 것을 고르십시오.

① 잘 웃는 아이 덕분에 모든 사람들이 처형되지 않았다.
② 여자와 어린아이들은 처형 장소로 데려가지 않았다.
③ 아이의 웃음이 수용소를 지키는 사람의 마음을 바꾸게 했다.
④ 평소에 잘 웃던 아이가 수용소에서는 웃지 않게 되었다.

解答と解説

X.

1．次を読んで質問に答えなさい。

> 彼が幼かった時、彼の国は他の国の支配を受けていた。その他の国の人たちは自分たちの気に入らない人々を無作為に選んで殺すことを決めた。大人、子供、男性、女性問わずであった。（ ㉠ ）そして無作為に選んだ人たちを皆汽車に乗せて、誰もそのすさまじい光景を見ることができないようにとても遠いところまで連れて行った。（ ㉡ ）しかし、無慈悲な人たちはその子を他の子と一緒に死に行く列車に乗せるため収容所に連れて行った。（ ㉢ ）ところがその子はいつもよく笑う子で、収容所でさえもすべての人が震えている時、その子だけは笑みを失わなかった。（ ㉣ ）それで周りの一緒に引っ張られてきた人たちが少しずつ笑い始め、さらに収容所を監視していた人まで笑わせたのだった。結局、収容所を監視していた人たちはその子を片隅に隠し、他の人が連れて行かれる処刑場にその子だけは送らなかったという。

(1) 次の文が入る最も適切なところを選びなさい。

> 彼はまさにその時わずか6歳で読書が好きな平凡な子だった。

「㉡」の以降に「その子」という指示代名詞が登場するが、「㉡」の前には子供の話が書いてないのでその子に関して説明している文が「㉡」に入ることが分かります。従って正解は②「㉡」です。

【正解②】

(2) この文章の内容と一致するものを選びなさい。
内容から笑みのおかげで一人だけ助かったことが分かるので正解は③「子供の笑みが収容所を監視する人の心を変えさせた」になります。①「すべての人が」（×）→その子だけ助かった、②「女性と子供は処刑場に連れて行かなかった」（×）→関係なく皆連れて行った、④「笑わなくなった」（×）→よく笑った、です。 【正解③】

第3部 読解問題対策

練習問題

*2. 다음을 읽고 물음에 답하십시오.

우리나라는 철새가 다녀가는 대표적인 나라 중의 하나로 철새들이 겨울을 보내기에 최적의 조건을 갖추고 있다. 경기 시화호와 전남 순천만을 비롯하여, 사계절 먹이가 풍부하고 추운 겨울에도 물이 얼지 않는 낙동강 하구가 그 대표적인 도래지이다. 하지만 최근 지구 온난화로 인한 기후 변화로 인해 철새들의 움직임에도 변화가 일고 있다. 우리나라를 찾는 (　　　) 나타났는데 이는 기후 변화로 인해 서식 환경이 변화하면서 환경에 적응하지 못하는 새들이 생겨나 많은 종의 새들이 줄어든 까닭이다. 또 다른 원인으로는 매년 찾아오는 철새들을 보고자 유명한 도래지에 탐조 투어객이 몰리고 있다는 점을 들 수 있다. 철새는 강한 빛, 색, 소리 등에 민감하여 사람들이 내는 소리나 카메라 플래시 등에 스트레스를 받아 결국 다른 나라로 도래지를 바꾸게 되는 것이다. <u>이런 현상이 지속된다면 미래에는 우리나라를 찾는 철새들을 볼 수 없게 될지도 모른다</u>. 그렇기 때문에 우리는 철새들을 다시 부르기 위해서 지금부터라도 환경 여건 개선에 힘을 쏟아야 하겠다. 도래지를 찾는 탐조객들은 밝은 옷이나 카메라 사용을 자제해야 할 것이며, 시에서는 도래지 관리를 철저히 해 탐조 인원을 제한하거나 가림막을 설치하는 등 적극적인 대처가 필요하다.

(1) 필자가 이 글을 쓴 목적을 고르십시오.
① 철새들의 도래지가 되고 있는 곳을 소개하기 위해
② 철새들의 특징을 통해 이동 경로를 분석하기 위해
③ 기후 변화가 철새들의 이동에 미치는 영향을 설명하기 위해
④ 철새에 대한 국민들의 의식 변화의 필요성을 알리기 위해

(2) (　　)에 들어갈 내용으로 알맞은 것을 고르십시오.

① 철새들의 종이 매년 같은 것으로
② 철새들의 종이 매년 바뀌는 것으로
③ 철새들의 수도 매년 급감하는 것으로
④ 철새들의 수도 매년 급증하는 것으로

(3) 밑줄 친 부분에 나타난 필자의 태도로 알맞은 것을 고르십시오.

① 철새들의 방문이 감소하는 것을 안타까워하고 있다.
② 철새들이 환경 변화에 적응하지 못하는 것을 염려하고 있다.
③ 철새들의 방문에 대해 무관심한 사람들을 비판하고 있다.
④ 현재 인기 있는 도래지의 광고가 부족한 것을 지적하고 있다.

解答と解説

2．次を読んで質問に答えなさい。

我が国は、渡り鳥が立ち寄って行く代表的な国の一つで、渡り鳥が冬を過ごすのに最適な条件をそろえている。京畿道のシファ（始華）湖と全羅南道のスンチョン（順天）湾をはじめ、四季折々餌が豊富で寒い冬にも水が凍らないナクドン（洛東）江河口がその代表的な渡来地である。しかし、最近地球温暖化による気候の変化によって、渡り鳥の動きにも変化が起きている。我が国を訪れる（渡り鳥の数も毎年急減していることが）分かったが、これは気候の変化によって生息環境が変わり、環境に適応できない鳥が出てきて、多くの種の鳥が減ったからである。また、別の原因としては毎年訪れてくる渡り鳥を見ようと有名な渡来地にバードウォッチングツアー客が殺到している点が挙げられる。渡り鳥は強い光や色、音などに敏感で、人々が出す音やカメラのフラッシュなどにストレスを感じ、結局他の国へ渡来地を変えるのである。こんな現状が持続するのなら、未来には我が国を訪れる渡り鳥を見られなくなるかもしれない。よって、我々は渡り鳥を呼び戻すため、今からでも環境条件の改善に力を注ぐべきである。渡来地を訪れるバードウォッチング客は明るい色の服やカメラの使用を控えるべきであり、市では渡来地の管理を徹底的に行い、バードウォッチングの人数を制限したり、遮蔽幕を設置するなど、積極的な対処が必要だ。

(1) 筆者がこの文章を書いた目的を選びなさい。
渡り鳥の渡来地として人気だった場所に渡り鳥が段々訪れて来なくなっている現状を心配している内容です。従って目的にふさわしいのは④「渡り鳥に対する国民の意識変化の必要性を知らせるため」になります。
【正解④】

(2)（　　）に入る内容として適切なものを選びなさい。
空欄の前に渡り鳥の動きに変化が起きていると述べています。空欄の後には、なぜ減っているのか理由を説明しているので、正解は③「渡り鳥の数も毎年急減していることが」になります。【正解③】

(3) 下線のところに現れる筆者の態度として適切なものを選びなさい。
筆者は、訪れる渡り鳥の数がだんだん減っていることを心配しているので正解は①「渡り鳥の到来が減っていることを残念に思っている」になります。②「渡り鳥が環境の変化に慣れないのを心配している」、③「渡り鳥の到来について無関心な人々を批判している」、④「現在人気のある渡来地の宣伝が不足していることを指摘している」です。
【正解①】

慣用句を覚えましょう

中級

1 가슴이 벅차다（胸がいっぱいだ）
2 군침이 돌다（よだれが出る）
3 귀가 가렵다（どこかでうわさされているようだ）
4 귀 빠진 날（誕生日のこと）
5 귀에 못이 박히다 / 귀가 따갑다（耳にたこができる）
6 낯을 가리다（人見知りをする）
7 낯이 / 얼굴이 두껍다（ずうずうしい）
8 내 코가 석 자（自分のことで精一杯）
9 눈 깜짝할 사이（ほんの短い間）
10 눈 빠지게 기다리다（首を長くして待つ）
11 눈 감아 주다（大目に見る、見逃してあげる）
12 눈 앞이 캄캄하다（目の前が真っ暗だ）
13 눈이 높다（理想が高い）
14 눈코 뜰 새 없다（目が回るほど忙しい）
15 머리를 식히다（頭を冷やす、気持ちを冷静にする）
16 물불을 가리지 않다（水火の中もいとわない）
17 바가지를 긁다（妻が夫にがみがみ言う）
18 바가지를 쓰다（ぼられる）
19 발 벗고 나서다（一肌脱ぐ）
20 발을 뻗고 자다（枕を高くして寝る→心配事が全くないこと）
21 배가 아프다（ねたましい）
22 손을 보다（手入れをする、人手を加える）
23 손이 빠르다（手早い、仕事のさばき方が速い）
24 손이 크다（気前がいい）
25 엉덩이가 무겁다（腰が重い）
26 입이 짧다（飲食物を多く食べない、好き嫌いが激しい）
27 코가 납작해지다（面目を失う）
28 파김치가 되다（疲れてへたばる）
29 파리 날리다（客足が遠のく）
30 한눈을 팔다（よそ見をする、脇目を振る）

高級

1 가슴이 찡하다（胸を打たれる）
2 가슴이 미어지다（胸が張り裂ける）
3 골머리를 앓다 / 골치 아프다（頭を悩ます）
4 귀가 얇다（人の話をすぐ受け入れる）
5 날개 돋친 듯 팔리다（飛ぶように売れる）
6 눈에 거슬리다（目障りだ）
7 눈에 선하다（目に見えるようだ、目に浮かぶ）
8 눈에 차다（気に入って満足する）
9 눈이 뒤집히다（目がくらむ、理性を失う）
10 머리에 피도 안 마르다（まだ青二才だ）
11 발목 잡히다（弱点をつかまれる、つけ込まれる）
12 발판이 되다（足掛かりとなる）
13 북새통을 이루다（たいへん混雑している）
14 속을 태우다 / 썩이다（気をもませる）
15 손때가 묻다（手あかがつく）
16 손에 땀을 쥐다（手に汗を握る）
17 손에 익다（手慣れる、使い慣れる）
18 시치미를 떼다（とぼける、しらを切る）
19 이목이 집중되다 / 이목을 끌다（人目を引く）
20 입에 거미줄 치다（長い間飢える）
21 입에 침이 마르다（口を極めてほめちぎる）
22 입에 풀칠을 하다（口をぬらす、口に糊する）
23 입에서 신물이 나다（口が酸っぱくなる）
24 입이 근질근질하다（口がむずむずする）
25 입이 (딱) 벌어지다（驚きあきれる）
26 주눅이 들다（いじける、臆する）
27 진땀을 빼다（大汗をかく）
28 첫발을 떼다/내딛다（第一歩を踏み出す）
29 코 묻은 돈（子供が持っているわずかばかりのお金）
30 허리띠를 졸라매다（質素な生活をする）

覚えておきたいことわざ

1 가는 말이 고와야 오는 말이 곱다（売り言葉に買い言葉）
2 계란으로 바위 치기
（卵で岩を割る→力不足でどうにもならないこと、やっても無駄なこと）
3 김칫국부터 마신다
（キムチ汁から飲む→取らぬ狸の皮算用）
4 낮말은 새가 듣고 밤말은 쥐가 듣는다（昼の話は鳥が聞き、夜の話はねずみが聞く→壁に耳あり障子に目あり）
5 도랑 치고 가재 잡는다（小川をさらってザリガニを取る→事の順序が逆なこと、または一挙両得であること）
6 돌다리도 두드려 보고 건너라（石橋もたたいて渡れ）
7 밑 빠진 독에 물 붓기（底抜けのかめに水を注ぐ→焼け石に水）
8 발 없는 말이 천 리 간다
（足のない言葉が千里行く→すぐうわさが広まること）
9 백지장도 맞들면 낫다（紙一枚でも二人で持ち上げれば軽い→どんなことでも力を合わせばたやすい）
10 비 온 뒤에 땅이 굳어진다（雨降って地固まる）
11 소 뒷걸음질 치다 쥐 잡기（牛の後ずさりが思いがけなくネズミを踏みつけて捕える→けがの功名）
12 세 살 버릇 여든까지 간다（三歳の癖八十まで→三つ子の魂百まで）
13 수박 겉 핥기（スイカの皮をなめる→胡椒の丸のみ、物事の表面だけを見て本質を理解しないこと）
14 순풍에 돛 단 배（追い風に帆つけた船→とんとん拍子）
15 열 번 찍어 안 넘어가는 나무 없다（10回おのを入れて倒れぬ木なし→重ねて努力すればついに成功するものだ）
16 원숭이도 나무에서 떨어진다（猿も木から落ちる→弘法も筆の誤り）
17 울며 겨자 먹기（辛くて涙を流しながら辛子を食べる→嫌なことをやむを得ずすること）
18 제 눈에 안경（人それぞれ物や人に対する趣味が違うこと→あばたもえくぼ）
19 천 리 길도 한 걸음부터（千里の道も一歩から）
20 호랑이도 제 말 하면 온다（うわさをすれば影が差す）

第 4 部

総合演習

総合演習

듣기 (目標解答時間 15 分)

1. 다음을 듣고 알맞은 그림을 고르십시오.
33

①
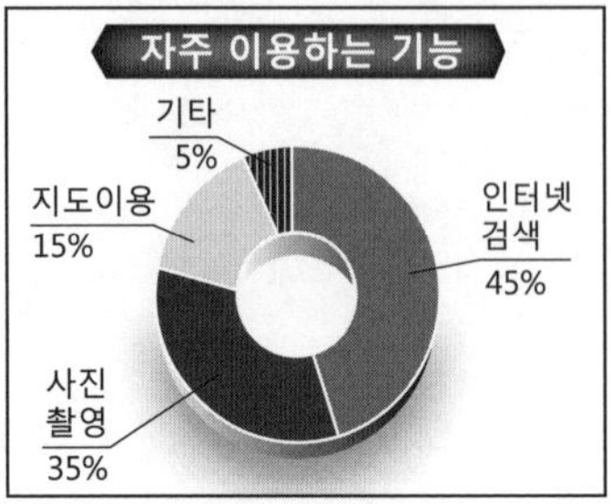

②
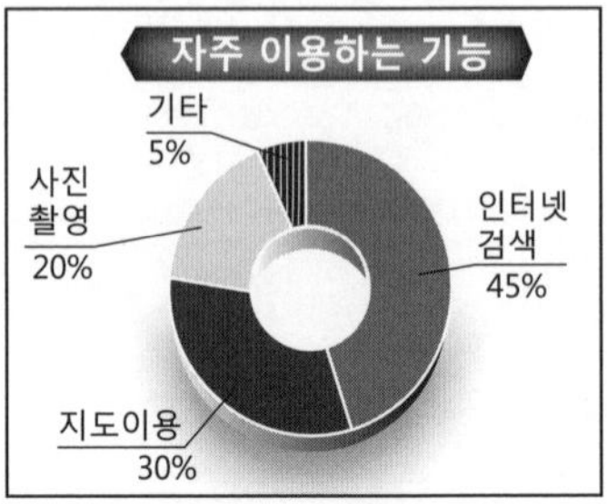

③
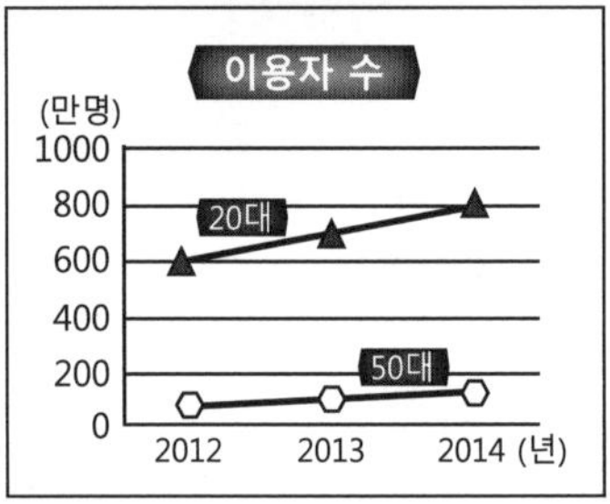

④
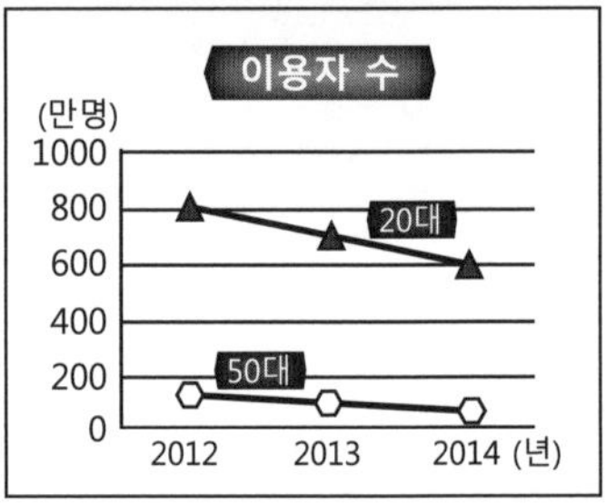

2. 다음 대화를 잘 듣고 이어질 수 있는 말을 고르십시오.
34
① 다음에 제가 갈 때 같이 가 보실래요?
② 15분이라면 점심 식사 후에 잠깐 들르는 것도 괜찮겠네요.
③ 그래서 사람들의 반응이 별로였군요.
④ 저도 처음 갔을 때는 별로 효과를 못 느꼈어요.

3. 다음 대화를 잘 듣고 여자가 이어서 할 행동으로 알맞은 것을 고르십시오.
35
① 다른 직원에게 재고가 있는지 물어보러 간다.
② 컴퓨터 사용 방법을 배운다.
③ 컴퓨터로 직접 검색해 본다.
④ 출판사에 전화해서 재고를 확인해 본다.

4. 다음을 듣고 내용과 일치하는 것을 고르십시오.
36

① 엘리베이터 공사로 인해 내일 하루는 사용할 수 없다.
② 높은 층에 한해 공사와 관계없이 엘리베이터를 이용할 수 있다.
③ 나이가 많은 사람은 관리실에 도움을 요청할 수 있다.
④ 엘리베이터 공사 시간을 피해 외출할 것을 당부하고 있다.

5. 다음을 듣고 남자의 중심 생각을 고르십시오.
37

① 아이들에게 게임을 시키기에 앞서 충분한 교육이 필요하다.
② 부모가 아이들과 함께 게임에 참여해야 한다.
③ 아이들이 게임을 못하도록 휴대폰을 사 주어서는 안 된다.
④ 아이들이 아이템을 구입하되 가격 제한을 두어야 한다.

6. 다음을 듣고 물음에 답하십시오.
38

(1) 여자가 남자에게 말하는 의도를 고르십시오.
① 남자의 고민에 대해 조언을 해 주기 위해
② 진학의 필요성을 강조하기 위해
③ 취업의 어려움을 전달하기 위해
④ 남자의 어려운 경제 상황을 위로하기 위해

(2) 들은 내용으로 맞는 것을 고르십시오.
① 남자는 대학원에 진학한 것을 후회하고 있다.
② 여자의 동생들은 아직 고등학생이다.
③ 남자는 진학을 포기하고 취업을 생각 중이다.
④ 여자는 공부를 계속하는 것에 반대하고 있다.

7. 다음을 듣고 물음에 답하십시오.

39

(1) 남자의 중심 생각으로 맞는 것을 고르십시오.
① 해외로 이주할 때는 나라를 잘 선택해야 한다.
② 노후에는 여행 등 취미 생활을 즐겨야 한다.
③ 해외 이주 시 예상되는 문제점을 미리 파악해야 한다.
④ 노후는 가족들과 함께 보내는 것이 가장 중요하다.

(2) 들은 내용으로 맞는 것을 고르십시오.
① 여자는 해외 이주에 대해 좋은 인상을 가지고 있다.
② 남자는 자신의 해외 이주 경험을 바탕으로 이야기하고 있다.
③ 여자는 노후에 해외로 이주할 계획을 세우고 있다.
④ 남자는 이주하기 전에 그 나라의 언어를 공부할 것을 권하고 있다.

8. 다음은 강연입니다. 잘 듣고 물음에 답하십시오.

40

(1) 들은 내용과 일치하는 것을 고르십시오.
① 높임말 교육을 학교에서 철저히 시키고 있다.
② 반말을 사용하면 친근감을 가질 수 있어서 좋다.
③ 젊은 사람들을 중심으로 높임말 쓰기에 힘쓰고 있다.
④ 아무리 가까운 사이라도 높임말을 쓰도록 해야 한다.

(2) 여자의 태도로 가장 알맞은 것을 고르십시오.
① 안정된 논리로 청중을 설득하고 있다.
② 구체적인 사례를 들어 주장을 검증하고 있다.
③ 기준을 제시하면서 내용을 분류하고 있다.
④ 분석한 자료를 통해 문제를 제기하고 있다.

읽기 (目標解答時間 20 分)

1. (　　)에 들어갈 가장 알맞은 것을 고르십시오.

공부도 (　　　) 레포트에 쓸 자료도 필요해서 도서관에 갔다.

① 하길래　② 할 겸　③ 한다 치고　④ 하더니

2. 다음 밑줄 친 부분과 의미가 비슷한 것을 고르십시오.

회의가 <u>끝나자마자</u> 서류를 정리해서 보내 주세요.

① 끝나는 대로　② 끝나기는커녕
③ 끝날까 봐　④ 끝난 김에

3. 다음은 무엇에 대한 글인지 고르십시오.

"고객님의 행복한 보금자리를 만들어 드립니다!" 포장부터 정리까지! 상처 하나 없이 빠르고 안전하게 옮겨 드리겠습니다.

① 청소　② 이사　③ 택배　④ 파티 준비

4. 다음 글의 내용과 같은 것을 고르십시오.

나는 어렸을 때부터 책 읽는 것을 좋아해서 틈만 나면 책을 읽곤 했다. 좋아하는 구절에 밑줄을 긋거나 반복해서 보다 보면 책이 더러워지기 마련이어서 좀 속상할 때도 있었다. 그런데 얼마 전 지인의 추천으로 전자 서적을 접한 적이 있었다. 처음에는 익숙하지 않아 거부감이 들었지만, 작은 기계 안에 내가 좋아하는 책을 마음껏 보관할 수 있다는 사실이 큰 매력으로 느껴졌다.

① 책을 기계로 읽는 것은 좋아하지 않는 편이다.
② 무겁더라도 좋아하는 책을 항상 휴대하는 편이다.
③ 전자 서적을 접한 것은 최근의 일이다.
④ 전자 서적에 매력을 느껴 친구에게 추천했다.

5. 다음을 순서대로 맞게 배열한 것을 고르십시오.

(가) 이때 중요한 것은 사과를 껍질째 사용하는 것이다. (나) 사과는 비타민C를 함유하고 있어 피로 회복과 면역 기능을 강화해 준다. (다) 그렇기 때문에 사과로 팩을 하면 피부 보습과 면역력 회복에 좋은 효과를 볼 수 있다. (라) 왜냐하면 껍질에는 속살보다 훨씬 많은 영양분이 들어 있기 때문이다.

① (가)-(나)-(라)-(다)　　② (나)-(가)-(라)-(다)
③ (가)-(다)-(나)-(라)　　④ (나)-(다)-(가)-(라)

6. 다음을 읽고 (　　)에 들어갈 내용으로 가장 알맞은 것을 고르십시오.

청소년 10명 중 8명이 스마트폰을 보유하고 있는 것으로 나타났다. 이에 따라 스마트폰을 통해 게임 등 다양한 매체 이용에 많은 시간을 소비하는 탓에 학업에 집중하지 못하는 청소년들이 크게 늘고 있다고 한다. 이와 같은 현상을 개선하기 위해서는 가정에서의 부모의 역할이 중요해진다. 그러므로 (　　) 부모 교육 활성화가 요구되는 바이다.

① 청소년들이 스마트폰에 중독되지 않도록
② 청소년들 스스로가 스마트폰 사용 시간을 자제하기만 하면
③ 부모가 자녀들의 교육에 힘쓰기에 앞서
④ 청소년들이 스마트폰을 스스로 구입할 수 있게끔

7. 다음은 신문 기사의 제목입니다. 가장 잘 설명한 것을 고르십시오.

고급 수입차 시장 증가세 '한풀 꺾여'

① 고급 수입차의 수입량이 점점 늘고 있다.
② 고급 수입차의 판매량이 줄어들고 있다.
③ 고급 수입차에 붙는 세금이 낮아질 전망이다.
④ 고급 수입차의 세금으로 인해 판매량이 줄고 있다.

8. 다음을 읽고 내용이 같은 것을 고르십시오.

> 호패란 지금의 주민등록증과 같은 것으로 조선시대에 16세 이상이 되는 남자라면 노예부터 귀족 등의 양반에 이르기까지 신분을 막론하고 차고 다니던 증명서를 말합니다. 호구 파악, 유민 방지, 신분 질서의 확립, 사회 안정 유지 등의 목적을 위해 조선 태종시대 2년인 1402년에 시행되었습니다. 호패에는 그 사람의 성명, 신분, 출생, 거주지 등을 새겨서 관아의 낙인을 찍은 후에 항상 소지하게 하였습니다.

① 호패는 나이에 관계없이 모든 남자들이 갖고 다녀야 했다.
② 신분이 낮은 사람들은 호패를 받을 수 없었다.
③ 호패에는 이름과 나이만 새겼다.
④ 사회 안정을 유지하기 위해 시행된 제도이다.

9. 다음 글의 주제로 가장 알맞은 것을 고르십시오.

> 현대의 엔터테인먼트 문화는 아이돌을 빼 놓고는 성립되지 않으며 아이돌이 사회에 미치는 영향 또한 막대하다. 아이돌이 되기 위해 많은 아이들이 초등학교에 들어가기 전부터 훈련을 받거나 아이돌에 집착해 학업을 소홀히 한다. 또한 아이돌의 외모를 이상적으로 여기는 사회 풍조로 인해 여성들은 옷 사이즈를 줄이기 위해 무리한 다이어트를 한다거나 인형 같은 얼굴을 만들기 위해 성형수술도 서슴없이 하게 되었다.

① 아이돌에 집착한 나머지 자신의 주체성을 잃을 수 있다.
② 아이돌이 되기 위해서는 혹독한 훈련 과정을 거쳐야 한다.
③ 아이돌에게 영향을 받지 않기 위해서는 TV 시청을 삼가야 한다.
④ 아이돌이 사회에 미치는 영향은 예나 지금이나 변함이 없다.

10. 다음 글에서 〈보기〉의 문장이 들어가기에 가장 알맞은 곳을 고르십시오.

> 국산 브랜드 커피 전문점들의 시장 점유율이 불황에도 불구하고 눈에 띄게 높아지고 있다. (㉠) 지난 5년 사이에 20%에서 60%로 해외 브랜드 커피 전문점의 점유율을 넘어선 것이다. (㉡) 해외 브랜드의 경우, 창업 자금이 비쌀 뿐더러 신메뉴 개발이 까다로운 것이 보통이다. (㉢) 하지만 국산 브랜드라면 저렴한 창업 비용에 여러 가지 메뉴를 원하는 만큼 선보일 수 있어서 고객들의 마음을 사로잡기 쉽다. (㉣)

> 〈보기〉
> 이와 같은 예는 패스트푸드 시장에서도 찾아볼 수 있다.

① ㉠　　② ㉡　　③ ㉢　　④ ㉣

11. 다음을 읽고 물음에 답하십시오.

> 남해시의 주민들이 관광객 유치를 위해 (　　　) 화제가 되고 있다. 지역 주민들이 무료 셔틀 버스를 이용해 관광지를 안내해 주기도 하고, 모든 집의 지붕 색을 파란 색으로 통일시켜 경관을 아름답게 하였다. 이 지역은 한때 드라마 촬영지로 유명해지면서 관광객이 끊이지 않았었지만, 시간이 지남에 따라 점점 관광객의 방문이 감소하게 되어 주민들이 적극적으로 나서서 아이디어를 모으게 되었다고 한다.

(1) (　　)에 들어갈 알맞은 것을 고르십시오.

① 파김치가 돼서　　② 발 벗고 나서서
③ 북새통을 이루어서　　④ 파리 날려서

(2) 이 글의 중심 생각을 고르십시오.

① 드라마를 촬영한 지역은 관광객이 증가한다.
② 관광객을 부르기 위해 주민들이 힘쓰고 있다.
③ 주민들이 친절하면 관광객이 많이 온다.
④ 관광객이 감소하는 이유를 분석해야 한다.

12. 다음을 읽고 물음에 답하십시오.

> 현실 세계와는 어느 정도 단절되어 있어 일상 생활에 대한 걱정도 잠시 내려 놓을 수 있고, (　　　)만으로도 몸과 마음이 정화되어 가는 느낌이 들었다. 시간에 쫓겨 일어나지 않아도 되며 아침에 눈을 뜨면 오늘 하루는 무엇을 할까 아침을 먹으며 느긋하게 생각하는 것도 좋다. 숲에서 새들이 지저귀는 소리에 귀를 기울이기도 하고 풀과 꽃과 나무들을 자세히 들여다보기도 하며 거닐다 보면 시간도 느긋하게 지나간다. 아…….내가 그렇게 고민하던 것들이 여기에서는 무의미하게 느껴지는구나. 쓸데없는 일에 집착하며 살아 왔구나. 단 며칠간이라도 철저히 혼자가 되어 지내다 보니 세상 살이에 대한 깨달음을 얻고, 참 자아를 발견할 수 있는 좋은 기회도 되었다.

(1) 이 글에서 느껴지는 분위기로 알맞은 것을 고르십시오.
　① 분주하다　② 고요하다　③ 침통하다　④ 익살스럽다

(2) (　　)에 들어갈 내용으로 알맞은 것을 고르십시오.
　① 누군가에게 내 고민을 상담할 수 있다는 것
　② 공기가 좋은 곳으로 이사를 온 것
　③ 번잡함에서 벗어나 혼자만의 시간을 보내는 것
　④ 풀과 꽃과 나무들을 돌보며 지내는 것

総合演習 解答と解説

聞き取り

1. 次を聞いて正しい絵を選びなさい。

女性：현재 20대의 스마트폰 이용자 수가 800만 명을 넘은 가운데 그들이 가장 자주 이용하는 기능을 조사해 보았는데요. 인터넷 검색이 가장 높았고, 지도 이용과 사진 촬영이 그 뒤를 이었습니다. 이는 스마트폰이 컴퓨터와 카메라의 일부 기능을 대신하고 있다고 볼 수 있습니다.

【訳】

女性：現在20代のスマートフォンの利用者数が800万人を超えている中、彼らが最もよく使う機能を調べてみましたが、インターネット検索が一番高く、地図利用と写真撮影がその後に続きました。これはスマートフォンがパソコンとカメラの一部の機能を代わりに行っていると思われます。

20代のスマートフォンの利用者がもっとも使っている機能についての内容です。インターネット検索が一番高く、その次に地図利用と写真撮影なので正解は②になります。 【正解②】

2. 次の会話を聞いてそれに続く言葉を選びなさい。

男性：회사 근처에 마사지 가게가 새로 생긴 거 알아요? 女性：네, 저도 종종 가요. 하루 종일 컴퓨터 앞에 앉아 있으니까 어깨도 결리고 눈도 피로하고 해서요. 15분 코스가 있는데 가격도 저렴해요. 男性：＿＿＿＿＿＿

【訳】

男性：会社の近くにマッサージ屋さんが新しくできたの知ってますか。

女性：はい、私も時々行きます。一日中パソコンの前に座っているから肩もこるし目も疲れるし。15分コースがあるんですが値段も安いです。

女性はよく行くと言って15分コースを勧めています。従ってその後に続く男性の言葉で適切なのは②「15分ならランチの後にちょっと寄るのもいいでしょうね」になります。 【正解②】

3．次の会話を聞いて女性が続けてとる行動として適切なものを選びなさい。

女性：저, 이 책을 찾고 있는데요. 재고가 있는지 알 수 있을까요?
男性：책 제목과 저자만 알면 컴퓨터로 검색해서 찾을 수 있어요. 저기에 있는 작은 컴퓨터 보이시죠? 거기에 제목과 저자를 입력하면 저희 서점의 재고 여부를 알 수 있습니다.
女性：저자를 모를 경우에는 출판사로도 검색할 수 있나요?
男性：출판사나 출판 연도로도 검색 가능합니다.
女性：그럼 한번 해 볼게요. 감사합니다.

【訳】
女性：あの、この本を探しているんですが。在庫があるか分かりますか？
男性：本のタイトルと著者さえ分かればパソコンで検索して探すことができます。あそこにある小さいパソコンが見えるでしょう？そこにタイトルと著者を入力すれば、当店の在庫の有無が分かります。
女性：著者が分からない場合、出版社でも検索できますか？
男性：出版社か出版年度でも検索が可能です。
女性：では一度やってみます。ありがとうございました。
女性は男性からパソコンでどう検索するのか教わったので検索しにパソコンに向かうと思われます。従って正解は③「パソコンで直接検索してみる」です。 【正解③】

4．次を聞いて内容と一致するものを選びなさい。

男性：주민 여러분께 안내 말씀 드리겠습니다. 미리 안내드린 바 와 같이 저희 아파트의 엘리베이터 공사가 내일과 모레 이틀간, 오후 두 시부터 다섯 시까지 실시됩니다. 따라서 그 시간 동안의 엘리베이터 사용이 제한되므로 외출 시 참고하시어 착오가 없으시기를 바랍니다. 특히 높은 층에 거주하시는 분들과 연세가 많으신 분들은 가급적 이동을 삼가 주실 것을 당부하는 바입니다. 기타 문의가 있으신 분은 관리실로 연락 바랍니다.

【訳】

男性：住民の皆様にご案内申し上げます。前もってご案内したように当アパートのエレベータ工事が明日と明後日の2日間、午後2時から5時まで実施されます。従って、その時間帯のエレベータの使用が制限されますので、外出の時のご参考にされて間違いがないようにお願い申し上げます。特に高い階にお住まいの方とお年寄りの方はできるだけ移動をご遠慮いただくようにお願い申し上げます。その他ご不明の点がある方は管理室までご連絡ください。

アパートのエレベータ工事に関する案内です。①「明日一日」（×）→2時から5時の間、②「高い階に限って工事と関係なく」（×）→全フロアに該当、③「助けを求める」（×）→外出を控える、従って正解は④「エレベータ工事の時間を避けて外出するようにお願いしている」になります。 【正解④】

5．次を聞いて男性の中心となる考えを選びなさい。

女性：휴대폰을 이용하여 게임을 할 경우, 아이들이라도 쉽게 아이템을 구입하게 되어 휴대폰 명의자인 부모 앞으로 거액이 청구되는 경우가 있는데요. 이 문제를 어떻게 생각하십니까?
男性：저는 휴대폰을 아이에게 맡긴 부모에게 상당한 책임이 있다고 생각합니다. 아이들은 게임 내의 가상 코인과 현실 세계의 돈의 개념이 헷갈릴 수 있으며 그 가치를 모르는 경우가 대부분입니다. 그렇기 때문에 휴대폰으로 게임을 하기에 앞

서 돈의 가치와 아이템 구입의 위험성을 미리 충분히 숙지시켜 줄 필요가 있다고 봅니다.

【訳】

女性：携帯電話を使ってゲームをする場合、子供でも簡単にアイテムを購入することになり、携帯電話の名義人である親に巨額が請求される場合がありますが、この問題をどうお考えですか。

男性：私は携帯電話を子供に委ねた親に相当な責任があると思います。子供たちはゲームの中の仮想コインと、現実世界のお金の概念が区別できないし、その価値がわからない場合がほとんどです。そのため、携帯電話でゲームをする前にお金の価値とアイテム購入の危険性を前もって十分に熟知させてあげる必要があると思います。

男性は子供にゲームをさせる前に危険性を熟知させる必要があると言っているので正解は①「子供たちにゲームをさせる前に十分な教育が必要だ」になります。　【正解①】

6．次を聞いて質問に答えなさい。

女性：요즘 진로 문제 때문에 고민이 많다면서?

男性：응, 사실 나는 취업보다는 대학원에 진학해서 내 전공 공부를 더 해 보고 싶은데 요즘 우리 집 형편이 안 좋아서 고민이야.

女性：너는 게다가 장남이니까 가족들을 책임져야 한다는 부담감도 크겠구나.

男性：맞아. 동생들은 아직 고등학생이라서 앞으로 대학교 학비도 많이 들 텐데.

女性：그런데 요즘 뉴스 보니까 고학력자들의 취업이 더 힘들다던데. 오히려 대학교를 졸업하자마자 취직하는 게 더 좋은 조건으로 취직할 수 있대. 공부는 나중에도 기회가 있을 테니까 그냥 바로 취직하는 게 어때?

【訳】

女性：最近、進路問題のために悩みが多いんだって？

男性：うん、実は就職よりは大学院に進学して自分の専攻の勉強をもっとしてみたいけど、最近うちの家計が苦しくて悩んでいるんだ。

女性：あなたはしかも長男だから家族の面倒を見ないといけないという負担も大きいでしょうね。

男性：その通りだよ。弟たちはまだ高校生だから、これから大学の学費もたくさんかかるだろうし。

女性：でも最近のニュースを見たら高学歴者の就職がもっと厳しいそうよ。むしろ大学を卒業してすぐ就職したほうがもっといい条件で就職できるって。勉強は後でも機会があるだろうから、このまますぐ就職するのはどう？

(1) 女性が男性に話をする意図を選びなさい。
女性は男性の悩みに対して就職するようにアドバイスしているので正解は①「男性の悩みに対してアドバイスしてあげるため」になります。②「進学の必要性を強調するため」、③「就職の大変さを伝えるため」、④「男性の大変な経済状況を慰めるため」です。　【正解①】

(2) 聞いた内容と一致するものを選びなさい。
①「大学院に進学したことを後悔している」（×）→まだ大学院には進学していない、②「女性の弟たち」（×）→男性の弟たち、③「男性は進学をあきらめて就職を考えている」（×）→まだどうするか悩んでいる、従って一致する内容は④「女性は勉強を続けることに反対している」になります。　【正解④】

7．次を聞いて質問に答えなさい。

女性：퇴직 후에 해외에서 노후를 보내는 사람들이 증가하고 있대요. 특히 인기가 있는 말레이시아나 필리핀 같은 경우에는 한국보다 물가가 싸서 퇴직금으로 가사 도우미에 운전기사까지 딸린 큰 집을 사고도 남는대요. 게다가 매일 골프에 쇼핑에……. 정말 천국이 따로 없지요!

男性：글쎄요. 물가가 싸다는 이점은 있지만 역시 그 나라의 언어나 습관을 모르면 고생하게 마련이에요. 음식도 그렇고 주변에 가족이나 친구도 없어서 외로워질 게 뻔하구요. 또 병원 문제도 잘 생각해 봐야 해요. 외국에서는 보통 보험 적용이 되더라도 치료비가 엄청 비싼 경우가 있는데, 갑자기 쓰러지거나 병에 걸렸을 때 치료비도 부담스러울 뿐더러 말이 통하지 않으면 제대로 대처해 주지 않는 경우도 있으니까요. 해외 이주라는 게 여행하고는 다르기 때문에 특히 나이가 많을수록 신중히 생각해 보고 가족들과 함께 결정하는 게 좋아요.

【訳】

女性：退職後に海外で老後を過ごす人が増加しているそうです。特に人気があるマレーシアやフィリピンのような場合は韓国より物価が安くて、退職金で家事手伝いに運転手までついている大きい家が余裕で買えるんですって。しかも毎日ゴルフに買い物に…。本当に天国みたいです！

男性：さあ。物価が安い利点はあるけれども、やはりその国の言語や習慣が分からないと、苦労するに決まっています。食べ物もそうですし、周りに家族や友達もいないから寂しくなるのは分かりきっています。また病院の問題もよく考えた方がいいですよ。外国では普通、保険を適用しても、治療費用がものすごく高い場合があるんですが、急に倒れたり病気にかかったりした時、治療費が負担になるだけでなく、言葉が通じないと、きちんと対処してくれない場合もあるからです。海外移住というのは旅行するのとは違うので、特に年を取るほど慎重に考えてから、家族たちと一緒に決める方がいいです。

(1) 男性の中心となる考えとして正しいものを選びなさい。
男性は老後を海外で過ごす時の問題点について話しています。従って中心となる考えは③「海外移住の時、予想される問題点を前もって把握しなければならない」です。 【正解③】

(2) 聞いた内容と一致するものを選びなさい。
②「男性は自分の海外移住経験をもとに話している」(×)→そういう話はしていない、③「女性は老後に海外へ移住する計画を立てている」(×)→計画については話していない、④「男性は移住する前にその国の言語を勉強することを勧めている」(×)→勉強を勧める内容はない、従って正解は①「女性は海外移住についていい印象を持っている」です。「-이/가 따로 없다」は「まさに~だ」という意味です。
【正解①】

8. 次は講演です。よく聞いて質問に答えなさい。

女性：한국은 예부터 유교 사상을 바탕으로 웃어른을 공경하고 서로를 존중하는 것을 기본으로 삼아 왔습니다. 그 증거로 높임말의 발달을 들 수 있겠습니다. 우리는 처음 만나는 사람은 물론 아무리 가까운 사이라도 상대방에 대한 존경의 표시로 높임말을 써 왔습니다. 또한 높임말을 씀으로써 상대방에 대한 존경하는 마음이 생겨나며 행동 또한 조심하게 됩니다. 하지만 최근 들어 서구 문화의 유입으로 인해 젊은 사람들을 중심으로 높임말을 소홀히 하고 있습니다. 부모님께 반말을 한다거나 선생님께 말대꾸를 하는 아이들이 늘고 있습니다. 만약 반말 사용이 습관화된다면 웃어른에 대한 공경하는 마음을 잃어버릴 수도 있습니다. 말에는 사람의 생각을 변화시킬 수 있는 힘이 있으며 말 한 마디만 들어도 그 사람의 됨됨이를 알 수 있습니다. 그렇기 때문에 우리는 높임말 사용을 습관화하고 올바른 언어생활을 하기 위해 힘써야 하겠습니다.

【訳】

女性：韓国は昔から儒教思想を基に目上の人を尊敬し、お互いを尊重することを基本としてきました。その証拠として敬語の発達が挙げられます。私たちは初めて会う人はもちろん、いくら親しい間柄であっても、相手に対する敬意の表示として敬語を使ってきました。また、敬語を使うことによって、相手に対して尊敬する気持ちが生まれ、行動も気を付けるようになります。しかし最近になって、欧米文化の流入により若い人を中心に敬語をおろそかにしています。親にぞんざいな言葉を使ったり、先生に口答えする子供が増えています。もしぞんざいな言葉遣いが習慣になると目上の人に対して尊敬する心を失うかもしれません。言葉には人の考えを変える力がありますし、ひと言聞くだけでもその人の人となりが分かります。ですから私たちは敬語を使うことを習慣づけて正しい言語生活をするために努力しなければなりません。

(1) 聞いた内容と一致するものを選びなさい。

①「尊敬語の教育を学校で徹底的にさせている」（×）→学校での教育の話はしていない、②「ぞんざいな言葉を使うと親近感を抱くことができるからいい」（×）→ぞんざいな言葉を使うことで目上の人への尊敬する心をなくすかもしれない、③「若い人を中心に尊敬語を使おうと努力している」（×）→若い人を中心に尊敬語を使わなくなっている、従って正解は④「いくら親しい仲でも尊敬語を使うようにするべきだ」です。 【正解④】

(2) 女性の態度として最もふさわしいものを選びなさい。

女性はなぜ尊敬語を使うべきかについて主張しているので正解は①「安定した論理で聴衆を説得している」です。②「具体的な事例を挙げ、主張を検証している」、③「基準を提示しながら内容を分類している」、④「分析した資料を通じて問題を提起している」です。

【正解①】

読解

1．（　　）に入る最も適切なものを選びなさい。

勉強（することも兼ねて）レポートに使う資料も必要だったので図書館に行った。

図書館に行く理由がレポートに使う資料を探すためだけではないので正解は②「することも兼ねて」になります。①「するので」、③「するとして」、④「すると思ったら」です。 【正解②】

2．次の下線を引いた部分と意味が似ているものを選びなさい。

会議が<u>終わるや否や</u>書類を整理して送ってください。

「-자마자」は、「～してすぐ」という意味なので一番近いのは①「終わり次第」になります。②「終わるどころか」、③「終わるんじゃないかと思って」、④「終わったついでに」です。 【正解①】

3．次は何に関する文か選びなさい。

「お客様の幸せな場所をお作りします！」 包装から片付けまで！ 傷一つ付けず早く安全にお運びします。

「보금자리」は「巣」あるいは「住み心地のよい場所」を表す言葉です。「包装から片付けまで」、「安全に運ぶ」などの単語から引っ越し会社の宣伝内容だと分かります。①「掃除」、②「引っ越し」、③「宅配」、④「パーティの準備」です。 【正解②】

4．次の文の内容と同じものを選びなさい。

私は幼い時から本を読むのが好きで、暇さえあれば本を読んだりした。好きな句や節に線を引いたり、繰り返して読んでいたりすると本が汚れるものだから少し心が痛むこともあった。ところで先日知人の勧めで電子書籍に接したことがあった。最初は慣れなくて違和感を覚えたが、小さい機械の中に自分が好きな本を思う存分保管できるという事実が大きい魅力として感じられた。

本と電子書籍に関する内容です。①「本を機械で読むのは好きではない方だ」（×）→魅力に感じている、②「重くても好きな本をいつも携帯する方だ」（×）→それに関する言及はない、④「電子書籍に魅力を感じ、友達に勧めた」（×）→知人から勧められた、従って正解は③「電子書籍に接したのは最近のことだ」になります。「거부감이 들다」は直訳すると「拒否感を覚える」です。　【正解③】

5．次を順番通りに正しく並べたものを選びなさい。

(나) リンゴはビタミンCを含んでいて疲労回復と免疫機能を強化してくれる。→ (다) だからリンゴでパックをすれば肌の保湿と免疫力回復にいい効果が得られる。→ (가) この時重要なのはリンゴを皮ごと使うことだ。→ (라) なぜならば、皮には果肉よりはるかに多くの栄養分が入っているためである。

選択肢から (가) か (나) が先頭にくることが分かります。しかし (가) は「이때」から始まっているので、先頭にはリンゴの効能について述べている (나) がくるのが適切でしょう。その後に (다) の「だから～」が来て、それから (가) の「皮ごとに」についての説明が (라) に書いてあるので、(가) の次に (라) が来るのが正しいです。従って正解は④「(나)-(다)-(가)-(라)」になります。　【正解④】

6．次を読んで（　　）に入る内容として最も適切なものを選びなさい。

> 青少年10人のうち8人がスマートフォンを保有していることが分かった。これによってスマートフォンを通じてゲームなどさまざまなメディアの利用に多くの時間を消費するせいで、学業に集中できない青少年が大きく増えているという。このような現象を改善するためには家庭での親の役割が重要になる。従って（青少年がスマートフォン中毒にならないように）親の教育活性化が要求されるところである。

青少年のスマートフォンの使用が急増していることによる問題についての話です。後半で青少年を持つ親の役割が大事だと述べているので正解は①「青少年がスマートフォン中毒にならないように」が適切でしょう。②「青少年たちが自らスマートフォンの使用時間を自制しさえすれば」、③「親が子供たちの教育に力を注ぐ前に」、④「青少年がスマートフォンを自分で購入できるように」です。【正解①】

7．次は新聞記事の見出しです。一番よく説明しているものを選びなさい。

> 高級輸入車市場増加傾向「勢い弱まる」

「한풀 꺾이다」は「気勢がややそがれる、意気がくじける」という意味の慣用句で、ここではずっと増えていた販売の勢いが弱まって減少したということを表します。従って正解は②「高級輸入車の販売量が減っている」になります。①「高級輸入車の輸入量がだんだんと増えている」、③「高級輸入車に課せられる税金が低くなる見込みだ」、④「高級輸入車の税金によって販売量が減っている」です。【正解②】

8．次を読んで内容と合うものを選びなさい。

> 號牌とは今の住民登録証のようなもので、朝鮮時代に16歳以上の男性なら、奴隷から貴族などの両班に至るまで身分を問わず、身につけて歩いた証明書のことを言います。人口の把握と流民の防止、身分秩序の確立、社会の安定維持などの目的のために、朝鮮の太宗時代2年の1402年に施行されました。號牌にはその人の名前、身分、出生、居住地などを刻んで、官衙の焼印を押したあとに、常に持ち歩くようにしていました。

朝鮮時代に実施されていた號牌制度に関する話です。①「年齢と関係なく」（×）→16歳以上、②「身分の低い人は」（×）→身分に関係なく、③「名前と年齢だけ」（×）→身分、出生、居住地なども刻んだ、従って一致する内容は、④「社会の安定を維持するために実施された制度である」です。 【正解④】

9．次の文の主題として最も適切なものを選びなさい。

> 現代のエンターテインメント文化は、アイドルを除いては成立せず、アイドルが社会に及ぼす影響も莫大である。アイドルになるため、多くの子供たちが小学校に入る前から訓練を受けたり、アイドルに執着して学業をおろそかにしたりする。またアイドルの容姿を理想的と見なす社会風潮によって女性は服のサイズを小さくするため無理なダイエットをしたり、人形のような顔を作るために整形手術もためらうことなくするようになった。

アイドルによる社会問題についての話です。従って中心となる考えは①「アイドルに執着したあまり自分のアイデンティティーを失う場合もある」になります。②「アイドルになるためには厳しい訓練過程を経なければならない」、③「アイドルに影響を受けないためにはTV視聴を控えなければならない」、④「アイドルが社会に及ぼす影響は昔も今も変わらない」です。 【正解①】

10．次の文で〈例〉の文が入るのに最も適切なところを選びなさい。

> 国産ブランドのコーヒー専門店の市場占有率が、不況にもかかわらず際立って高くなっている。（ ㉠ ）過去5年間で20%から60%と、海外ブランドのコーヒー専門店の占有率を超えたのである。（ ㉡ ）海外ブランドの場合、創業費用が高いだけでなく、新メニュー開発が難しいのが普通である。（ ㉢ ）しかし国産ブランドならば安い創業費用で、いろいろなメニューを希望通りお目見えさせることができて、顧客の心をとらえやすい。（ ㉣ ）

> 〈例〉
> このような例はファストフード市場でも見受けられる。

国産ブランドの市場占有率が高くなっているという内容です。問題文ではコーヒー専門店の話が、〈例〉ではファストフードの話が書かれているので最後に入るのが適切でしょう。従って正解は④「㉣」になります。
【正解④】

11. 次を読んで質問に答えなさい。

南海市の住民たちが観光客誘致のために（一肌脱いで）話題になっている。地域の住民たちが無料シャトルバスを利用して観光地を案内したり、全ての家の屋根を青い色に統一させて景観を美しくした。この地域は一時ドラマの撮影場所として有名になり観光客が絶えなかったが、時間が経つにつれて次第に観光客の訪問が減少することになり、住民たちが積極的に乗り出してアイデアを集めるようになったという。

(1) （　　）に入る適切なものを選びなさい。
慣用句を選ぶ問題です。文章の後半に「住民たちが積極的に乗り出して」という言葉から正解は②「一肌脱いで」が適切でしょう。①「疲れてへたばる」、③「たいへん混雑している」、④「客足が遠のく」です。
【正解②】

(2) この文章の中心となる考えを選びなさい。
地域の住民たちが観光客を呼び戻すために努力しているという内容から正解は②「観光客を呼ぶために住民たちが力を入れている」になります。①「ドラマを撮影した地域は観光客が増加する」、③「住民たちが親切ならば観光客がたくさん来る」、④「観光客が減少する理由を分析しなければならない」です。
【正解②】

12. 次を読んで質問に答えなさい。

現実世界とはある程度断絶されていて、日常生活についての心配もしばらく置いておいて、(煩わしさから離れ、一人だけの時間を送ること)だけでも体と心が浄化されていく感じがした。時間に追われて起きなくてもいいし、朝目覚めたら今日一日は何をしようか朝食をとりながらゆっくり考えるのもいい。森で鳥のさえずる声に耳を傾けたり、草と花と木々にじっくり見入ったりして歩いていると時間もゆっくり過ぎていく。ああ…。私がそんなに悩んでいたことが、ここでは無意味に感じられるんだな。つまらないことに執着して生きてきたんだな。わずか数日間でも徹底的に一人になって過ごしてみると世の中の暮らしに関する悟りが得られて、本当の自我を発見できるいい機会にもなった。

(1) この文章から感じられる雰囲気として適切なものを選びなさい。
普段とは違う生活を送りながら余裕を感じているので正解は②「静かである」になります。①「慌ただしい」、③「沈痛である」、④「こっけいである」です。【正解②】

(2) (　　) にあてはまる内容として適切なものを選びなさい。
一時的に現実世界とは離れている場所にいて、一人で過ごしていることが分かるので正解は③「煩わしさから離れ、一人だけの時間を送ること」になります。【正解③】

著者紹介

全ウン（チョン・ウン）
韓国誠信女子大学卒業。大阪関西外語専門学校日韓通訳・翻訳学科修了。韓国語教師及び通訳・翻訳活動を行い、現在、新大久保語学院韓国語講師。
著書：『新・合格できる韓国語能力試験 TOPIK I』（共著、アスク）、『同 TOPIK I 必修単語集』『同 TOPIK II 必修単語集』（以上、DEKIRU 出版）など。

監修

李志暎（イ・ジヨン）
韓国外国語大学校教育大学院、東京学芸大学大学院修士課程修了。お茶の水女子大学大学院博士課程単位取得退学。現在、新大久保語学院韓国語講師、明治学院大学非常勤講師。
著書：『新・合格できる韓国語能力試験 TOPIK I』（監修、アスク）、『同 TOPIK I 必修単語集』（監修、DEKIRU 出版）、『できる韓国語初級 I』（DEKIRU 出版）、『短いフレーズでかんたんマスター韓国語』（新星出版社）など。

新大久保語学院
2002 年 6 月設立の韓国語専門の学校。2024 年 7 月現在、新大久保校、新橋校、渋谷校、池袋校、横浜校で 1,300 余名の生徒が韓国語を学んでいる。韓国語教材の執筆や韓国語動画通信講座などに積極的に取り組んでいる。

新・合格できる韓国語能力試験 TOPIK II ［補訂版］

2014 年 12 月 25 日　初版第 1 刷発行
2023 年 2 月 28 日　補訂版第 1 刷発行
2024 年 7 月 31 日　補訂版第 2 刷発行

著者	全ウン
監修	李志暎
装丁・本文デザイン	岡崎裕樹（アスク デザイン部）
DTP	李文盛
イラスト	成賢昣
ナレーション	林恒秀・徐銀河
収録・編集	爽美録音株式会社
発行人	天谷修身
発行	株式会社アスク 〒162-8558　東京都新宿区下宮比町 2-6 TEL：03-3267-6864　FAX：03-3267-6867 URL https://www.ask-books.com/
印刷・製本	株式会社広済堂ネクスト

ISBN 978-4-86639-592-0